자바스크립트를 활용한 도구 기반 설명

예제로 배우는
소프트웨어 디자인

저자 그렉 윌슨 / 역자 김성원

YoungJin.com Y.
영진닷컴

예제로 배우는
소프트웨어 디자인

Software Design by Example: A Tool-Based Introduction with JavaScript, 1st edition
authored by Greg Wilson
All Rights Reserved.
Authorized translation from the English language edition published by CRC Press, a member of the Taylor & Francis Group LLC
Korean edition copyright ©2024 by Youngjin.com Inc.

ISBN : 978-89-314-7769-6

독자님의 의견을 받습니다.
이 책을 구입한 독자님은 영진닷컴의 가장 중요한 비평가이자 조언가입니다. 저희 책의 장점과 문제점이 무엇인지, 어떤 책이 출판되기를 바라는지, 책을 더욱 알차게 꾸밀 수 있는 아이디어가 있으면 이메일, 또는 우편으로 연락주시기 바랍니다. 의견을 주실 때에는 책 제목 및 독자님의 성함과 연락처(전화번호나 이메일)를 꼭 남겨 주시기 바랍니다. 독자님의 의견에 대해 바로 답변을 드리고, 또 독자님의 의견을 다음 책에 충분히 반영하도록 늘 노력하겠습니다.

이메일 : support@youngjin.com
주 소 : 서울특별시 금천구 디지털로9길 32 갑을그레이트밸리 B동 10층
         (주)영진닷컴 기획1팀
파본이나 잘못된 도서는 구입하신 곳에서 교환해 드립니다.

STAFF
저자 그렉 윌슨 | **역자** 김성원 | **총괄** 김태경 | **기획** 현진영 | **디자인·편집** 김유진
영업 박준용, 임용수, 김도현, 이윤철 | **마케팅** 이승희, 김근주, 조민영, 김민지, 김진희, 이현아
제작 황장협 | **인쇄** 제이엠

서문

소프트웨어 디자인을 배우는 가장 좋은 방법은 다양한 예제를 연구하는 것입니다. 그리고 프로그래머들이 일상적으로 사용하는 도구들에서 뛰어난 디자인 예제를 찾을 수 있습니다. 이 도서는 프로그래머들이 사용하는 도구들의 소규모 버전을 만들어 이들을 명확히 이해하고 경험 많은 프로그래머들이 어떻게 사고하는지에 대한 통찰을 제공합니다. 파일 백업 시스템, 테스트 프레임워크, 정규 표현식 매처, 브라우저 레이아웃 엔진, 아주 작은 컴파일러 등 다양한 사례를 통해 공통 설계 패턴을 탐구하고, 코드의 테스트 용이성이 재사용 용이성으로 이어짐을 보여주며, 디버거, 프로파일러, 패키지 매니저, 버전 관리 시스템이 어떻게 작동하는지 이해하여 이를 더 효과적으로 활용할 수 있도록 돕습니다.

이 책의 자료는 자기 주도 학습, 소프트웨어 설계에 관한 학부 과정 또는 현업에서 일하는 프로그래머를 위한 집중 주간 워크숍의 핵심 자료로 사용할 수 있습니다. 각 장에는 크기와 난이도가 다양한 연습 문제가 포함되어 있으며, 현대 자바스크립트의 기본 지식이 요구되지만, 언어의 고급 기능은 도서에서 소개하면서 설명하고 있습니다.

이 책의 특징
- 프로그래머들이 매일 사용하는 도구를 구축하는 방법을 보여주면서 소프트웨어 설계를 가르칩니다.
- 각 장에는 독자들이 이해도를 점검하고 깊이 있는 학습을 할 수 있도록 도와주는 연습 문제가 포함되어 있습니다.
- 모든 예제 코드는 다운로드, 재사용 및 수정할 수 있으며, 오픈 라이선스 하에 제공됩니다.

저자 그렉 윌슨은 산업계와 학계에서 35년간 활동해온 전문가로, Beautiful Code, The Architecture of Open Source Applications, JavaScript for Data Science, Teaching Tech Together, Research Software Engineering with Python 등 여러 책의 저자, 공동 저자, 또는 편집자입니다. 그는 Software Carpentry의 공동 창립자이자 첫 번째 전무이사이며, 2020년 ACM SIGSOFT의 영향력 있는 교육자 상을 수상했습니다.

차례

소개

디자인을 배우는 가장 좋은 방법은 예제를 공부하는 것이며[Schon1984; Petre2016], 소프트웨어 디자인의 가장 좋은 예제는 프로그래머가 자신의 작업에서 사용하는 도구에서 나옵니다. 이 책에서는 파일 백업 시스템, 테스트 프레임워크, 정규식 매처, 브라우저 레이아웃 엔진의 작은 버전을 만들면서 이를 이해하고 숙련된 프로그래머의 사고 방식에 대한 통찰력을 얻습니다. 우리는 메리 로즈 쿡[Mary Rose Cook][1]의 Gitlet[2][Brown2011; Brown2012; Brown2016] 그리고 모든 세대의 프로그래머들에게 Unix 철학을 소개한 책들[Kernighan1979; Kernighan1981; Kernighan1983; Kernighan1988]에서 영감을 받았습니다.

이 프로젝트의 모든 문서 자료는 "크리에이티브 커먼즈 – 저작자 표시-비영리 라이선스[3]" 조건에 따라 자유롭게 재사용할 수 있으며, 모든 소프트웨어는 히포크라테스 라이선스[4] 조건에 따라 사용할 수 있습니다. (원서 기준)이 프로젝트의 모든 수익금은 레드 도어 패밀리 쉼터[Red Door Family Shelter][5]를 지원하는 데 사용됩니다.

1.1 누구를 위한 책인가요?

모든 레슨은 특정 학습자를 염두에 두고 작성되었습니다. 다음 세 가지 페르소나[6]가 이것을 설명합니다.

— 아이샤는 회계 강좌에서 Excel용 비주얼베이직 매크로를 작성하기 시작했고, 그 이후로는 뒤도 돌아보지 않았습니다. 그 후 3년 동안 자바스크립트 프론트엔드 작업을 해온 그녀는 이제 백엔드 애플리케이션을 구축하는 방법을 배우고 싶어 합니다. 이 책은 그녀의 프로그래밍 지식의 부족한 부분을 채우고 몇 가지 일반적인 디자인 패턴을 가르쳐 줄 것입니다.

---

1   https://maryrosecook.com/

2   http://gitlet.maryrosecook.com/

3   https://creativecommons.org/licenses/by-nc/4.0/

4   https://firstdonoharm.dev/

5   https://www.reddoorshelter.ca/

6   https://teachtogether.tech/en/index.html#s:process-personas

8   예제로 배우는 소프트웨어 디자인

— 루핀더는 대학에서 컴퓨터 공학을 공부하고 있습니다. 그는 알고리즘 이론에 대해 많은 것을 배웠고 과제에서 Git과 유닛 테스트 도구를 사용하지만 어떻게 작동하는지 이해하지 못한다고 느낍니다. 이 책을 통해 이러한 도구와 새로운 도구를 설계하는 방법을 더 잘 이해할 수 있을 것입니다.

— 임은 생계를 위해 모바일 앱을 개발할 뿐만 아니라 동시에 대학에서 두 개의 강의를 하고 있습니다. 하나는 자바스크립트와 Node를 사용한 풀스택 웹 개발에 관한 것이고 다른 하나는 "소프트웨어 디자인"이라는 제목의 강의입니다. 전자는 만족스럽지만 후자에 관한 많은 책이 설명이 추상적이고 학생들이 공감할 수 없는 예제를 사용하는 것에 불만을 품고 있습니다. 이 책은 이러한 격차를 메우고 다양한 강의 과제를 위한 출발점을 제공할 것입니다.

이 세 가지 페르소나처럼 독자는 다음을 수행할 수 있어야 합니다.

- 루프, 배열, 함수, 클래스를 사용하여 자바스크립트 프로그램을 작성할 수 있어야 합니다.
- HTML과 CSS를 사용하여 정적 웹 페이지를 생성할 수 있어야 합니다.
- 컴퓨터에 Node를 설치하고 명령줄에서 프로그램을 실행할 수 있어야 합니다.
- Git을 사용하여 파일을 저장하고 공유할 수 있어야 합니다(좀 더 모호한 명령어들은 몰라도 괜찮습니다).
- 트리가 무엇인지와 트리를 재귀적으로 처리하는 방법을 설명할 수 있어야 합니다(우리가 설명하지 않는 가장 복잡한 데이터 구조와 알고리즘입니다).

이 책은 단독으로 읽거나 수업 자료로 사용할 수 있습니다. 소프트웨어 디자인 과정에서 프로젝트를 수행하고자 하는 경우, 여기에 다루는 도구를 추가하면 재미와 교육적 효과를 동시에 얻을 수 있습니다.

1.2 어떤 도구와 아이디어를 다루나요?

프로그래머는 개발을 편히 하기 위해 많은 도구를 발명해 왔습니다. 이 책에서는 개별 개발자가 소프트웨어를 작성할 때 사용하는 몇 가지 도구에 초점을 맞추었으며, 이후의 장들에서 프로그래머가 애플리케이션을 작성할 때 사용하는 도구들을 탐구할 수 있기를 바랍니다.

부록에서는 이 책에서 소개하는 용어들과 그 범위를 정의합니다.

- 프로그램을 다른 텍스트 조각처럼 처리하는 방법
- 프로그램을 분석하고 수정할 수 있는 데이터 구조로 전환하는 방법
- 디자인 패턴이란 무엇이며 어떤 패턴이 가장 자주 사용되는지 설명
- 프로그램이 실행되는 방식과 실행을 제어하고 검사하는 방법
- 합리적인 설계 절충을 위해 프로그램의 성능을 분석하는 방법
- 코드 모듈을 즉시 찾아 실행하는 방법

자바스크립트 소스 코드는 다음과 같이 표시됩니다.

```
for (const thing in collection) {
    console.log(thing)
}
```

Unix 셸 명령은 다음과 같이 표시됩니다.

```
for filename in *.dat
do
    cut -d , -f 10 $filename
done
```

데이터와 출력은 다음과 같이 표시됩니다.

```
Package,Releases
0,1
0-0,0
0-0-1,1
00print-lol,2
00smalinux,0
01changer,0
```

이 책의 예제 코드에서는 때때로 인쇄된 페이지에 맞추기 위해 부자연스럽게 소스 코드의 줄을 감싸기도 하고, 줄이 생략된 부분을 표시하기 위해 …를 사용하기도 합니다. 같은 이유로 출력 줄을 끊어야 하는 경우 마지막 줄을 제외한 모든 줄을 백슬래시 \로 끝냅니다. 전체 코드 목록은 Git 리포지토리[7]와 웹사이트[8]에서 모두 확인할 수 있습니다.

마지막으로, 함수를 functionName() 대신 functionName과 같이 작성합니다. 전자가 더 일반적이지만, 사람들은 객체를 objectName{}으로, 배열에는 arrayName[]으로 작성하지 않거니와, 빈 괄호는 "함수 자체"를 말하는 것인지 "매개변수 없이 함수를 호출"을 말하는 것인지 구분하기 어렵게 만듭니다.

---

7   https://github.com/gvwilson/sdxjs/

8   https://stjs.tech/

2000년대 초, 토론토 대학교는 그렉 윌슨[9]에게 소프트웨어 아키텍처에 관한 학부 강의를 요청했습니다. 윌슨은 세 차례 강의를 진행한 후 대학 측에 강의를 취소해야 한다고 말했는데, 강의 기간동안 윌슨이 구입한 수십 권의 교과서 제목에 '소프트웨어 아키텍처'라는 문구가 들어가 있었지만 실제 시스템 설계에 대한 설명은 총 30페이지도 채 되지 않았기 때문입니다.

이에 좌절감을 느낀 그는 앤디 오람[10]과 함께 몇몇 유명 프로그래머들을 설득하여 '아름다운 코드 [Oram2007]'라는 컬렉션에 한 챕터씩 기고했습니다. 그리고 이 컬렉션은 2007년 Jolt Award를 수상하였습니다. 이 책에 실린 글은 세 점이 일직선상에 있는지 알아내는 것부터 리눅스의 핵심 구성 요소와 화성 탐사선용 소프트웨어에 이르기까지 모든 것을 설명했는데, 너무 광범위해서 읽는 재미는 있지만 가르치는 데는 그다지 유용하지 않았습니다.

이 문제를 해결하기 위해 그렉 윌슨, 에이미 브라운[11], 타비시 암스트롱[12], 마이크 디버나도[13]는 2011년부터 2016년까지 The Architecture of Open Source Applications라는 네 권의 도서 시리즈를 편집했습니다. 첫 두 권에서는 50개의 오픈 소스 프로젝트의 개발자가 시스템 설계를 설명했고, 세 번째 책에서는 해당 시스템의 성능을 살펴봤으며, 네 번째 책에서는 기여자들이 일반적인 도구의 축소 모델을 만들어 해당 도구가 어떻게 작동하는지 보여주었습니다. 이 책들은 소프트웨어 설계에 관한 학부 수업에서 강사가 필요로 하는 내용에 가까웠지만, 대상 독자가 많은 문제 영역에 익숙하지 않을 수 있고 각 저자가 선택한 각각의 프로그래밍 언어를 사용했기 때문에 코드의 상당 부분이 이해하기 어려울 수 있다는 점에서 여전히 완벽하지 않았습니다.

Software Tools in JavaScript는 이러한 단점을 해결하기 위해 모든 코드가 하나의 언어로 작성되었으며 예제는 모두 프로그래머가 매일 사용하는 도구로 구성되어 있습니다. 대부분의 프로그램은 60줄 미만이고 가장 긴 프로그램은 200줄 미만이며, 각 챕터는 1~2시간 안에 수업에서 다룰 수 있고 연습 문제는 몇 분에서 며칠 정도 필요한 수준의 다양한 난이도로 구성되어 있습니다.

---

9   https://third-bit.com/

10   http://www.praxagora.com/

11   https://www.amyrhodabrown.com/

12   http://tavisharmstrong.com/

13   https://mikedebo.com/

1.5 사람들이 이 자료를 어떻게 사용하고 자료에 기여할 수 있나요?

이 사이트의 모든 작성 자료는 "크리에이티브 커먼즈 저작자표시-비영리 4.0 국제 라이선스"(CC-BY-NC-4.0)에 따라 제공되며, 소프트웨어는 히포크라테스 라이선스에 따라 제공되고 있습니다. 첫 번째 라이선스는 원본 출처를 인용하는 경우 비상업적 목적으로 이 자료를 그대로 또는 변형된 형태로 사용 및 리믹스할 수 있도록 허용하며, 두 번째 라이선스는 인권에 관한 국제 협약을 위반하지 않는 경우 이 사이트에서 소프트웨어를 사용 및 리믹스할 수 있도록 허용합니다. 궁금한 점이 있거나 이 자료를 강의에 사용하려면 GitHub 리포지토리[14]에 문제를 제기하거나 이메일을 보내주세요.

1.6 도움을 준 사람들

이 강의를 만드는 데 사용된 diagrams.net, Emacs, ESLint, Glosario, GNU Make, LaTeX, Node, NPM, Standard JS, SVG Screenshot, WAVE29 및 기타 모든 오픈 소스 도구의 제작자에게 감사드립니다. 우리 모두가 조금씩 베풀면 우리 모두가 많은 것을 얻을 수 있습니다. 또한 피드백을 제공해 주신 대런 매켈리 것Darren McElhgott, 에반 슐츠Evan Schultz, 후아난 페레이라Juanan Pereira에게도 감사의 말씀을 전합니다. 그리고 다른 피드백에도 감사드립니다. 남은 오류, 누락 또는 오해가 있는 부분은 전적으로 제 잘못입니다.

---

14 https://github.com/gvwilson/sdxjs/

시스템 프로그래밍

사용하는 용어

익명 함수 anonymous function
인지적 부하 cognitive load
현재 작업 디렉터리 current working directory
예외 케이스 edge case
파일 시스템 filesystem
글로빙 globbing
콘솔 console
문자열 보간 string interpolation
프로토콜
비동기

부울 Boolean
명령줄 인수 command-line argument
구조 분해 할당 destructuring assignment
파일 이름 확장자 filename extension
필터 filter
로그 메시지 log message
싱글 스레드 single-threaded
스코프 scope
콜백 함수

자바스크립트와 대부분의 다른 프로그래밍 언어 사이의 가장 큰 차이점은 자바스크립트에서는 많은 작업이 비동기적으로 수행된다는 것입니다. 자바스크립트의 설계자들은 브라우저가 데이터가 도착하거나 사용자가 클릭할 때까지 기다리는 동안 브라우저가 멈추지 않도록 하고 싶었기 때문에, 처리가 느릴 수 있는 작업은 나중에 수행할 작업을 지금 설명하는 방식으로 구현했습니다. 그리고 하드 드라이브에 접근하는 모든 것은 프로세서의 관점에서 느리기 때문에 Node[1]는 파일 시스템 작업도 동일한 방식으로 구현합니다.

NOTE 느리면 얼마나 느리겠냐고요?

[Gregg2020]은 표 2.1의 비유를 사용해서 한 CPU 사이클이 1초에 해당한다고 가정할 때 컴퓨터가 여러 가지 작업을 수행하는 데 걸리는 시간을 보여주었습니다.

---

1   https://nodejs.org/en/

항목	실제 시간	쉽게 표현하면...
CPU 1 사이클	0.3 nsec	1초
메인 메모리 접근	120 nsec	6분
SSD I/O	50–150 µsec	2–6일
회전식 물리 디스크 I/O	1–10 msec	1–12달
인터넷: 샌프란시스코에서 뉴욕까지	40 msec	4년
인터넷: 샌프란시스코에서 호주까지	183 msec	19년
물리적 시스템 리부트	5분	32,000년

〈표 2.1〉 사람 기준으로 빗댄 컴퓨터 연산 시간

초기 자바스크립트 프로그램은 비동기 연산을 설명하기 위해 콜백 함수를 사용했지만, 곧 살펴볼 것처럼 콜백은 작은 프로그램에서도 이해하기 어려울 수 있습니다. 2015년에 자바스크립트 개발자들은 콜백을 더 쉽게 관리할 수 있도록 프로미스promise라는 상위 수준의 도구를 표준화했으며, 최근에는 async와 await라는 새로운 키워드를 추가하여 더 쉽게 만들려 하고 있습니다. 문제가 발생했을 때 디버깅하려면 세 가지 방식을 모두 이해해야 하므로 이 장에서는 콜백을 살펴보고, 3장에서는 프로미스와 async/await가 작동하는 방법을 보여줍니다. 또한 이 장에서는 Node의 표준 라이브러리를 사용해서 파일과 디렉터리를 읽고 쓰는 방법을 보여줄 예정인데, 앞으로 자주 사용하게 될 것이기 때문입니다.

2.1 디렉터리를 나열하려면 어떻게 해야 할까요?

먼저 파이썬이나 자바에서와 같은 방식으로 디렉터리의 내용을 나열해 보겠습니다.

```
import fs from 'fs'
const srcDir = process.argv[2]
const results = fs.readdir(srcDir)
for (const name of results) {
    console.log(name)
}
```

import 모듈 from '소스'를 사용해서 라이브러리 소스를 로드하고 그 내용을 모듈에 할당합니다. 그 후에는 다른 객체에서 항목들을 참조할 때와 마찬가지로 module.component와 같이 라이브러리에서 항목들을 참조할 수 있습니다. 모듈에 원하는 이름을 사용할 수 있으므로 긴 이름을 가진 라이브러리에 짧은 별칭을 붙일 수 있는데, 다음 장에서 이 기능을 활용하겠습니다.

NOTE **Require vs import**

2015년에 ES6라는 새로운 버전의 자바스크립트에는 모듈을 가져오기 위한 키워드 import가 도입되었습니다. 이 함수는 여러 가지 면에서 이전 require 함수보다 개선되었지만, Node는 여전히 기본적으로 require를 사용합니다. import를 사용하도록 알리기 위해서는 Node의 package.json 파일 최상위에 "type": "module"을 추가해야 합니다.

이 작은 프로그램은 디렉터리 생성, 파일 읽기 또는 삭제 등의 함수가 포함된 fs[2]라이브러리를 사용합니다(이 이름은 "파일 시스템(filesystem)"의 줄임말입니다). **명령줄 인수**를 사용해서 프로그램에 전달할 내용을 나열해 알려주면, Node가 process.argv라는 배열에 자동으로 저장합니다. 코드를 실행하는 데 사용되는 프로그램의 이름은 process.argv[0](이 경우 node입니다)에 저장되고, process.argv[1]은 우리의 프로그램 이름(이 경우 list-dir-wrong.js)입니다. process.argv의 나머지 부분에는 프로그램을 실행할 때 명령줄에서 제공한 인수가 저장되므로, process.argv[2]는 프로그램 이름 다음의 첫 번째 인수가 됩니다(그림 2.1).

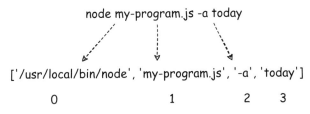

〈그림 2.1〉 Node가 process.argv에 명령줄 인수들을 저장하는 방법

디렉터리 이름을 인자로 사용하여 이 프로그램을 실행하면 fs.readdir은 해당 디렉터리에 있는 항목들의 이름을 문자열 배열로 반환합니다. 이 프로그램은 for (const name of results)를 사용해서 해당 배열의 내용을 반복합니다. const 대신 let을 사용할 수도 있지만, 프로그램을 읽는 사람이 변수가 실제로 변하지 않는다는 것을 알 수 있도록 가능한 한 변수를 const로 선언하는 것이 좋습니다. 이렇게 하면 프로그램을 읽는 사람의 인지 부하를 줄일 수 있습니다. 마지막으로, console.log는 다른 언어의 인쇄 명령에 해당하는 자바스크립트의 명령으로, 원래 목적은 브라우저 콘솔에 로그 메시지를 생성하는 것이었기 때문에 이런 이상한 이름이 붙었습니다.

안타깝게도 이 프로그램은 작동하지 않습니다.

```
node list-dir-wrong.js .
```

---

2   https://nodejs.org/api/fs.html

```
node:internal/process/esm_loader:74
    internalBinding('errors').triggerUncaughtException(
                             ^

TypeError [ERR_INVALID_CALLBACK]: Callback must be a function. Received \ undefined
    at makeCallback (node:fs:181:3) at Object.readdir (node:fs:1030:14)
        at /u/stjs/systems-programming/list-dir-wrong.js:4:20
        at ModuleJob.run (node:internal/modules/esm/module_job:154:23)
        at async Loader.import (node:internal/modules/esm/loader:177:24)
        at async Object.loadESM (node:internal/process/esm_loader:68:5) {
    code: 'ERR_INVALID_CALLBACK'
}
```

에러 메시지는 우리가 작성하지 않은, 읽기 어려운 소스에서 발생합니다. 파일 이름(list-dir-wrong.js)을 찾아보면 4번째 줄에서 에러가 발생했는데, 그 윗 줄에서는 소스가 모두 fs.readdir 내부에 있음을 알 수 있고, 그 아랫줄에서는 모두 Node가 프로그램을 로드하고 실행하는 과정임을 알 수 있습니다.

문제는 fs.readdir이 아무것도 반환하지 않는다는 것입니다. 대신, 문서에 따르면 데이터를 사용할 수 있을 때 수행할 작업을 알려주는 콜백 함수가 필요하다고 나와 있으므로 프로그램을 작동시키기 위해 이 함수를 살펴보겠습니다.

NOTE 정리

1. 모든 프로그램에는 적어도 하나의 버그가 있다.
2. 모든 프로그램은 한 줄 더 짧게 만들 수 있다.
3. 따라서 모든 프로그램은 잘못된 단일 문장으로 축소될 수 있다.

2.2 콜백 함수란 무엇인가요?

자바스크립트는 싱글 스레드 프로그래밍 모델을 사용합니다. 이 단원의 도입부에서 설명했듯이 파일 I/O와 같은 작업을 "이 작업을 수행하세요"와 "데이터를 사용할 수 있을 때 이 작업을 수행하세요"로 나눕니다. fs.readdir이 첫 번째와 같은 의미의 부분이고, 우리는 두 번째 부분을 지정하는 함수를 작성해야 합니다.

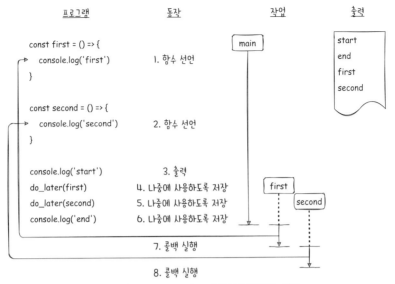

| 프로그램 | 동작 | 작업 | 출력 |

```
const first = () => {
    console.log('first')
}
```
1. 함수 선언

```
const second = () => {
    console.log('second')
}
```
2. 함수 선언

```
console.log('start')
```
3. 출력
```
do_later(first)
```
4. 나중에 사용하도록 저장
```
do_later(second)
```
5. 나중에 사용하도록 저장
```
console.log('end')
```
6. 나중에 사용하도록 저장

main

first

second

start
end
first
second

7. 콜백 실행

8. 콜백 실행

〈그림 2.2〉 자바스크립트가 콜백 함수를 실행하는 방법

자바스크립트는 이 함수에 대한 참조를 저장하고 데이터가 준비되면 특정 매개변수 집합을 사용해서 호출합니다(그림 2.2). USB 표준을 통해 하드웨어 장치를 서로 연결할 수 있는 것처럼 이런 매개변수는 라이브러리에 연결하기 위한 표준 프로토콜을 정의합니다.

수정된 프로그램은 fs.readdir에 listContents라는 콜백 함수를 제공합니다.

```
import fs from 'fs'

const listContents = (err, files) => {
    console.log('running callback')
    if (err) {
        console.error(err)
    } else {
        for (const name of files) {
            console.log(name)
        }
    }
}

const srcDir = process.argv[2]
fs.readdir(srcDir, listContents)
console.log('last line of program')
```

Node 콜백은 항상 첫 번째 인자로 에러(있는 경우)를, 두 번째 인자로 성공적인 함수 호출의 결과를 받습니다. 함수는 에러 인자가 null인지 확인하여 차이를 구분할 수 있습니다. 에러 인수가 null이면 이 함수는 console.log로 디렉터리의 내용을 나열하고, 그렇지 않으면 console.error를 사용해서 에러 메시지를 표시합니다. 현재 작업 디렉터리('.'로 작성됨)를 인자로 사용해서 프로그램을 실행해 보겠습니다.

```
node list-dir-function-defined.js .
running callback
Makefile
copy -file - filtered .js
copy -file - unfiltered .js
...
x-trace - anonymous
x-trace - anonymous .md
x-trace - callback
x-trace - callback .md
x-where -is - node .md
last line of program
```

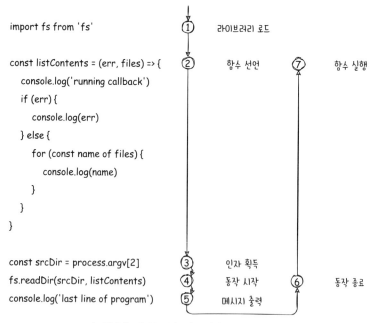

〈그림 2.3〉 자바스크립트가 콜백 함수를 실행하는 경우

이 프로그램에서 Node가 문장을 실행하는 순서를 이해하지 못하면 다음에 나오는 내용은 의미가 없습니다(그림 2.3).

1. 첫 번째 줄을 실행해서 fs 라이브러리를 로드합니다.
2. 두 개의 매개변수로 구성된 함수를 정의하고 이를 listContents에 할당합니다(함수는 또 다른 종류의 데이터라는 점을 기억하세요).
3. 명령줄 인수에서 디렉터리 이름을 가져옵니다.
4. fs.readdir을 호출하여 파일 시스템 작업을 시작하고, 읽을 디렉터리와 데이터를 사용할 수 있을 때 호출할 함수를 알려줍니다.
5. 파일의 끝에 도달했음을 알리는 메시지를 출력합니다.
6. 파일 시스템 작업이 완료될 때까지 기다립니다(이 단계는 보이지 않음).
7. 디렉터리 목록을 출력하는 콜백 함수를 실행합니다.

2.3 익명 함수란 무엇인가요?

대부분의 자바스크립트 프로그래머는 함수 listContents를 정의하고 이를 콜백으로 전달하는 대신, 콜백이 한 곳에서만 사용되기 때문에 익명 함수로 필요한 곳에서 정의하는 방식을 더 일반적으로 사용합니다. 이렇게 하면 작업이 완료될 때 무슨 일이 발생할지 쉽게 알 수 있지만, 실행 순서는 읽는 순서와 매우 다르게 됩니다(그림 2.4).

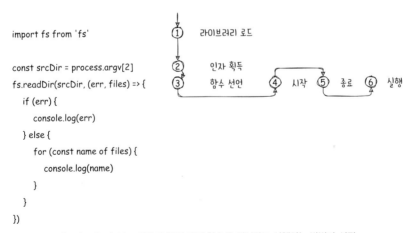

〈그림 2.4〉 자바스크립트가 익명 콜백 함수를 생성하고 실행하는 방법과 시점

이제 익명 함수를 사용하면 예제 프로그램의 최종 버전을 얻을 수 있습니다.

```
import fs from 'fs'

const srcDir = process.argv[2]
fs.readdir(srcDir, (err, files) => {
    if (err) {
        console.error(err)
    } else {
        for (const name of files) {
            console.log(name)
        }
    }
})
```

<img alt="NOTE" /> **함수는 데이터다**

앞에서 언급한 대로 함수는 단순히 다른 종류의 데이터일 뿐입니다. 숫자, 문자 또는 픽셀 대신, 명령으로 이루어져 있지만 함수도 다른 모든 데이터와 마찬가지로 메모리에 저장됩니다. 사용하는 곳에 바로 함수를 정의하는 행위는 [1, 3, 5]를 사용하여 배열을 제 위치에 정의하는 행위와 별반 다르지 않으며, 함수를 다른 함수에게 인수로 전달하는 것은 배열을 전달하는 것과 별반 다르지 않습니다. 우리는 앞으로의 글에서도 이 개념을 계속해서 활용할 것입니다.

2.4 원하는 파일들을 어떻게 선택할 수 있을까요?

디렉터리의 내용을 나열하는 대신 일부 파일을 복사하고 싶다고 가정해 봅시다. 상황에 따라 명령줄에 지정된 파일만 복사하거나 명시된 일부 파일들을 제외하고 모든 파일을 복사할 수 있습니다. 하나씩 나열하는 대신 *.js와 같은 패턴을 사용할 수 있기를 원합니다.

이러한 패턴과 일치하는 파일을 찾으려면 glob 모듈을 사용할 수 있습니다("global"의 줄임 말인 glob은 파일들의 집합을 이름으로 매치시키는 오래된 Unix 용어입니다). glob 모듈은 패턴과 콜백을 받아 패턴과 일치하는 모든 파일 이름에 대해 어떤 작업을 수행하는 함수를 제공합니다.

```
import glob from 'glob'

glob('**/*.*', (err, files) => {
    if (err) {
        console.log(err)
    } else {
        for (const filename of files) {
            console.log(filename)
        }
    }
})
```

```
copy-file-filtered.js
copy-file-filtered.js.bck
copy-file-unfiltered.js
copy-file-unfiltered.js.bck
copy-file-unfiltered.out
...
x-trace-anonymous.md
x-trace-anonymous/trace.js
x-trace-callback.md
x-trace-callback/trace.js
x-where-is-node.md
```

앞에 오는 **는 "하위 디렉터리로 재귀"를 의미하며, *.*는 "모든 문자 뒤에 '.' 문자가 있고 그 뒤에 모든 문자가 있음"을 의미합니다(그림 2.5).

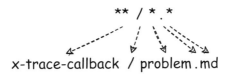

〈그림 2.5〉 Glob 패턴을 사용하여 파일 이름 일치시키기

*.*와 일치하지 않는 이름은 포함되지 않으며, 기본적으로 '.' 문자로 시작하는 이름도 포함되지 않습니다. 이것은 또 다른 오래된 Unix 규칙입니다. 이름 앞에 '.'가 있는 파일과 디렉터리에는 일반적으로 다양한 프로그램에 대한 구성 정보가 포함되어 있으므로 대부분의 명령은 별도로 지시하지 않는 한 그대로 둡니다.

물론, 이 프로그램은 작동하지만 이름이 .bck로 끝나는 편집기의 백업 파일은 복사하고 싶지 않을 것입니다. glob이 반환하는 목록을 필터링해서 이런 파일을 제거할 수 있습니다.

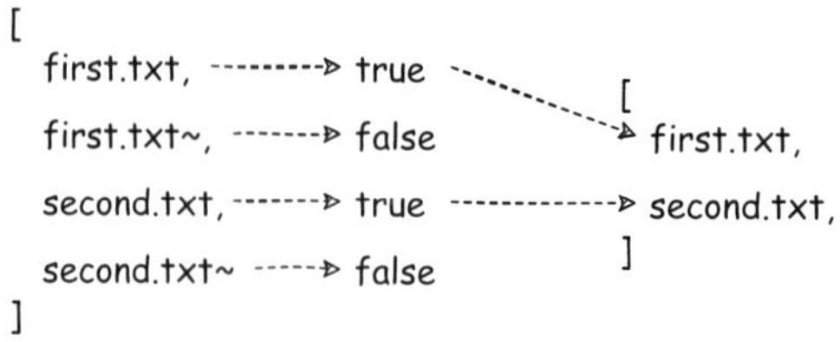

〈그림 2.6〉 Array.filter로 배열에서 요소 선택하기

```
import glob from 'glob'

glob ('**/*.*', (err , files) => {
    if (err) {
        console.log(err)
    } else {
        files = files.filter ((f) => {return !f.endsWith('.bck ')})
        for ( const filename of files ) {
            console.log (filename)
        }
    }
})
```

```
copy-file-filtered.js
copy-file-unfiltered.js
copy-file-unfiltered.out
copy-file-unfiltered.sh
copy-file-unfiltered.txt
...
x-trace-anonymous.md
x-trace-anonymous/trace.js
x-trace-callback.md
x-trace-callback/trace.js
x-where-is-
node.md
```

Array.filter는 원래 배열에서 테스트를 통과한 모든 항목을 포함한 새로운 배열을 생성합니다(그림 2.6). 테스트는 각 항목별로 한 번씩 호출하는 콜백 함수로 지정됩니다. 이 함수는 새로운 배열에 항목을 유지할지를 알려주는 **부울**을 반환해야 합니다. Array.filter는 원래 배열을 수정하지 않으므로 원하는 경우 원래의 파일 이름 목록을 여러 번 필터링할 수 있습니다.

filter 함수에 전달되는 함수에서 매개변수 주위의 괄호를 제거하고 함수가 반환할 표현식만 작성하면 글로빙^{globbing} 프로그램을 더 자연스럽게 만들 수 있습니다.

```
import glob from 'glob'

glob('**/*.*', (err, files) => {
    if (err) {
        console.log(err)
    } else { files = files.filter(f => !f.endsWith('.bck'))
        for (const filename of files) {
            console.log(filename)
        }
    }
})
```

그러나 glob은 우리를 위한 필터링 기능을 가지고 있습니다. 문서에 따르면, 이 함수는 동작을 제어하는 옵션들의 키-값 설정으로 가득 찬 객체를 받습니다. 이는 Node 라이브러리에서 흔히 볼 수 있는 또 다른 패턴으로, 함수는 거의 사용되지 않는 많은 수의 매개변수를 일일이 받아들이는 대신, 설정으로 가득 찬 객체 하나를 받습니다. 이를 사용하면 프로그램이 다음과 같이 됩니다.

```
import glob from 'glob'

glob('**/*.*', { ignore: '*.bck' }, (err, files) => {
    if (err) {
        console.log(err)
    } else {
        for (const filename of files) {
            console.log(filename)
        }
    }
})
```

옵션 객체에서 키를 따옴표로 묶지 않음에 주의하세요. 객체의 키는 거의 항상 문자열이며, 문자열이 파서에 혼동을 주지 않을 정도로 충분히 단순하면 따옴표로 묶을 필요가 없습니다. "충분히 단순하다"는 것은 "변수 이름이 될 수 있는 것처럼 보인다" 또는 "문자, 숫자 및 밑줄만 포함"을 의미합니다.

모든 것을 아는 사람은 없다

누군가가 glob.glob의 ignore 옵션을 가리키기 전까지는 1년 넘게 함수에서 glob.glob와 Array.filter를 결합해 사용했습니다. 이는 다음과 같은 사실을 보여줍니다.

1. 인생은 짧기 때문에 우리 대부분은 더 나은 것을 찾기보다는 눈앞의 문제를 해결하고 재사용하는 방법을 찾습니다.
2. 코드 리뷰는 단순히 버그를 찾는 것뿐만 아니라 프로그래머 간에 지식을 전달하는 가장 효과적인 방법이기도 합니다. 나보다 훨씬 경험이 많은 사람이라 하더라도 그 사람이 사용하고 있는 방법보다 더 나은 방법을 우연히 발견할 가능성이 높습니다(위의 1번 항목 참조).

글로빙 프로그램을 완료하기 위해 명령줄에서 소스 디렉터리를 지정하고 해당 패턴에 포함시켜 봅시다.

```
import glob from 'glob'

const srcDir = process.argv[2]

glob(`${srcDir}/**/*.*`, { ignore: '*.bck' }, (err, files) => {
    if (err) {
        console.log(err)
    } else {
        for (const filename of files) {
            console.log(filename)
        }
    }
})
```

이 프로그램은 문자열 보간을 사용해서 srcDir의 값을 문자열에 삽입합니다. 템플릿 문자열은 역따옴표(`)로 작성되며, 자바스크립트는 ${expression}로 작성된 모든 표현식을 텍스트로 변환합니다. 우리는 srcDir + '/**/.'를 사용하여 문자열을 연결하여 패턴을 만들 수 있지만, 대부분의 프로그래머는 문자열 보간을 더 읽기 쉽다고 생각합니다.

2.5 선택한 파일들은 어떻게 복사할 수 있을까요?

파일을 나열하는 대신 일련의 파일을 복사하려면 만들어질 파일의 경로를 생성하는 방법이 필요합니다. 프로그램이 두 번째 인수로 원하는 출력 디렉터리를 지정하면 소스 디렉터리의 이름을 해당 경로로 대체하여 전체 출력 경로를 구성할 수 있습니다.

```
import glob from 'glob'

const [srcDir, dstDir] = process.argv.slice(2)

glob(`${srcDir}/**/*.*`, { ignore: '*.bck' }, (err, files) => {
    if (err) {
        console.log(err)
     } else {
        for (const srcName of files) {
            const dstName = srcName.replace(srcDir, dstDir)
            console.log(srcName, dstName)
        }
    }
})
```

이 프로그램은 배열의 엘리먼트를 언패킹하여 한 번에 두 개의 변수를 생성하는 구조 분해 할당을 사용합니다(그림 2.7).

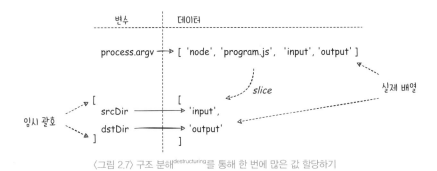

〈그림 2.7〉 구조 분해^{destructuring}를 통해 한 번에 많은 값 할당하기

배열에 충분한 엘리먼트가 포함되어 있다면 작동합니다. 즉, 커맨드라인에서 실행할 때 소스 및 대상이 모두 지정된 경우에만 작동합니다. 연습에서 이를 확인하는 검사를 추가해 보겠습니다.

더 심각한 문제는 이 프로그램이 대상 디렉터리가 이미 존재하는 경우에만 작동한다는 것입니다. fs 및 다른 언어의 동일한 라이브러리들은 대개 자동으로 디렉터리를 생성하지 않습니다. 이 작업을 수행해야 할 일이 너무 자주 발생해서, ensureDir이라는 함수가 있습니다.

```
import glob from "glob";
import fs from "fs-extra";
import path from "path";

const [srcRoot, dstRoot] = process.argv.slice(2);

glob(`${srcRoot}/**/*.*`, { ignore: "*.bck" }, (err, files) => {
  if (err) {
    console.log(err);
  } else {
    for (const srcName of files) {
      const dstName = srcName.replace(srcRoot, dstRoot);
      const dstDir = path.dirname(dstName);
      fs.ensureDir(dstDir, (err) => {
        if (err) {
          console.error(err);
        }
      });
    }
  }
});
```

이 함수는 fs 대신 fs-extra에서 가져옵니다. fs-extra 모듈은 fs를 기반으로 유용한 도구들을 제공합니다. 또한 문자열을 연결하거나 보간하는 대신 경로명을 조작하기 위해 path를 사용하는데, 이는 해당 모듈의 작성자가 알아낸 경로명에 까다로운 에지 케이스^{edge cases}가 더 많기 때문입니다.

NOTE   **고유 명칭 사용**

이제 명령줄 인수를 scrDir과 dstDir 대신 srcRoot 및 dstRoot로 호출하고 있습니다. 원래는 dstDir을 명령줄에서 받은 최상위 대상 디렉터리의 이름 및 생성할 특정 출력 디렉터리의 이름으로 사용했습니다. 모든 함수가 새로운 스코프를 생성하므로 문제는 없었지만, 사람들에게는 혼동을 일으킬 수 있습니다.

현재 파일 복사 프로그램은 비어 있는 대상 디렉터리를 생성하지만 실제로 파일을 복사하지는 않습니다. 이를 위해 fs.copy를 사용해 보겠습니다.

```
import glob from 'glob'
import fs from 'fs-extra'
import path from 'path'

const [srcRoot, dstRoot] = process.argv.slice(2)

glob(`${srcRoot}/**/*.*`, { ignore: '*.bck' }, (err, files) => {
    if (err) {
        console.log(err)
    } else {
        for (const srcName of files) {
            const dstName = srcName.replace(srcRoot, dstRoot)
            const dstDir = path.dirname(dstName)
            fs.ensureDir(dstDir, (err) => {
                if (err) {
                    console.error(err)
                } else { fs.copy(srcName, dstName, (err) => {
                        if (err) {
                            console.error(err)
                        }
                    })
                }
            })
        }
    }
})
```

```
glob(`${srcRoot}/**/*.*`, { ignore: '*.bck' }, (err, files) => {
    if (err) {
        console.log(err)
    } else {
        for (const name of files) {
            const dstName = srcName.replace(srcRoot, dstRoot)
            const dstDir = path.dirname(dstName)
            fs.ensureDir(dst, (err) => {
                if (err) {
                    console.log(err)
                } else {
                    fs.copy(srcName, dstName, (err) => {
                        if (err) {
                            console.error(err)
                        }
                    })
                }
            })
        }
    }
})
```

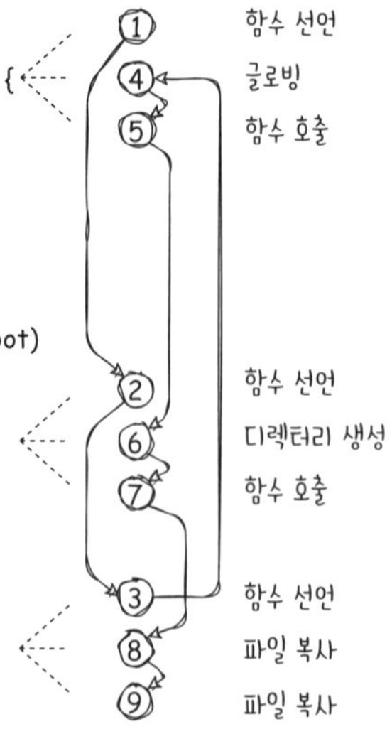

① 함수 선언
④ 글로빙
⑤ 함수 호출

② 함수 선언
⑥ 디렉터리 생성
⑦ 함수 호출

③ 함수 선언
⑧ 파일 복사
⑨ 파일 복사

〈그림 2.8〉 실행 중인 예제에서의 세 가지 레벨의 콜백

이제 프로그램에는 세 가지 레벨의 콜백이 있습니다(그림 2.8).

1. glob에 데이터가 있을 때, 작업을 수행한 다음 ensureDir을 호출합니다.
2. ensureDir이 완료되면 파일을 복사합니다.
3. 복사가 완료되면 에러 상태를 확인합니다.

프로그램이 작동하는 것처럼 보이지만 이 절의 예제가 포함된 디렉터리의 모든 파일을 복사하려고 하면
에러 메시지가 표시됩니다.

```
rm -rf /tmp/out
mkdir /tmp/out
node copy-file-unfiltered.js ../node_modules /tmp/out 2>&1 | head -n 6
```

```
[Error: ENOENT: no such file or directory, chmod \
'/tmp/out/@nodelib/fs.stat/README.md'] { errno: -2, code: 'ENOENT', syscall: 'chmod',
path: '/tmp/out/@nodelib/fs.stat/README.md' }
```

문제는 node_modules/fs.stat와 node_modules/fs.walk가 우리의 글로빙 표현식과 일치하지만 파일이 아닌 디렉터리라는 것입니다. 프로그램이 디렉터리에 fs.copy를 사용하지 못하도록 하려면 fs.stat를 사용하여 glob가 제공하는 객체의 속성을 가져온 다음 파일인지 확인해야 합니다. "stat"라는 이름은 상태^{Status}의 줄임말이며, 파일 시스템에서 무언가의 상태는 매우 복잡할 수 있기 때문에 fs.stat는 일반적인 질문에 답할 수 있는 메서드를 가진 객체를 반환합니다. 다음은 파일 복사 프로그램의 최종 버전입니다.

```
import glob from 'glob'
import fs from 'fs-extra'
import path from 'path'

const [srcRoot, dstRoot] = process.argv.slice(2)

glob(`${srcRoot}/**/*.*`, { ignore: '*.bck' }, (err, files) => {
    if (err) {
        console.log(err)
    } else {
        for (const srcName of files) {
            fs.stat(srcName, (err, stats) => {
                if (err) {
                    console.error(err)
                } else if (stats.isFile()) {
                    const dstName = srcName.replace(srcRoot, dstRoot)
                    const dstDir = path.dirname(dstName)
                    fs.ensureDir(dstDir, (err) => {
                        if (err) {
                            console.error(err)
                        } else {
                            fs.copy(srcName, dstName, (err) => {
                                if (err) {
                                    console.error(err)
                                }
                            })
                        }
                    })
                }
            })
        }
    }
})
```

이 코드가 동작은 하지만 4단계나 되는 비동기 콜백은 사람이 이해하기 어렵습니다. 3장에서는 이와 같은 코드를 더 읽기 쉽게 만들어주는 두 가지 도구를 소개합니다.

2.6 연습

| Node는 어디에 있나요?

Node.js 실행 파일의 전체 경로를 출력하는 wherenode.js라는 프로그램을 만드세요.

| 콜백을 추적해 보자

다음 프로그램은 어떤 순서로 메시지를 출력할까요?

```
const red = () => {
    console.log('RED')
}
const green = (func) => {
    console.log('GREEN')
    func()
}
const blue = (left, right) => {
    console.log('BLUE')
    left(right)
}
blue(green, red)
```

| 익명 콜백을 추적해 보자

아래 프로그램은 어떤 순서로 메시지를 출력할까요?

```
const blue = (left, right) => {
    console.log('BLUE')
    left(right)
}

blue(
    (callback) => {
        console.log('GREEN')
        callback()
    },
    () => console.log('RED')
)
```

│ 인수 확인하기

파일 복사 프로그램을 올바른 수의 명령줄 인수를 받았는지 확인하고, 그렇지 않은 경우 적절한 에러 메시지(사용 설명 포함)를 출력하도록 수정하세요.

│ Glob 패턴

각각의 다음 Glob 패턴은 어떤 파일 이름과 일치하나요?

- results-[0123456789].csv
- results.(tsv|csv)
- results.dat?
- ./results.data

│ 배열 필터링하기

아래 코드의 빈 칸을 채워서 표시된 것과 일치하는 출력이 나오도록 합니다. 참고로 자바스크립트에서는 ⟨, ⟩= 및 기타 연산자를 사용하여 문자열을 비교할 수 있는데, 예를 들어 누군가의 개인 이름이 알파벳 'P' 뒤에 오는 문자로 시작하면 person.personal ⟩ 'P'가 참이 됩니다.

```
const people = [
    { personal: 'Jean', family: 'Jennings' },
    { personal: 'Marlyn', family: 'Wescoff' },
    { personal: 'Ruth', family: 'Lichterman' },
    { personal: 'Betty', family: 'Snyder' },
    { personal: 'Frances', family: 'Bilas' },
    { personal: 'Kay', family: 'McNulty' }
]
const result = people.filter(____ => ____)

console.log(result)
```

```
[
    { personal: 'Jean', family: 'Jennings' },
    { personal: 'Ruth', family: 'Lichterman' },
    { personal: 'Frances', family: 'Bilas' }
]
```

문자열 보간

표시된 메시지를 출력하도록 빈 칸에 코드를 입력하세요.

```
const people = [
    { personal: 'Christine', family: 'Darden' },
    { personal: 'Mary', family: 'Jackson' },
    { personal: 'Katherine', family: 'Johnson' },
    { personal: 'Dorothy', family: 'Vaughan' }
]
for (const person of people) {
    console.log(`$____, $____`)
}
```

```
Darden, Christine
Jackson, Mary
Johnson, Katherine
Vaughan, Dorothy
```

구조 분해 할당

다음 문제에서 명명된 각 변수에 할당된 것은 무엇일까요?

1. const first = [10, 20, 30]

2. const [first, second] = [10, 20, 30]

3. const [first, second, third] = [10, 20, 30]

4. const [first, second, third, fourth] = [10, 20, 30]

5. const {left, right} = {left: 10, right: 30}

6. const {left, middle, right} = {left: 10, middle: 20, right: 30}

줄 수 세기

하나 이상의 파일에 있는 줄 수와 총 줄 수를 계산하여 보고하는 lc라는 프로그램을 작성하여 lc a.txt b.txt가 다음과 같이 표시되도록 합니다.

```
a.txt 475
b.txt 31
total 506
```

파일 이름 바꾸기

세 개 이상의 명령줄 인수를 사용하는 rename이라는 프로그램을 작성해 보세요.

1. 일치시킬 파일 이름 확장명

2. 대체할 확장명

3. 하나 이상의 기존 파일 이름

Rename이 실행되면 첫 번째 확장명을 가진 파일의 이름을 바꿔서 두 번째 확장명을 가진 파일로 만들지만, 기존 파일을 덮어쓰지는 않습니다. 디렉터리에 a.txt, b.txt 및 b.bck가 있다고 가정합니다. 예를 들어 다음 명령은

```
rename .txt .bck a.txt b.txt
```

a.txt의 이름을 a.bck으로 바꾸지만, b.bck이 이미 존재하므로 b.txt의 이름은 바꾸지 않습니다.

비동기 프로그래밍

사용하는 용어

호출 스택^{call stack} 이벤트 루프^{event loop}
예외^{exception} 플루언트 인터페이스^{fluent interface}
프로미스^{promise} 프로미스화^{promisification}
논블록킹 실행^{non-blocking execution} 프로토콜
UTF-8 메서드
메서드 체인 문자 인코딩
클래스 생성자

콜백은 동작하지만 읽기 및 디버깅이 어렵기 때문에 제한된 의미에서만 "동작"합니다. 자바스크립트 개발자들은 콜백을 더 쉽게 작성하고 이해할 수 있도록 2015년에 언어에 프로미스를 추가했으며, 최근에는 비동기 프로그래밍을 더 쉽게 만들기 위해 async 및 await라는 키워드를 추가했습니다. 이런 기능이 어떻게 작동하는지 보여주기 위해 프로미스와 동일한 핵심 기능을 제공하는 Pledge라는 클래스를 직접 만들어 보겠습니다. 이 설명은 트레이 허핀^{Trey Huffine}[1]의 튜토리얼[2]에서 영감을 얻었으며, 해당 튜토리얼도 한번 읽어보기 바랍니다.

3.1 비동기 실행은 어떻게 관리할까요?

자바스크립트는 **이벤트 루프**를 중심으로 구축되었습니다. 모든 작업은 큐의 항목으로 표시되며, 이벤트 루프는 큐의 앞쪽에서 작업을 가져와 실행하고 새로 생성된 작업을 큐의 뒤쪽에 추가하여 나중에 실행하는 식의 작업을 반복적으로 수행합니다. 한 번에 하나의 작업^{task}만 실행되며 각 작업에는 고유한 **호출 스택**이 있지만 작업 간에 객체를 공유할 수 있습니다(그림 3.1).

---

1 https://medium.com/@treyhuffine

2 https://levelup.gitconnected.com/understand-javascript-promises-by-building-a-promise-from-scratch-84c0fd855720

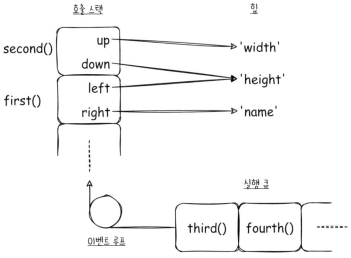

〈그림 3.1〉 이벤트 루프를 사용하여 동시 작업 관리하기

대부분의 작업은 작성된 순서대로 사용 가능한 모든 코드를 실행합니다. 예를 들어, 다음 한 줄짜리 프로그램은 Array.forEach를 사용해서 배열의 각 요소를 차례로 출력합니다.

```
[1000, 1500, 500].forEach(t => console.log(t))
```

```
1000
1500
500
```

그러나 몇 가지 특별한 내장 함수를 사용하면 Node가 작업을 전환하거나 실행 큐에 새로운 작업을 추가할 수 있습니다. 예를 들어, setTimeout은 특정 밀리초가 경과한 후 콜백 함수를 실행하도록 Node에 지시합니다. 첫 번째 인수는 인수를 받지 않는 콜백 함수이고, 두 번째 인수는 지연 시간입니다. setTimeout이 호출되면 Node는 요청된 시간 동안 콜백을 따로 설정한 다음 실행 대기열에 추가합니다. 즉, 작업이 최소 지정된 시간(밀리초) 후에 실행됩니다.

인수를 받지 않는 이유는 무엇인가요?

콜백 함수에 인수를 받지 않아야 한다는 setTimeout의 요구 사항은 새로운 프로그래밍 기능이나 라이브러리가 이전의 코드와 호환성을 유지해야 한다는 프로토콜의 또 다른 예입니다. setTimeout이 처음 도입될 때 예측할 수 없는 작업을 지연시키기 위한 용도로 만들어졌기 때문에 모든 작업을 감쌀 수 있는 방법을 명시했다고 할 수 있습니다.

다음 코드에서 볼 수 있듯이 원래 작업은 완료되기 전에 많은 새로운 작업을 생성할 수 있으며, 이런 작업은 생성된 순서와는 다른 순서로 실행될 수 있습니다(그림 3.2).

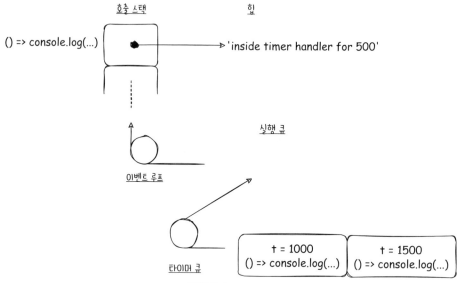

〈그림 3.2〉 setTimeout을 사용한 작업 지연

```
[1000, 1500, 500].forEach((t) => {
    console.log(`about to setTimeout for ${t}`);
    setTimeout(() => console.log(`inside timer handler for ${t}`), t);
});
```

```
about to setTimeout for 1000
about to setTimeout for 1500
about to setTimeout for 500
inside timer handler for 500
inside timer handler for 1000
inside timer handler for 1500
```

setTimeout에 0 밀리초의 지연을 설정하면 새로운 작업이 바로 실행될 수 있지만 대기 중인 다른 작업들도 실행될 기회를 얻게 됩니다.

```
[1000, 1500, 500].forEach((t) => {
    console.log(`about to setTimeout for ${t}`);
    setTimeout(() => console.log(`inside timer handler for ${t}`), 0);
});
```

```
about to setTimeout for 1000
about to setTimeout for 1500
about to setTimeout for 500
inside timer handler for 1000
inside timer handler for 1500
inside timer handler for 500
```

이 트릭을 사용해서 작업을 정의하는 콜백을 받고 다른 작업을 사용할 수 있으면 작업을 전환하는 일반적인 논블록킹 함수를 구축할 수 있습니다.

```
const nonBlocking = (callback) => {
    setTimeout(callback, 0);
};
[1000, 1500, 500].forEach((t) => {
    console.log(`about to do nonBlocking for ${t}`);
    nonBlocking(() => console.log(`inside timer handler for ${t}`));
});
```

```
about to do nonBlocking for 1000
about to do nonBlocking for 1500
about to do nonBlocking for 500
inside timer handler for 1000
inside timer handler for 1500
inside timer handler for 500
```

Node에 내장된 함수 setImmediate는 논블록킹 함수가 하는 일을 정확히 수행합니다. Node에는 process.nextTick도 있는데, 이 함수는 완전히 같은 일을 하지는 않는 함수로, 연습에서 그 차이점을 살펴보겠습니다.

```
[1000, 1500, 500].forEach((t) => {
    console.log(`about to do setImmediate for ${t}`);
    setImmediate(() => console.log(`inside immediate handler for ${t}`));
});
```

```
about to do setImmediate for 1000
about to do setImmediate for 1500
about to do setImmediate for 500
inside immediate handler for 1000
inside immediate handler for 1500
inside immediate handler for 500
```

3.2 프로미스는 어떻게 작동하나요?

자체 프로미스를 구축하기 전에, 프로미스가 어떻게 작동하는지 살펴봅시다.

```
import Pledge from './pledge.js'

new Pledge((resolve, reject) => {
    console.log('top of a single then clause')
    setTimeout(() => {
        console.log('about to call resolve callback')
        resolve('this is the result')
    }, 0)
}).then((value) => {
    console.log(`in 'then' with "${value}"`)
    return 'first then value'
})
```

```
top of a single then clause
about to call resolve callback
in 'then ' with " this is the result "
```

이 짧은 프로그램은 두 개의 다른 콜백(resolve: 모든 것이 성공했을 때 실행됨, reject: 문제가 발생했을 때 실행됨)을 인수로 받는 새로운 Pledge를 생성합니다. 최상위 콜백은 우리가 제일 먼저 수행하려는 부분, 즉, 지연이 예상되기 전에 실행하고자 하는 작업을 수행합니다. 여기서는 지연 목적으로 setTimeout 의 지연을 0으로 설정해서 작업을 전환하겠습니다. 이 작업이 재개되면 resolve 콜백을 호출해서 지연 이후에 일어날 일을 트리거합니다.

이제 then이 있는 라인을 살펴보겠습니다. 이것은 방금 생성한 Pledge 객체의 메서드이며, 지연 후에 수행하려는 작업을 나타냅니다. then에 전달되는 인수는 또 다른 콜백 함수이며, 해당 함수는 resolve에 전달된 값을 받을 것입니다. 이것은 첫 번째 작업이 두 번째 작업에 어떻게 정보를 전달하는지 보여줍니다 (그림 3.3).

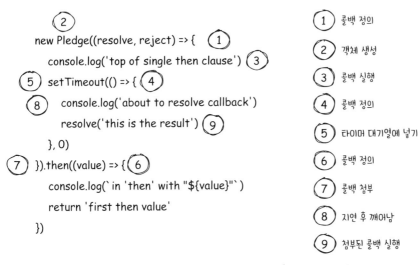

〈그림 3.3〉 프로미스가 해결resolve될 때의 작업 순서

이 작업을 수행하기 위해 Pledge의 생성자는 action이라는 함수 하나를 취해야 합니다. 이 함수는 액션이 성공적으로 완료되면 수행할 작업과 그렇지 않은 경우 수행할 작업(즉, 에러 처리 방법), 이렇게 두 가지 콜백을 인수로 받아야 합니다. Pledge는 이러한 콜백을 적절한 타이밍에 실행합니다.

Pledge에는 두 가지 메서드가 더 필요합니다. 바로 더 많은 작업을 가능하게 하는 then과 에러를 처리하는 catch입니다. 어느정도 간단하게 만들기 위해 사용자가 원하는 만큼 많은 then을 연결할 수는 있지만, catch는 한 번만 허용하도록 하겠습니다.

플루언트 인터페이스는 객체 지향 프로그래밍의 스타일 중 하나로, 객체의 메서드가 this를 반환해서 메서드 호출을 연결할 수 있게 하는 방식입니다. 예를 들어, 만약 우리의 클래스가 다음과 같다면,

```
class Fluent {
    constructor () {...}

    first (top) {
      ...top으로 뭔가를 수행합니다...
      return this
    }

    second (left, right) {
      ...left와 right로 뭔가를 수행합니다...
    }
}
```

다음과 같이 작성할 수 있습니다.

```
const f = new Fluent()
f.first('hello').second('and', 'goodbye')
```

심지어 다음과 같이 할 수도 있습니다.

```
(new Fluent()).first('hello').second('and', 'goodbye')
```

Array의 플루언트 인터페이스를 사용하면 일반적으로 중간 결과를 임시 변수에 할당하는 것보다 더 읽기 쉬운 표현식을 작성할 수 있습니다. 예를 들면, Array.filter(..)..map(..)와 같은 식입니다.

만약 Pledge에 주어진 원래 작업이 성공적으로 완료되면, Pledge는 resolve 콜백을 호출해서 값을 제공해 줄 것입니다. 우리는 이 값을 첫 번째 then에 전달하고, 그 then의 결과를 두 번째 then에 전달하는 식으로 진행됩니다. 만약 그 중 하나라도 실패하고 exception를 던진다면, 그 예외를 에러 핸들러에 전달하게 됩니다. 모두 함께 모아보면 전체 클래스는 다음과 같이 생겼습니다.

```
class Pledge {
    constructor(action) {
        this.actionCallbacks = [];
        this.errorCallback = () => {};
        action(this.onResolve.bind(this), this.onReject.bind(this));
    }

    then(thenHandler) {
        this.actionCallbacks.push(thenHandler);
        return this;
    }

    catch(errorHandler) {
        this.errorCallback = errorHandler;
        return this;
    }

    onResolve(value) {
        let storedValue = value;
        try {
            this.actionCallbacks.forEach((action) => {
                storedValue = action(storedValue);
            });
        } catch (err) {
            this.actionCallbacks = [];
            this.onReject(err);
        }
    }

    onReject(err) {
        this.errorCallback(err);
    }
}

export default Pledge;
```

this 바인드하기

Pledge의 생성자는 bind라는 특별한 함수를 두 번 호출합니다. 객체 obj를 만들고 메서드 meth를 호출하면 자바스크립트는 meth 내에서 특별한 변수 this를 obj로 설정합니다. 그러나 우리가 메서드를 콜백으로 사용할 때는 this가 자동으로 올바른 객체로 설정되지 않습니다. 메서드를 올바른 this로 변환하려면 bind를 사용해야 합니다. 더 많은 세부 정보와 예제는 문서[3]에서 확인할 수 있습니다.

Pledge를 생성하고 값을 반환해 봅시다.

```
import Pledge from "./pledge.js";

new Pledge((resolve, reject) => {
    console.log("top of a single then clause");
}).then((value) => {
    console.log(`then with "${value}"`);
    return "first then value";
});
```

```
top of a single then clause
```

왜 작동하지 않을까요?

1. Pledge에서 return을 사용할 수 없는 이유는 Pledge를 생성한 작업의 호출 스택이 Pledge가 실행될 때 이미 사라져 있기 때문입니다. 대신에 resolve 또는 reject를 호출해야 합니다.
2. 우리는 실행을 지연시키는 어떠한 것도 수행하지 않았습니다. 즉, setTimeout, setImmediate 또는 작업을 전환할 만한 다른 어떤 호출도 없었습니다. 원래 (동기부여를 위한)처음 예제에서는 이를 올바르게 처리했었습니다.

다음 예시는 액션을 서로 연결할 수 있는 방법을 보여줍니다.

---

3 https://developer.mozilla.org/en—US/docs/Web/JavaScript/Reference/Global_objects/Function/bind

```
import Pledge from './pledge.js'

new Pledge((resolve, reject) => {
    console.log('top of action callback with double then and a catch')
    setTimeout(() => { console.log('about to call resolve callback')
        resolve('initial result')
        console.log('after resolve callback')
    }, 0)
    console.log('end of action callback')
}).then((value) => {
    console.log(`first then with "${value}"`)
    return 'first value'
}).then((value) => {
    console.log(`second then with "${value}"`)
    return 'second value'
})
```

```
top of action callback with double then and a catch
end of action callback
about to call resolve callback
first then with "initial result"
second then with "first value"
after resolve callback
```

각 then 내에서 return을 사용함에 주목하세요. 이 절들이 모두 하나의 작업에서 실행되기 때문입니다. 다음 절에서 보게 될 것처럼 프로미스의 완전한 구현은 then 핸들러 내에서 일반 코드와 지연된 작업을 모두 실행할 수 있게 해 줍니다.

마지막으로, 이 예제에서는 에러 처리가 제대로 작동하는지 확인하기 위해 reject를 호출해서 명시적으로 문제를 알립니다.

```
import Pledge from './pledge.js'

new Pledge((resolve, reject) => {
    console.log('top of action callback with deliberate error')
    setTimeout(() => {
        console.log('about to reject on purpose')
        reject('error on purpose')
    }, 0)
}).then((value) => {
```

```
        console.log(`should not be here with "${value}"`)
}).catch((err) => {
        console.log(`in error handler with "${err}"`)
})
```

```
top of action callback with deliberate error
about to reject on purpose
in error handler with "error on purpose"
```

3.4 실제 프로미스는 어떻게 다를까요?

내장된 프로미스를 사용해서 이전 Pledge 예제를 다시 작성해 보겠습니다.

```
new Promise((resolve, reject) => {
    console.log("top of action callback with double then and a catch");

    setTimeout(() => {
        console.log("about to call resolve callback");
        resolve("initial result");
        console.log("after resolve callback");
    }, 0);

    console.log("end of action callback");
})
.then((value) => {
    console.log(`first then with "${value}"`);
    return "first value";
})
.then((value) => {
    console.log(`second then with "${value}"`);
    return "second value";
});
```

```
top of action callback with double then and a catch
end of action callback
about to call resolve callback
after resolve callback
first then with "initial result"
second then with "first value"
```

거의 똑같아 보이지만, 출력을 주의 깊게 살펴보면 콜백이 메인 프로그램이 끝난 후에 실행되는 것을 볼 수 있습니다. 이는 Node가 then 핸들러에서의 코드 실행을 지연시키고 있다는 신호입니다.

아주 흔한 패턴은 then 내에서 또 다른 프로미스를 반환해서 다음 then이 원래 프로미스가 아닌 반환된 프로미스에서 호출되도록 하는 것입니다(그림 3.4 참조).

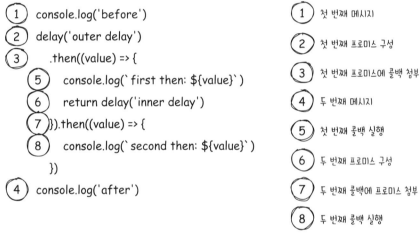

〈그림 3.4〉 비동기 작업을 서로 의존하도록 만들기 위해 프로미스를 연결하는 예

이것은 플루언트 인터페이스를 구현하는 또 다른 방법입니다. 한 객체의 메서드가 두 번째 객체를 반환하면, 두 번째 객체의 메서드를 바로 호출할 수 있습니다.

```
const delay = (message) => {
    return new Promise((resolve, reject) => {
        console.log(`constructing promise: ${message}`)
        setTimeout(() => {
            resolve(`resolving: ${message}`)
        }, 1)
    })
}
```

```
console.log('before')
delay('outer delay')
.then((value) => {
    console.log(`first then: ${value}`)
    return delay('inner delay')

}).then((value) => {
    console.log(`second then: ${value}`)

})
console.log('after')
```

```
before
constructing promise : outer delay
after
first then : resolving : outer delay
constructing promise : inner delay
second then : resolving : inner delay
```

따라서 프로미스를 연결하는 세 가지 규칙이 있습니다.

1. 만약 코드를 동기적으로 실행해도 되면, 그냥 then에 넣습니다.
2. 자신의 비동기 함수를 사용하려면, 프로미스를 생성해서 반환해야 합니다.
3. 마지막으로, 우리가 콜백을 사용하는 라이브러리 함수를 사용하려면 이를 프로미스를 사용하도록 변환해야 합니다. 이를 프로미스화^{promistification}라고 합니다(용어가 이상하겠지만, 프로그래머들은 언제나 새로운 용어를 세상에 추가하기를 꺼리지 않으니까요). 대부분의 Node 함수는 이미 프로미스화되어 있습니다.

3.5 어떻게 프로미스를 사용해서 도구를 만들까요?

지금은 프로미스가 콜백보다 더 복잡해 보일 수 있지만, 이것은 우리가 프로미스를 사용하는 방법보다는 작동하는 방식을 살펴보고 있기 때문입니다. 사용하는 방법을 살펴보기 위해 프로미스를 사용해서 일련의 파일들로부터 줄 수를 계산하는 프로그램을 작성해 보겠습니다. NPM에서 잠시 검색하면 fs-extra-promise라는 fs-extra의 프로미스 버전이 있으므로 파일 작업에 이를 사용하겠습니다.

첫 번째 단계는 단일 파일의 줄 수를 세는 것입니다.

```
import fs from 'fs-extra-promise'

const filename = process.argv[2]
fs.readFileAsync(filename, { encoding: 'utf-8' })
  .then(data => {
    const length = data.split('\n').length - 1
    console.log(`${filename}: ${length}`)
})
.catch(err => { console.error(err.message) })
```

```
node count-lines-single-file.js count-lines-single-file.js
```

```
count-lines-single-file.js: 12
```

문자 인코딩

문자 인코딩은 문자를 바이트 단위로 저장하는 방법을 지정합니다. 가장 널리 사용되는 것은 서유럽 언어에서 흔히 사용되는 문자를 단일 바이트에 저장하고 다른 기호에는 다중 바이트 시퀀스를 사용하는 UTF-8입니다. 문자 인코딩을 지정하지 않으면 fs.readFileAsync는 문자열이 아닌 바이트 배열을 제공합니다. 문자열 메서드를 호출하려고 할 때 Node에서 호출할 수 없다는 메시지가 표시되면 이 실수를 알 수 있습니다.

다음 단계는 여러 파일에 있는 줄을 세는 것입니다. glob-promise를 사용해서 glob의 출력 처리를 지연시킬 수 있지만, 각 파일의 줄 수를 세는 별도의 작업을 만들고 프로그램을 종료하기 전에 해당 줄 수를 사용할 수 있을 때까지 기다릴 방법이 필요합니다.

우리가 원하는 도구는 배열의 모든 프로미스가 완료될 때까지 기다리는 Promise.all입니다. 프로그램을 좀 더 읽기 쉽게 만들기 위해 각 파일에 대한 프로미스 생성을 별도의 함수에 넣겠습니다.

```
import glob from 'glob-promise'
import fs from 'fs-extra-promise'

const main = (srcDir) => {
    glob(`${srcDir}/**/*.*`)
    .then(files => Promise.all(files.map(f => lineCount(f))))
    .then(counts => counts.forEach(c => console.log(c)))
    .catch(err => console.log(err.message))
}

const lineCount = (filename) => {
    return new Promise((resolve, reject) => {
        fs.readFileAsync(filename, { encoding: 'utf-8' })
        .then(data => resolve(data.split('\n').length - 1))
        .catch(err => reject(err))
    })
}

const srcDir = process.argv[2]
main(srcDir)
```

```
node count-lines-globbed-files.js .
10
1
12
4
1
...
3
2
5
2
14
```

하지만 줄 수를 세고 있는 파일의 이름도 줄 수와 함께 표시하고 싶습니다. 이렇게 하려면 **then**은 두 개의 값을 반환해야 합니다. 배열에 넣을 수도 있지만, 이름이 지정된 필드가 있는 임시 객체^{temporary object}를 구성하는 것이 더 좋습니다(그림 3.5).

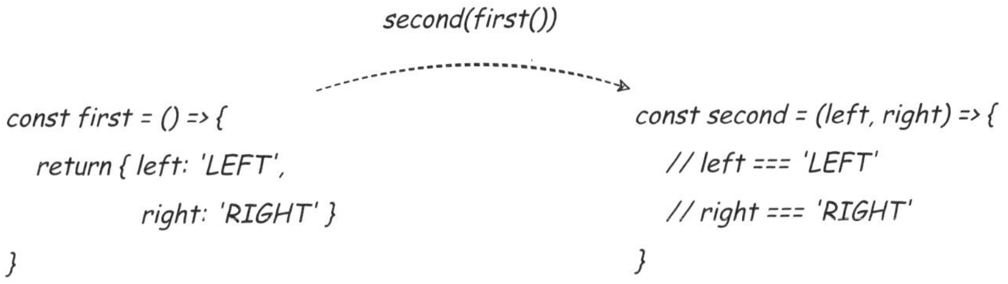

$$second(first())$$

```
const first = () => {                    const second = (left, right) => {
    return { left: 'LEFT',                   // left === 'LEFT'
             right: 'RIGHT' }                // right === 'RIGHT'
}                                        }
```

〈그림 3.5〉 값을 전달하기 위해 명명된 필드가 있는 임시 객체 만들기

이 접근 방식을 사용하면 코드를 손상시키지 않고 필드를 추가하거나 재편성할 수 있으며 어느정도 문서로서의 역할도 수행합니다. 이 변경으로 줄 수 세기 프로그램은 다음과 같이 됩니다.

```
import glob from 'glob-promise'
import fs from 'fs-extra-promise'

const main = (srcDir) => {
    glob(`${srcDir}/**/*.*`)
    .then(files => Promise.all(files.map(f => lineCount(f))))
    .then(counts => counts.forEach( c => console.log(`${c.lines}: ${c.name}`)))
    .catch(err => console.log(err.message))
}

const lineCount = (filename) => {
    return new Promise((resolve, reject) => {
        fs.readFileAsync(filename, { encoding: 'utf-8' })
        .then(data => resolve({ name: filename,
                lines: data.split('\n').length - 1 }))
        .catch(err => reject(err))
    })
}

const srcDir = process.argv[2]
main(srcDir)
```

2장에서 한 것처럼, 이 방법은 *.*과 매치되는 디렉터리의 이름이 있는 경우(예: node_modules의 내용에서 줄 수를 세려 하는 경우)에는 작동하지 않습니다. 해결책은 다시 한번 stat을 사용해서, 읽기를 시도하기 전에 읽을 대상이 파일인지 아닌지 확인한 후에 읽기를 시도하는 것입니다. 그리고 stat은 파일의 이름을 포함하지 않은 객체를 반환하므로 정보를 then 체인을 따라 전달하기 위해 또 다른 임시 객체를 생성합니다.

```
import glob from 'glob-promise'
import fs from 'fs-extra-promise'

const main = (srcDir) => {
    glob(`${srcDir}/**/*.*`)
    .then(files => Promise.all(files.map(f => statPair(f))))
    .then(files => files.filter(pair => pair.stats.isFile()))
    .then(files => files.map(pair => pair.filename))
    .then(files => Promise.all(files.map(f => lineCount(f))))
    .then(counts => counts.forEach( c => console.log(`${c.lines}: ${c.name}`)))
    .catch(err => console.log(err.message))
}

const statPair = (filename) => {
    return new Promise((resolve, reject) => {
        fs.statAsync(filename)
        .then(stats => resolve({ filename, stats }))
        .catch(err => reject(err))
    })
}

const lineCount = (filename) => {
    return new Promise((resolve, reject) => {
        fs.readFileAsync(filename, { encoding: 'utf-8' })
        .then(data => resolve({ name: filename,
                lines: data.split('\n').length - 1 }))
        .catch(err => reject(err))
    })
}

const srcDir = process.argv[2]
main(srcDir)
```

```
node count-lines-with-stat.js .
```

```
10: ./assign-immediately.js
1: ./assign-immediately.out
12: ./await-fs.js
4: ./await-fs.out
1: ./await-fs.sh
...
```

```
3: ./x-multiple-catch/example.js
2: ./x-multiple-catch/example.txt
5: ./x-trace-load.md
2: ./x-trace-load/config.yml
14: ./x-trace-load/example.js
```

이 코드는 복잡하지만 콜백을 사용하는 경우보다 훨씬 간단합니다.

NOTE 정리하기

이 코드는 {filename, stats} 형태의 표현식을 사용해서 키가 filename과 stats이고, 해당 변수의 값을 값으로 가지는 객체를 생성합니다. 이 객체의 값은 각 변수의 값과 일치합니다. 이렇게 하면 코드가 짧아지는 동시에, 키 filename에 관련된 값이 동일한 이름을 가진 변수의 값임을 직관적으로 나타내기 때문에 코드가 더 읽기 쉬워집니다.

3.6 더 읽기 쉽게 만들 수 없을까요?

프로미스는 콜백의 심각한 중첩을 제거해 주지만, 여전히 이해하기 어려울 수 있습니다. 자바스크립트의 최신 버전에서는 코드를 더 읽기 쉽게 만들기 위해 두 개의 새로운 키워드인 async와 await을 제공합니다. async는 "이 함수는 암묵적으로 프로미스를 반환한다"는 뜻이고, await는 "프로미스가 해결될 때까지 기다려라"는 뜻입니다. 다음의 짧은 프로그램은 이 두 키워드를 사용해서 파일의 첫 열 글자를 출력합니다.

```
import fs from 'fs-extra-promise'

const firstTenCharacters = async (filename) => {
    const text = await fs.readFileAsync(filename, 'utf-8')
    console.log(`inside, raw text is ${text.length} characters long`)
    return text.slice(0, 10)
}

console.log('about to call')
const result = firstTenCharacters(process.argv[2])
```

```
console.log(`function result has type ${result.constructor.name}`)
result.then(value => console.log(`outside, final result is "${value}"`))
```

```
about to call
function result has type Promise
inside, raw text is 24 characters long
outside, final result is "Begin at t"
```

코드 변환하기

Node는 await와 async를 발견하면 코드를 조용히 프로미스, then, resolve 및 reject를 사용하도록 변환합니다. 이 작업 방식은 15장에서 자세히 다룰 것입니다. 이 변환을 위한 내용을 제공하려면 await 를 async로 선언된 함수 내부에 넣어야 합니다. 단순히 함수 밖 프로그램의 최상위 레벨에서 await fs.statAsync(..)와 같은 코드를 작성할 수 없습니다. 이 요건이 가끔 짜증날 수 있지만, 어차피 코드 를 함수에 넣어야 하기 때문에 문제가 되지 않습니다.

Await와 async를 사용해서 코드가 얼마나 깔끔해지는지 보기 위해, 줄 수 세기 프로그램을 다시 작성해 보겠습니다. 먼저, 두 개의 헬퍼 함수를 결과를 기다려서 반환하는 것처럼 보이도록 수정합니다. 실제로 는 그들의 결과를 프로미스로 래핑해서 반환하지만, 이제 Node가 그 일을 대신 처리해 줍니다.

```
const statPair = async (filename) => {
    const stats = await fs.statAsync(filename)
    return { filename, stats }
}
const lineCount = async (filename) => {
    const data = await fs.readFileAsync(filename, 'utf-8')
    return {
        filename,
        lines: data.split('\n').length - 1
    }
}
```

다음으로, main을 완료될 때까지 기다리도록 수정합니다. 여전히 개별 파일의 줄 수를 계산하는 프로미 스를 처리하기 위해 Promise.all을 사용해야 하지만, 결과는 이전 버전보다 덜 복잡합니다.

```
const main = async (srcDir) => {
      const files = await glob(`${srcDir}/**/*.*`)
         const pairs = await Promise.all( files.map(async filename => await
statPair(filename)))
   const filtered = pairs
      .filter(pair => pair.stats.isFile())
      .map(pair => pair.filename)
   const counts = await Promise.all(
      filtered.map(async name => await lineCount(name))
   )
   counts.forEach(
      ({ filename, lines }) => console.log(`${lines}: ${filename}`)
   )
}
const srcDir = process.argv[2]
main(srcDir)
```

비동기 코드에서 에러를 어떻게 처리할 수 있을까요?

줄 수 세기 프로그램에서 단계를 명확하게 하기 위해 여러 중간 변수를 만들었습니다. 이렇게 함으로써 에러 처리에 도움이 되기도 합니다. 어떻게 도움이 되는지 보기 위해서 예제를 단계별로 만들어 보겠습니다.

첫째로, await을 사용하지 않고 실패하는 프로미스를 반환하면 메인 함수가 에러가 발생하기 전에 종료되므로 try/catch는 도움이 되지 않습니다(그림 3.6).

```
async function returnImmediately() {
   try {
      return Promise.reject(new Error("deliberate"));
   } catch (err) {
      console.log("caught exception");
   }
}
returnImmediately();
```

/u/stjs/async-programming/return-immediately.js:3

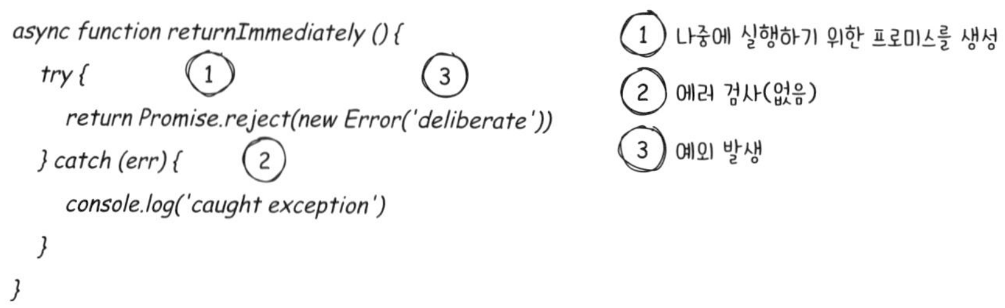

```
async function returnImmediately () {
    try {          ①              ③
        return Promise.reject(new Error('deliberate'))
    } catch (err) {    ②
        console.log('caught exception')
    }
}
```

① 나중에 실행하기 위한 프로미스를 생성

② 에러 검사(없음)

③ 예외 발생

〈그림 3.6〉 비동기 코드에서 에러를 처리하는 잘못된 방법과 올바른 방법

이 문제에 대한 해결책 하나는 일관성 있게 항상 무언가를 반환하는 것입니다. 함수가 async으로 선언되었기 때문에 아래 코드의 Error는 자동으로 프로미스로 래핑되어 이전과 같이 .then과 .catch를 사용해서 처리할 수 있습니다.

```
async function returnImmediately() {
    try {
        return Promise.reject(new Error("deliberate"));
    } catch (err) {
        return new Error("caught exception");
    }
}
const result = returnImmediately();
result.catch((err) => console.log(`caller caught ${err}`));
```

```
caller caught Error: deliberate
```

대신에 await을 반환하면 함수는 프로미스가 실행될 때까지 기다린 후 반환합니다. 프로미스가 실패했으므로 예외로 전환되고, try/catch 블록의 범위 내에 있기 때문에 모든 것이 원하는 대로 작동합니다.

```
async function returnAwait() {
    try {
        return await Promise.reject(new Error("deliberate"));
    } catch (err) {
        console.log("caught exception");
    }
```

```
}
returnAwait();
```

```
caught exception
```

필자는 두 번째 접근 방식을 선호하지만, 선택한 방식이 무엇이든 일관성 있게 유지해야 합니다.

| 즉시 vs 다음 틱

setImmediate와 process.nextTick의 차이점은 무엇인가요? 각각 언제 사용하나요?

| 프로미스 실행 추적

1. 이 코드는 무엇을 출력하며 그 이유는 무엇인가요?

```
Promise.resolve('hello')
```

2. 이 코드는 무엇을 출력하며 그 이유는 무엇인가요?

```
Promise.resolve('hello').then(result => console.log(result))
```

3. 이 코드는 무엇을 출력하며 그 이유는 무엇인가요?

```
const p = new Promise((resolve, reject) => resolve('hello'))
  .then(result => console.log(result))
```

힌트: 각 코드를 Node 인터프리터에서 대화형으로 시도해보고 명령줄 스크립트로도 실행해 보세요.

| 다중 catch

의도적으로 실패하는 프로미스를 생성하고 두 개의 에러 핸들러를 추가한다고 가정해 봅시다.

```
const oops = new Promise((resolve, reject) => reject(new Error('failure')))
oops.catch(err => console.log(err.message))
oops.catch(err => console.log(err.message))
```

코드를 실행하면 다음과 같은 결과가 나옵니다.

```
failure
failure
```

연산의 순서를 추적해 보세요. 무엇이 생성되고 언제 실행되나요?

이 같은 줄들을 대화형으로 실행하면 어떻게 되나요? 왜 이 파일을 명령줄에서 실행할 때와 다른 결과가 나타나는지 설명해 보세요.

catch 다음의 then

의도적으로 실패하는 프로미스를 생성하고 then과 catch를 둘 다 추가해 봅시다.

```
new Promise((resolve, reject) => reject(new Error("failure")))
    .catch((err) => console.log(err))
    .then((err) => console.log(err));
```

이 코드를 실행하면 다음과 같은 결과가 나옵니다.

```
Error: failure at /u/stjs/promises/catch-then/example.js:1:41
at new Promise (<anonymous>)
at Object.<anonymous> (/u/stjs/promises/catch-then/example.js:1:1) at Module._compile
(internal/modules/cjs/loader.js:1151:30) at Object.Module._extensions..js \
(internal/modules/cjs/loader.js:1171:10) at Module.load (internal/modules/cjs/loader.
js:1000:32) at Function.Module._load (internal/modules/cjs/loader.js:899:14) at
Function.executeUserEntryPoint [as runMain] \
(internal/modules/run_main.js:71:12) at internal/main/run_main_module.js:17:47
undefined
```

1. 실행 순서를 추적해 보세요.

2. 왜 마지막에 undefined가 출력되었나요?

head와 tail

Unix의 head 명령어는 하나 이상의 파일의 처음 몇 줄을 보여주며, tail 명령어는 마지막 몇 줄을 보여줍니다. 프로미스와 async/await을 사용해서 똑같은 작업을 수행하는 head.js와 tail.js 프로그램을 작성해서 다음과 같이 실행하면,

```
node head.js 5 first.txt second.txt third.txt
```

주어진 3개의 파일 각각의 첫 다섯 줄을 출력하고 다음과 같이 실행하면,

```
node tail.js 5 first.txt second.txt third.txt
```

각 파일의 마지막 다섯 줄을 출력합니다.

| 라인 카운트 히스토그램

count-lines-with-stat-async.js를 확장해서 여러 파일의 줄 수와 해당 길이의 파일 수 2열을 출력하는
프로그램 lh.js를 만들어보세요. 예를 들어, 다음과 같이 실행하면,

```
node lh.js promises/*.*
```

출력은 다음과 같을 수 있습니다.

```
Length    Number of Files
1         7
3         3
4         3
6         7
8         2
12        2
13        1
15        1
17        2
20        1
24        1
35        2
37        3
38        1
171       1
```

| 일치하는 줄 선택하기

async 및 await를 사용해서 주어진 문자열을 포함한 줄을 찾아 출력하는 match.js 프로그램을 작성하세
요. 예를 들어 다음과 같이 실행하면,

```
node match.js Toronto first.txt second.txt third.txt
```

세 파일에서 "Toronto"라는 단어를 포함한 모든 줄을 출력할 것입니다.

| 모든 파일에 있는 줄 찾기

async 및 await를 사용하여 in-all.js라는 프로그램을 작성하세요. 이 프로그램은 모든 입력 파일에서 공통적으로 발견된 줄을 찾아 출력합니다. 예를 들어 다음과 같이 실행하면,

```
node in-all.js first.txt second.txt third.txt
```

는 세 파일 모두에 있는 줄을 출력합니다.

| 두 파일간의 차이점 찾기

async 및 await를 사용해서 두 파일의 줄을 비교하고 첫 번째 파일에만 있는 줄, 두 번째 파일에만 있는 줄, 그리고 두 파일에 모두 있는 줄을 보여주는 file-diff.js 프로그램을 작성하세요. 예를 들면, 만약 left.txt에 다음이 포함되어 있고,

```
some people
```

right.txt는 다음이 포함되어 있으면

```
write some code
```

다음 명령은

```
node file-diff.js left.txt right.txt
```

다음과 같이 출력합니다.

```
2 code
1 people
* some
2 write
```

1, 2, 그리고 *는 해당 줄이 첫 번째 파일에만 있는지, 두 번째 파일에만 있는지 또는 두 파일에 모두 있는지를 나타냅니다. 파일 내 줄의 순서는 중요하지 않습니다.

힌트: 줄을 저장하기 위해 Set 클래스를 사용하면 좋을 것입니다.

| 파일 로드 추적

약속된 버전의 fs 라이브러리를 사용하여 YAML 환경 구성 파일을 로드한다고 가정해 보겠습니다. 이 테스트 프로그램에서 출력문은 어떤 순서로 나타나며 그 이유는 무엇일까요?

```
import fs from 'fs-extra-promise'
import yaml from 'js-yaml'

const test = async () => {
    const raw = await
    fs.readFileAsync('config.yml', 'utf-8')
    console.log('inside test, raw text', raw)
    const cooked = yaml.safeLoad(raw)
    console.log('inside test, cooked configuration', cooked)
    return cooked
}

const result = test()
console.log('outside test, result is', result.constructor.name)
result.then(something => console.log('outside test we have', something))
```

| any와 all

1. pledges 배열을 받아, 해당 배열 중 하나의 pledge가 해결되는 즉시 해당 pledge의 값으로 해결되는 프로미스 하나를 반환하는 Pledge.any 메서드를 추가하세요.

2. pledges 배열을 받아, 해당 pledge의 최종 값들을 포함하는 배열로 해결되는 프로미스 하나를 반환하는 Pledge.all 메서드를 추가하세요. 이 문서[4]를 참고하면 도움이 될 것입니다.

---

4   https://2ality.com/2019/08/promise-combinators.html

유닛 테스트

이전 두 장에서는 작은 프로그램들을 많이 작성했지만, 테스트를 하지 않았습니다. 탐색적 프로그래밍 시에는 괜찮지만, 소프트웨어가 단순히 읽히는 용도만이 아니라 사용될 예정이라면 정상적으로 작동하는지를 확인해야 합니다.

유닛 테스트를 작성하고 실행하는 도구를 사용하는 것이 좋은 시작이 될 수 있습니다. 그런 도구들은 다음과 같은 기능이 있어야 합니다.

- 테스트를 포함한 파일 찾기
- 찾은 파일에서 테스트 찾기
- 테스트 실행
- 테스트 결과 캡처
- 각 테스트의 결과와 해당 결과의 요약 보고

우리의 디자인은 Mocha와 Jest와 같은 도구에서 영감을 받았는데, 이 도구들은 차례로 1980년대 이후 다른 언어용으로 만들어진 도구에서 영감을 받았습니다 [Meszaros2007; Tudose2020].

다른 유닛 테스트 프레임워크들과 마찬가지로 각 테스트는 인수가 없는 함수여야 합니다. 이렇게 함으로써 프레임워크가 모든 테스트를 동일한 방식으로 실행할 수 있습니다. 각 테스트는 테스트할 픽스처[1]를 생성하고 어써션을 사용해서 실제 결과를 예상 결과와 비교할 것입니다. 결과는 정확히 다음 중 하나일 수 있습니다.

- 통과[Pass]: 테스트 대상이 예상대로 작동됨
- 실패[Fail]: 테스트 대상에 문제가 있음
- 에러[Error]: 테스트 자체에 문제가 있어서 테스트 대상이 제대로 작동하는지 알 수 없음

이를 위해 실패한 테스트와 에러가 발생한 테스트를 구분할 방법이 필요합니다. 해결책은 예외가 객체이고 프로그램이 인트로스펙션을 사용해서 객체의 클래스를 알 수 있다는 사실에 기반합니다. 테스트가 assert.AssertionError 클래스에서 파생된 예외를 던진 경우, 해당 예외가 테스트에 넣은 어써션에서 왔다고 가정합니다(그림 4.1). 다른 종류의 예외는 테스트 자체에 에러가 있다는 것을 나타냅니다.

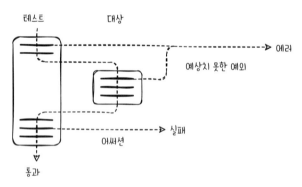

〈그림 4.1〉 통과, 실패 또는 에러를 포함할 수 있는 테스트 실행

---

1   역주 테스트를 수행하기 전에 특정한 초기 상태나 환경을 설정하는 데 사용되는 자원이나 코드 조각으로 테스트가 실행될 때 일관된 환경을 유지하고 테스트를 반복 가능하게 만들기 위한 것입니다.

테스트 등록, 실행, 보고를 어떻게 분리할 수 있을까요?

먼저, 몇 가지 전역 변수를 사용해서 테스트와 그 결과를 기록해 보겠습니다.

```
// 테스트 상황
const HopeTests = []
let HopePass = 0
let HopeFail = 0
let HopeError = 0
```

각 테스트를 자체 예외 처리기로 감싸기 위해 테스트를 즉시 실행하지 않습니다. 대신, hopeThat 함수는 설명을 위한 메시지와 테스트를 구현한 콜백 함수들을 HopeTest라는 배열에 저장합니다.

```
// 나중에 실행하기 위해 테스트 한 개를 기록
const hopeThat = (message, callback) => {
    HopeTests.push([message, callback])
}
```

NOTE 독립성

테스트를 배열에 추가하기 때문에 등록된 순서대로 실행되겠지만, 이에 의존해서는 안 됩니다. 각 유닛 테스트는 다른 모든 테스트와 독립적으로 작동해야 합니다. 이렇게 해야 초기 테스트에서 발생한 에러나 실패가 후속 테스트의 결과에 영향을 미치지 않음을 보장할 수 있습니다.

마지막으로, main 함수가 등록된 모든 테스트를 실행합니다.

```
// 요청된 모든 테스트를 실행하고 요약을 보고
const main = () => {
    HopeTests.forEach(([message, test]) => {
        try {
            test();
            HopePass += 1;
        } catch (e) {
            if (e instanceof assert.AssertionError) {
```

```
                HopeFail += 1;
        } else {
                HopeError += 1;
        }
    }
  })
  console.log (`pass ${ HopePass }`)
  console.log (`fail ${ HopeFail }`)
  console.log (`error ${ HopeError }`)
}
```

만약 테스트가 예외exception 없이 완료된다면, 해당 테스트는 통과한 것입니다. 그러나 테스트 내부의 어떤 assert 호출이라도 AssertionError를 일으킨다면, 해당 테스트는 실패한 것이고, 다른 어떤 예외를 일으킨다면, 에러가 난 것입니다. 모든 테스트가 실행된 후, main 함수는 각 종류의 결과 수를 보고합니다. 이제 사용해 보겠습니다.

```
// 테스트 대상(0을 제대로 처리하지 못함)
const sign = (value) => {
    if (value < 0) {
        return -1;
    } else {
        return 1;
    }
}

// 다음 두 개는 통과해야함
hopeThat('Sign of negative is -1', () => assert(sign(-3) === -1))
hopeThat('Sign of positive is 1', () => assert(sign(19) === 1))

// 다음 하나는 실패해야함
hopeThat('Sign of zero is 0', () => assert(sign(0) === 0))

// 다음 하나는 에러가 남
hopeThat('Sign misspelled is error', () => assert(sgn(1) === 1))

// 메인 호출
main()
```

```
pass 2
fail 1
error 1
```

이 간단한 "프레임워크"는 의도한 대로 작동하지만 몇 가지 문제점이 있습니다.

1. 어떤 테스트가 통과했는지 또는 실패했는지 알려주지 않습니다.
2. 전역 변수들이 서로 관련 있음이 분명하게 보이도록 하나로 묶어야 합니다.
3. 자체적으로 테스트를 찾지 못합니다.
4. AssertionError를 처리해야 하는 것들을 테스트할 수 있는 방법이 없습니다. 어써션을 코드에 넣어 올바르게 동작하는지 확인하는 행위를 방어적 프로그래밍이라고 하는데, 좋은 방법이지만 화재 경보기를 가끔씩 테스트하는 것처럼 어써션이 제대로 작동하는지 확인해야 합니다.

4.3 테스트 등록은 어떻게 구성해야 하나요?

테스트 도구의 다음 버전은 처음 버전의 두 가지 문제를 해결하기 위해 테스팅 메커니즘을 클래스에 넣어 해결합니다. 해당 클래스의 객체가 한 번만 생성되도록 싱글톤Singleton 디자인 패턴을 사용합니다 [Osmani2017]. 싱글톤은 테스트 및 결과를 기록하는 데 사용 중인 변수들처럼, 함께 속한 전역 변수를 관리하는 방법입니다. 나중에 이 변수들이 여러 개 필요하게 되면, 그 클래스의 인스턴스를 더 만들기만 하면 되는 추가 장점도 있습니다.

hope.js 파일은 이 클래스를 정의하고 그 인스턴스 하나를 내보냅니다.

```
import assert from "assert";
import caller from "caller";
class Hope {
    constructor() {
        this.todo = [];
        this.passes = [];
        this.fails = [];
        this.errors = [];
    }
    test(comment, callback) {
        this.todo.push([`${caller()}::${comment}`, callback]);
    }
```

```
        run() {
            this.todo.forEach(([comment, test]) => {
                try {
                    test();
                    this.passes.push(comment);
                } catch (e) {
                    if (e instanceof assert.AssertionError) {
                        this.fails.push(comment);
                    } else {
                        this.errors.push(comment);
                    }
                }
            });
        }
    }
    export default new Hope();
```

이 전략은 두 가지에 의존합니다.

1. Node는 자바스크립트 모듈의 코드를 로드할 때 실행하므로, new Hope()를 실행하고 새로 생성된 객체를 내보냅니다.

2. Node는 모듈을 캐시해서, 특정 모듈이 임포트된 횟수에 관계 없이 한 번만 로드되도록 합니다. 이로써 new Hope()가 오직 한 번만 호출된다는 것이 보장됩니다.

프로그램이 hope를 가져온 후에는 Hope.test를 호출해서 나중에 실행할 테스트를 기록하고, Hope.run을 호출해서 해당 시점까지 등록된 모든 테스트를 실행할 수 있습니다(그림 4.2).

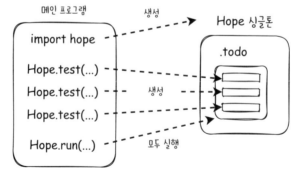

〈그림 4.2〉 싱글톤 생성, 테스트 기록 및 실행

마침내, Hope 클래스로 간결한 한 줄 요약 및 자세한 목록으로 결과를 보고할 수 있습니다. 또한 각 테스트의 제목 및 결과를 제공해서 다른 방식으로 서식을 지정하고 싶은 경우(예: HTML로) 이를 수행할 수 있습니다.

```
terse () {
    return this.cases()
        .map(([title, results]) => `${title}: ${results.length}`)
        .join(' ')
}

verbose () {
    let report = ''
    let prefix = ''
    for (const [title, results] of this.cases()) {
        report += `${prefix}${title}:`
        prefix = '\n'
        for (const r of results) {
            report += `${prefix} ${r}`
        }
    }
    return report
}

cases () {
    return [
        ['passes', this.passes],
        ['fails', this.fails],
        ['errors', this.errors]
    ]
}
```

NOTE **누가 호출했을까요?**

Hope.test는 caller 모듈을 사용해서 테스트를 등록하는 함수의 이름을 가져옵니다. 테스트의 이름을 보고하면 사용자가 디버깅을 시작할 위치를 알 수 있습니다. 사용자가 함수 이름을 문자열로 전달하는 대신 인트로스펙션을 통해 얻으면, 타이핑을 줄이고 우리가 기록하는 내용이 정확하다는 것을 보장합니다. 프로그래머들은 테스트를 복사하고 붙여넣어 수정하는 경우가 많은데, 조만간(아마도 곧) Hope.test에 전달하는 복사된 함수 이름을 수정하는 것을 잊어버리는 일이 생겨, 실제로는 다른 테스트 함수에서 문제가 발생했는데, 엉뚱한 테스트 함수에서 에러를 찾느라 시간을 낭비하게 될 것입니다.

대부분의 프로그래머들은 테스트 작성을 좋아하지 않기 때문에, 프로그래머에게 테스트를 작성하게 하려면 최대한 쉽게 만들어야 합니다. 단순히 각 테스트마다 assert 및 hope를 가져오기 위한 몇 가지 import 문과 하나의 함수 호출만 있으면 테스트를 간단하게 만들 수 있습니다.

```
import assert from 'assert'
import hope from './hope.js'

hope.test('Sum of 1 and 2', () => assert((1 + 2) === 3))
```

하지만 이는 테스트를 정의한 것에 불과합니다. 어떻게 테스트를 찾아서 실행할 수 있을까요? 한 가지 방법은 테스트를 포함한 각 파일을 서로 다른 파일에서 가져오도록 하는 것입니다.

```
// all-the-tests.js
import './test-add.js'
import './test-sub.js'
import './test-mul.js'
import './test-div.js'
Hope.run()
...
```

여기서 all-the-tests.js는 다른 파일들을 가져와서 hope.test 호출을 통해 테스트를 등록하는 부수적인 동작을 가지며, 그런 다음 hope.run을 호출해서 이를 실행합니다. 이 방법은 작동하지만 유지보수 중에 금방(아마도 더 빨리) 누군가가 테스트 파일 중 하나를 가져오는 것을 잊어버릴 수 있습니다.

더 나은 방법은 테스트 파일을 동적으로 로드하는 것입니다. import는 일반적으로 명령문으로 작성되지만, 경로를 매개변수로 받아 해당 파일을 로드하는 비동기 함수로도 사용될 수 있습니다. 다음에 작성된 pray.js 프로그램이 이 작업을 수행합니다. 이전과 마찬가지로 파일을 로드하면 그들이 가지고 있는 코드를 실행해서 테스트를 등록하는 부수적인 작업을 합니다.

```
import minimist from "minimist";
import glob from "glob";
import hope from "./hope.js";

const main = async (args) => {
    const options = parse(args);
```

```
    if (options.filenames.length === 0) {
        options.filenames = glob.sync(`${options.root}/**/test-*.js`);
    }

    for (const f of options.filenames) {
        await import(f);
    }

    hope.run();
    const result = options.output === "terse" ? hope.terse() : hope.verbose();
    console.log(result);
};

...

main(process.argv.slice(2));
```

기본적으로 이 프로그램은 현재 작업 디렉터리 아래에서 이름이 test-*.js 패턴과 일치하는 모든 파일을 찾고 간결한 출력을 사용합니다. 파일을 다른 위치에서 찾거나 자세한 출력을 요청할 수 있기 때문에, 프로그램은 명령줄의 인수를 처리해야 합니다.

minimist 모듈은 Unix 규칙과 같은 방식으로 이 작업을 수행합니다. 프로그램 이름 이후의 process.argv[2]부터의 명령줄 인수가 주어지면 -x something과 같은 패턴을 찾아 플래그를 키로 하고 이와 연관된 값을 가진 객체를 생성합니다.

NOTE **minimist에서의 파일 이름**

pray.js -v something.js와 같은 명령 줄을 사용하면 something.js가 -v의 값이 됩니다. 특수 키 _ (단일 밑줄)와 관련된 뒤따르는 파일 목록에 something.js를 추가하려면 pray.js -v -- something.js 와 같이 작성해야 합니다. 여기서 이중 대시는 매개변수의 끝을 표시하는 Unix의 일반적인 관례입니다.

이제 **테스트 실행기**^{test runner}가 완성되었으므로 몇 가지 테스트가 포함된 파일을 사용해서 테스트해 볼 수 있습니다. 통과하는 테스트, 실패하는 테스트, 에러가 있는 테스트가 있는 파일들을 사용해서 시도해 보세요.

```
node pray.js -v
```

```
passes:
    /u/stjs/unit-test/test-add.js::Sum of 1 and 2
    /u/stjs/unit-test/test-sub.js::Difference of 1 and 2
fails:
    /u/stjs/unit-test/test-div.js::Quotient of 1 and 0
    /u/stjs/unit-test/test-mul.js::Product of 1 and 2
errors:
    /u/stjs/unit-test/test-missing.js::Sum of x and 0
```

NOTE **무한대가 허용됩니다**

test-div.js에는 다음과 같은 줄이 포함되어 있습니다.

```
hope.test('Quotient of 1 and 0', () => assert((1 / 0) === 0))
```

이 테스트는 산술 오류가 아니라 실패로 간주됩니다. 왜냐하면 0으로 나누면 결과가 산술 오류가 아닌 특수한 값 '무한대^{Infinity}'가 되기 때문입니다.

모듈을 동적으로 로드하여 나중에 호출할 수 있도록 등록하는 것은 많은 프로그래밍 언어에서 흔히 볼 수 있는 패턴입니다. 이 과정에서 프레임워크와 로드 중인 모듈 간에 제어 흐름이 오가므로 로드된 모듈의 수명 주기를 매우 신중하게 지정해야 합니다. 그림 4.3은 test-add.js 및 test-sub.js라는 두 파일이 우리의 프레임워크에 의해 로드될 때 일어나는 일을 설명합니다.

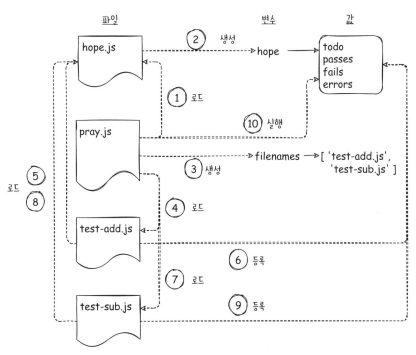

〈그림 4.3〉 동적으로 검색된 유닛 테스트의 수명 주기

1. pray가 hope.js를 로드합니다.

2. hope.js를 로드하면 Hope 클래스의 인스턴스 하나가 생성됩니다.

3. pray는 테스트가 포함된 파일을 찾기 위해 glob을 사용합니다.

4. pray는 import를 함수로 사용해서 test-add.js를 로드합니다.

5. test-add.js가 실행됨에 따라 hope.js를 로드합니다. 이미 hope.js가 로드되어 있기 때문에 이로 인해 Hope의 새 인스턴스가 생성되지 않습니다.

6. test-add.js는 hope.test를 사용하여 테스트를 등록합니다(아직 실행되지는 않음).

7. 그런 다음 pray는 test-sub.js를 로드합니다.

8. test-sub.js가 Hope를 로드합니다.

9. 그런 다음 테스트를 등록합니다.

10. pray는 이제 Hope의 고유한 인스턴스에게 모든 테스트를 실행시키고 나중에 Hope 싱글톤으로부터 보고서를 얻어서 그것을 표시할 수 있습니다.

.

| 비동기 글로빙[globbing2]

glob.sync가 아닌 비동기 버전의 glob를 사용하도록 pray.js를 수정합니다.

| 타이밍 테스트

microtime[3] 패키지를 설치한 다음 테스트 실행 시간을 기록하고 보고하도록 dry-run.js 예제를 수정합니다.

| 거의 동일

1. 두 값이 서로 특정 허용 오차 범위 내에 있으면 아무 작업도 수행하지 않지만 그렇지 않은 경우 예외를 던지는 함수 assertApproxEqual을 작성합니다.

    ```
    // 예외를 던진다
    assertApproxEqual (1.0 , 2.0 , 0.01 , 'Values are too far apart ')

    // 예외를 던지지 않는다
    assertApproxEqual (1.0 , 2.0 , 10.0 , 'Large margin of error ')
    ```

2. 허용 오차가 지정되지 않은 경우 디폴트 값이 사용되도록 함수를 수정합니다.

    ```
    // 예외를 던진다
    assertApproxEqual (1.0 , 2.0 , 'Values are too far apart ')

    // 예외를 던지지 않는다
    assertApproxEqual (1.0 , 2.0 , 'Large margin of error ', 10.0)
    ```

3. 절대 오차[absolute error] 대신 상대 오차[relative error]를 검사하도록 함수를 다시 수정합니다(상대 오차는 실제 값과 예상 값의 차이를 절대 값으로 나눈 값입니다).

---

2   컴퓨터 프로그래밍에서, 특히 Unix 계열 환경에서 글로브(Glob) 패턴은 와일드카드 문자로 여러 파일 이름의 집합을 지정하는 것을 의미합니다.

3   https://www.npmjs.com/package/microtime

▎사각형 오버레이

어떤 윈도우 애플리케이션이 네 가지 값을 가진 객체를 사용해서 직사각형을 표현합니다. x와 y는 왼쪽 하단 모서리의 좌표이고, w와 h는 너비와 높이입니다. 모든 값은 음수가 아니며, 화면의 왼쪽 하단 모서리는 (0, 0)에 있고 화면의 크기는 WIDTH(너비)*HEIGHT(높이)입니다.

1. 객체가 유효한 직사각형을 나타내는지 확인하는 테스트를 작성합니다.

2. overlay(a, b) 함수는 두 개의 직사각형을 받아 겹치는 영역을 나타내는 새로운 직사각형을 반환하거나 겹치지 않는 경우 null을 반환합니다. overlay가 올바르게 작동하는지 확인하기 위한 테스트를 작성합니다.

3. 테스트는 두 사각형이 가장자리에서 접하는 경우 오버랩된다고 가정하나요? 한 꼭지점에서만 접하는 두 사각형의 경우는 어떤가요?

▎테스트 선택하기

pray.js를 수정해서 사용자가 -s pattern 또는 --select pattern을 제공하면 프로그램이 파일 이름에 해당하는 패턴을 포함하는 파일에서만 테스트를 실행하도록 합니다.

▎테스트 태그하기

hope.js를 수정해서 사용자가 선택적으로 문자열 배열을 제공하여 테스트에 태그를 지정할 수 있도록 합니다.

```
hope.test('Difference of 1 and 2',
() => assert((1 - 2) === -1),
['math', 'fast'])
```

그런 다음 pray.js를 수정하여 사용자가 -t tagName 또는 --tag tagName을 지정하면 해당 태그가 지정된 테스트만 실행되도록 합니다.

▎모의 객체

모의 객체는 대체하는 객체보다, 동작을 제어하고 예측하기 쉽게, 프로그램의 일부를 단순화한 대체 객체입니다. 예를 들어 파일을 읽는 동안 에러가 발생했을 때 프로그램이 올바른 작업을 수행하는지 테스트하려면 다음과 같이 fs.readFileSync를 래핑하는 함수를 작성하면 됩니다.

```
const mockReadFileSync = (filename, encoding = 'utf-8') => {
return fs.readFileSync(filename, encoding) }
```

그런 다음, 우리가 제어할 수 있는 예외를 던지도록 수정합니다. 예를 들어 MOCK_READ_FILE_ CONTROL을 다음과 같이 정의하면,

```
const MOCK_READ_FILE_CONTROL = [false, false, true, false, true]
```

mockReadFileSync의 세 번째와 다섯 번째 호출이 데이터를 읽는 대신 예외를 발생시키며, 다섯 번째 이후의 호출도 마찬가지입니다. 이 함수를 작성해 봅시다.

설정 및 해제

테스트 프레임워크는 종종 프로그래머가 각 테스트 전에 실행될 설정 함수를 지정하고 각 테스트 후에 실행될 해제 함수를 지정할 수 있는 경우가 많습니다(설정 함수는 일반적으로 복잡한 테스트 픽스처를 다시 생성하는 반면, 해체 함수는 데이터베이스 연결을 닫거나 임시 파일을 삭제하는 등 테스트 후 정리를 위해 필요한 경우가 있습니다).

이 장의 테스트 프레임워크를 수정해서 테스트 파일에 다음과 같은 내용이 있는 경우

```
const createFixtures = () => {
...do something...
}
hope.setup(createFixtures)
```

createFixtures 함수가 해당 파일의 각 테스트 전에 정확히 한 번 호출됩니다. hope.teardown으로 해제 함수를 등록하는 유사한 방법을 추가하세요.

다중 테스트

hope.multiTest 메서드를 추가해서 사용자가 한 번에 여러 테스트 케이스를 지정할 수 있도록 해 보세요. 예를 들어, 다음과 같이 사용할 수 있게끔 구현해 보세요.

```
hope.multiTest('check all of these', functionToTest, [
    [['arg1a', 'arg1b'], 'result1'],
    [['arg2a', 'arg2b'], 'result2'],
    [['arg3a', 'arg3b'], 'result3']
])
```

다음과 동일해야 합니다.

```
hope.test('check all of these 0',
() => assert(functionToTest('arg1a', 'arg1b') === 'result1')
)
hope.test('check all of these 1',
() => assert(functionToTest('arg2a', 'arg2b') === 'result2')
)
hope.test('check all of these 2',
() => assert(functionToTest('arg3a', 'arg3b') === 'result3')
)
```

| set과 map에 대한 어써션

1. Set 또는 Map의 두 인스턴스가 동일한지 확인하는 함수 assertSetEqual과 assertMapEqual을 작성하세요.

2. 두 배열의 요소가 서로 다른 순서를 가지고 있더라도 동일한 요소들을 가지고 있는지 확인하는 함수 assertArraySame을 작성하세요.

| 프로미스 테스트

비동기 함수를 처리하도록 유닛 테스트 프레임워크를 수정하세요.

```
hope.test('delayed test', async () => {...})
```

수정된 테스트 프레임워크가 올바른 작업을 수행하도록 수정하세요(typeof를 사용해서 hope.test에 전달된 객체가 함수인지 프로미스인지 확인할 수 있습니다).

파일 백업

충돌collision	협정 세계시Coordinated Universal Time
경쟁 조건race condition	TOCTOUTime of check/time of use
타임스탬프timestamp	버전 관리 시스템version control system
CSV	API
암호화 해시 함수	데이터 마이그레이션
핸들러	해시 코드
해시 함수	JSON
모의 객체	파이프
SHA-1 해시	스트림
스트리밍 API	

이제 소프트웨어를 테스트할 수 있게 되었으니 저장할 가치가 있습니다. Git[1]과 같은 버전 관리 시스템은 파일의 변경 사항을 추적해서 원할 경우 이전 버전을 복구할 수 있도록 합니다. 이 시스템의 핵심은 파일을 아카이브하는 방법입니다.

동일한 시점에 존재했던 파일의 버전들을 기록하여, 일관된 이전 상태로 돌아갈 수 있도록 합니다.

이 장에서는 이러한 두 가지 작업을 수행하는 도구를 만들어볼 것입니다. 이 도구는 Git이 하는 모든 일을 수행하지는 않을 것입니다. 특히 브랜치를 생성하고 병합하는 기능은 제공하지 않을 것입니다. 해당 기능에 대해 자세히 알고 싶다면 메리 로즈 쿡Mary Rose Cook[2]의 훌륭한 Gitlet[3] 프로젝트를 참조해 보세요.

---

1   https://git-scm.com/
2   https://maryrosecook.com/
3   http://gitlet.maryrosecook.com/

파일의 중복된 복사본을 저장하지 않으려면 두 파일에 동일한 데이터가 포함되어 있는지 구분할 수 있는 방법이 필요합니다. 파일은 시간이 지남에 따라 이름이 바뀌거나 이동할 수 있으므로 이름에 의존할 수 없으며, 파일을 바이트 단위로 비교할 수도 있지만 더 빠른 방법은 임의의 데이터를 고정 길이의 비트 문자열로 변환하는 해시 함수를 사용하는 것입니다(그림 5.1).

해시 함수는 동일한 입력에 대해 항상 동일한 해시 코드를 생성합니다. 암호화 해시 함수에는 두 가지 추가적인 속성이 있습니다.

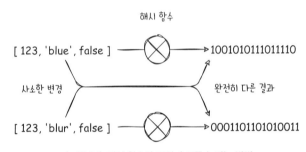

〈그림 5.1〉 해시 함수가 조회 속도를 높이는 방법

1. 출력은 전체 입력에 따라 달라지며, 단 1바이트라도 변경하면 다른 해시 코드가 생성됩니다.
2. 출력은 난수처럼 보이며 예측할 수 없고 균등하게 분포되어 있습니다(즉, 특정 해시 코드를 얻을 확률은 동일합니다).

잘못된 해시 함수를 작성하는 것은 쉽지만 암호화에 적합한 해시 함수를 작성하는 것은 매우 어렵습니다. 따라서 라이브러리를 사용하여 파일에 대한 160비트 SHA-1 해시를 계산합니다. 이 해시는 충분한 자원을 가진 끈질긴 공격자로부터 데이터를 비밀로 유지할 수 있을 만큼 무작위적이지는 않지만, 우리는 단지 충돌 가능성을 극도로 낮추기 위해 무작위적인 해시를 원할 뿐이므로 문제 없습니다.

NOTE 생일 문제

(2월 29일을 제외하면)두 사람이 생일이 같을 가능성은 1/365입니다. 그렇지 않을 가능성은 364/365입니다. 세 번째 사람을 추가하면, 그 사람이 이전 두 사람 중 아무와도 생일을 같지 않을 확률은 363/365이므로 아무도 생일을 같지 않을 전체 확률은 (365/365) × (364/365) × (363/365)입니다. 계속해서 계산하면, 23명의 그룹에서 두 사람이 생일을 공유할 확률은 50%이며, 70명의 그룹에서는 99.9%입니다.

동일한 원리를 사용해서 충돌 확률이 50%가 되려면 얼마나 많은 파일을 해싱해야 하는지 계산할 수 있습니다. 365 대신에 2160(160비트 길이와 값의 개수)을 사용해서 Wikipedia[4]를 확인하고 Wolfram Alpha[5]로 몇 가지 계산을 한 결과, 충돌 확률이 50%가 되려면 약 1024개의 파일이 필요합니다. 우리는 이 정도의 위험 부담을 지게 되는 것입니다.

Node[6]의 crypto[7] 모듈은 SHA−1 해시를 생성하는 도구를 제공합니다. 이를 사용하기 위해 해싱 계산의 현재 상태를 추적하는 객체를 생성하고, 해시 값을 어떻게 인코딩(또는 표현)할지 알려준 다음, 몇 바이트를 전달합니다. 완료되면 .end 메서드를 호출하고 최종 결과를 얻기 위해 .read 메서드를 사용합니다.

```
import crypto from 'crypto'

// SHA1 해시 생성기 만들기
const hash = crypto.createHash('sha1')

// 바이너리가 아닌 16진수로 인코딩하기
hash.setEncoding('hex')

// 텍스트 전달
const text = process.argv[2]
hash.write(text)

// 텍스트 끝을 알림
hash.end()

// 결과물 표시
const sha1sum = hash.read()
console.log(`SHA1 of "${text}" is ${sha1sum}`)
```

```
node hash-text.js something
```

```
SHA1 of "something" is 1af17e73721dbe0c40011b82ed4bb1a7dbe3ce29
```

---

4   https://en.wikipedia.org/wiki/Birthday_problem#A_simple_exponentiation

5   http://wolframalpha.com

6   https://nodejs.org/en/

7   https://nodejs.org/api/crypto.html

고정된 문자열 대신 파일을 해싱하는 것은 간단합니다. 파일의 내용을 읽고 해당 문자들을 해싱 객체에 전달하면 됩니다.

```
import fs from 'fs'
import crypto from 'crypto'

const filename = process.argv[2]
const data = fs.readFileSync(filename, 'utf-8')
const hash = crypto.createHash('sha1').setEncoding('hex')
hash.write(data) hash.end()
const sha1sum = hash.read()
console.log(`SHA1 of "${filename}" is ${sha1sum}`)
```

```
node hash-file.js hash-file.js
SHA1 of "hash-file.js" is c54c8ee3e576770d29ae2d0d73568e5a5c49eac0
```

이때 파일을 스트림으로 처리하는 것이 더 효율적입니다.

```
import fs from "fs";
import crypto from "crypto";

const filename = process.argv[2];
const hash = crypto.createHash("sha1").setEncoding("hex");

fs.createReadStream(filename).pipe(hash);

hash.on("finish", () => {
    const final = hash.read();
    console.log("final", final);
});

console.log("program ends");
```

```
node hash-stream.js hash-stream.js
```

```
program ends
final dc9e6c231e243860dace2dbf52845b121062b60e
```

이러한 종류의 인터페이스는 스트리밍 API라고 불립니다. 데이터의 스트림을 한 번에 한 청크씩 처리하도록 설계되어 있어 전체 데이터가 한꺼번에 메모리에 있을 필요가 없기 때문입니다. 많은 애플리케이션은 프로그램이 전체(가능한 큰) 파일을 메모리에 읽을 필요가 없도록 하기 위해 스트림을 사용합니다.

이 프로그램에서는 먼저 fs 라이브러리에게 파일에 대한 읽기 스트림을 생성하고 해당 스트림의 데이터를 해시 객체로 파이핑하도록 요청합니다(그림 5.2). 그런 다음 "finish" 이벤트에 대한 핸들러를 제공하여 더 이상 데이터가 없을 때 해시 객체에 대해 수행할 작업을 지정합니다. 이는 비동기적으로 처리됩니다. 출력에서 볼 수 있듯이, 주 프로그램이 데이터의 끝을 처리하는 작업이 예약되고 실행되기 전에 끝납니다. 대부분의 프로그램은 각 데이터 블록이 들어올 때마다 뭔가를 수행하기 위해 "data" 이벤트에 대한 핸들러도 제공합니다. 우리 프로그램의 해시 객체가 그 역할을 수행합니다.

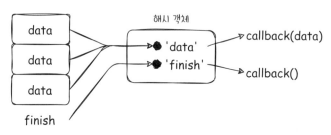

〈그림 5.2〉 파일을 청크의 스트림으로 처리

5.2 파일을 어떻게 백업할 수 있을까요?

많은 파일이 생성된 후 가끔씩만 변경되거나 전혀 변경되지 않습니다. 버전 관리 시스템이 사용자가 프로젝트의 스냅샷을 저장하려고 할 때마다 사본을 만드는 것은 낭비이므로, 대신 우리 도구는 각각의 고유한 파일을 abcd1234.bck와 같은 이름으로 복사합니다. 여기서 abcd1234는 파일 콘텐츠의 해시입니다. 그런 다음 각 스냅샷의 파일 이름과 해시 키를 기록하는 데이터 구조를 저장합니다. 해시 키는 스냅샷에 포함된 고유 파일을 알려주고, 파일 이름은 스냅샷이 만들어질 때 각 파일의 콘텐츠가 어떤 이름으로 불렸는지 알려줍니다(파일은 이동하거나 이름을 바꿀 수 있으므로). 특정 스냅샷을 복원하려면 저장된 .bck 파일을 원래 위치로 복사하기만 하면 됩니다(그림 5.3).

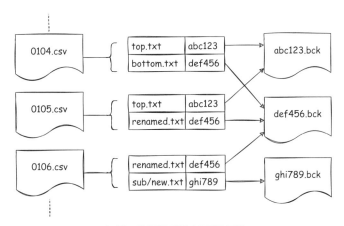

〈그림 5.3〉 백업 파일 스토리지 구성

이 작업을 수행하는 데 필요한 도구는 프로미스를 사용해 구축할 수 있습니다(3장). 메인 함수는 glob의 비동기 버전을 사용하여 파일을 찾는 프로미스를 생성한 다음 아래와 같이 작동하게 합니다.

1. 목록의 항목이 실제로 파일인지 확인합니다.
2. 각 파일을 메모리로 읽습니다.
3. 해당 파일에 대한 해시를 계산합니다.

```
import fs from 'fs-extra-promise'
import glob from 'glob-promise'
import crypto from 'crypto '

const hashExisting = (rootDir) => {
    const pattern = `${rootDir}/**/*`;
    return new Promise((resolve, reject) => {
        glob(pattern, {})
            .then((matches) =>
                Promise.all(matches.map((path) => statPath(path)))
            )
            .then((pairs) => pairs.filter(([path, stat]) => stat.isFile()))
            .then((pairs) =>
                Promise.all(pairs.map(([path, stat]) => readPath(path)))
            )
            .then((pairs) =>
                Promise.all(
                    pairs.map(([path, content]) => hashPath(path, content))
                )
            )
            .then((pairs) => resolve(pairs))
            .catch((err) => reject(err));
```

```
        })
    }
```

이 함수는 Promise.all을 사용해서 목록의 모든 파일 작업이 완료될 때까지 기다렸다가 다음 단계로 넘어갑니다. 다른 설계 방식은 stat, read 및 hash를 하나의 단계로 결합하여 각 파일이 독립적으로 처리되도록 하고, 모든 파일을 하나로 모으기 위해 마지막에 Promise.all을 사용하는 방식입니다.

hashExisting이 의존하는 두 헬퍼 함수 중 첫 번째 함수는 프로미스로 비동기 작업을 감싸는 함수입니다.

```
const statPath = (path) => {
    return new Promise((resolve, reject) => {
        fs.statAsync(path)
            .then((stat) => resolve([path, stat]))
            .catch((err) => reject(err))
    })
}

const readPath = (path) => {
    return new Promise((resolve, reject) => {
        fs.readFileAsync(path, "utf-8")
            .then((content) => resolve([path, content]))
            .catch((err) => reject(err))
    })
}
```

마지막 헬퍼 함수는 해시를 동기적으로 계산하지만, Promise.all을 사용하여 해당 작업이 완료될 때까지 기다릴 수 있습니다.

```
const hashPath = (path, content) => {
    const hasher = crypto.createHash('sha1').setEncoding('hex')
    hasher.write(content)
    hasher.end()
    return [path, hasher.read()]
}
```

실행해 봅시다.

```
import hashExisting from './hash-existing-promise.js'

const root = process.argv[2]

hashExisting(root).then(
    pairs => pairs.forEach(
        ([path, hash]) => console.log(path, hash)
    )
)
```

```
node run-hash-existing-promise.js . ¦ fgrep -v test/ ¦ fgrep -v '~'
```

```
./backup.js 11422489e11be3d8ff76278503457665f6152ebe
./check-existing-files.js 66b933cf9e792e9a9204171d04e0f8b530ec3f4f
./figures/hash-function.pdf 0eb82de379a95ee2be3f00b38c0102e2f2f8170e
./figures/hash-function.svg 563996575d581f2a08e3e954d7faba4d189d0773
./figures/mock-fs.pdf 0b3bba44e69122ee53bcc9d777c186c84b7c2ff2 ...
./x-from-to.md f0f63b3576042dfc0050029ddfcccc3c42fe275d
./x-io-streams.md 1fb4d8b7785c5e7b2f1e29588e2ba28d101ced1a
./x-json-manifests.md 223e0e4167acc6d4d81b76ba1287b90234c95e22
./x-mock-hashes.md 580edfc0cb8eaca4f3700307002ae10ee97af8d2
./x-pre-commit.md b7d945af4554fc0f64b708fe735417bee8b33eef
```

우리가 작성한 코드는 콜백을 사용한 것보다 명확하지만(믿기지 않는다면 다시 작성해 보세요), 모든 것을 둘러싼 프로미스 계층이 여전히 의미를 모호하게 만듭니다. 동일한 연산을 async와 await를 사용해 작성하면 읽기가 더 쉽습니다.

```
const statPath = async (path) => {
    const stat = await fs.statAsync(path)
    return [path, stat]
}
const readPath = async (path) => {
    const content = await fs.readFileAsync(path, 'utf-8')
    return [path, content]
}
const hashPath = (path, content) => {
    const hasher = crypto.createHash('sha1').setEncoding('hex')
```

```
        hasher.write(content)
        hasher.end()
        return [path, hasher.read()]
}
const hashExisting = async (rootDir) => {
    const pattern = `${rootDir}/**/*`
    const options = {}
    const matches = await glob(pattern, options)
    const stats = await Promise.all(matches.map(
        path => statPath(path)))
        const files = stats.filter(([path, stat]) => stat.isFile())
        const contents = await Promise.all(
            files.map(([path, stat]) => readPath(path))
        )
    const hashes = contents.map(([path, content]) => hashPath(path, content))
    return hashes
}
```

이 버전은 이전 버전과 정확히 동일한 프로미스를 생성하고 해결하지만, 이 프로미스는 Node에 의해 자동으로 생성됩니다. 이 작업이 제대로 동작하는지 확인하기 위해 동일한 입력 파일에 대해 실행해 봅시다.

```
import hashExisting from './hash-existing-async.js'
const root = process.argv[2]

hashExisting(root).then(
    pairs => pairs.forEach(
        ([path, hash]) => console.log(path, hash)
    )
)
```

```
node run-hash-existing-async.js . | fgrep -v test/ | fgrep -v '~'
```

```
./backup.js 11422489e11be3d8ff76278503457665f6152ebe
./check-existing-files.js 66b933cf9e792e9a9204171d04e0f8b530ec3f4f
./figures/hash-function.pdf 0eb82de379a95ee2be3f00b38c0102e2f2f8170e
./figures/hash-function.svg 563996575d581f2a08e3e954d7faba4d189d0773
./figures/mock-fs.pdf 0b3bba44e69122ee53bcc9d777c186c84b7c2ff2 ...
```

```
./x-from-to.md f0f63b3576042dfc0050029ddfcccc3c42fe275d
./x-io-streams.md 1fb4d8b7785c5e7b2f1e29588e2ba28d101ced1a
./x-json-manifests.md 223e0e4167acc6d4d81b76ba1287b90234c95e22
./x-mock-hashes.md 580edfc0cb8eaca4f3700307002ae10ee97af8d2
./x-pre-commit.md b7d945af4554fc0f64b708fe735417bee8b33eef
```

5.3 이미 백업된 파일을 추적하려면 어떻게 해야 하나요?

백업 도구의 두 번째 부분은 이미 백업된 파일과 백업되지 않은 파일의 추적입니다. 이 도구는 abcd1234.
bck와 같은 백업 파일과 특정 스냅샷의 내용을 설명하는 파일이 포함된 디렉터리에 백업을 저장합니다.
후자의 파일 이름은 ssssssss.csv이며, 여기서 ssssssss는 백업이 생성된 UTC 타임스탬프이고 .csv 확장
자는 파일이 쉼표로 구분된 값들을 가진 형식이라는 것을 나타냅니다(이러한 파일을 JSON으로 저장할
수도 있지만, 사람들이 읽기 쉽도록 CSV로 저장합니다).

NOTE TOCTOU^{Time of Check/Time of Use}

우리의 인덱스 파일 명명 규칙을 따르며 초당 하나 이상의 백업을 만들려고 하면 실패할 것입니다. 이
런 일은 거의 없을 것 같아 보일 수 있지만, 많은 결함과 보안 취약점은 프로그래머들이 일어나지 않을
것이라고 가정한 결과입니다.

이 문제를 피하기 위해 ssssssss-a.csv, ssssssss-b.csv와 같은 두 부분으로 구성된 명명 체계를 사용
할 수 있지만, 이는 Time of Check/Time of Use라는 경쟁 상태를 야기합니다. 두 사용자가 동시에 백
업 도구를 실행하면 현재 타임스탬프를 가진 파일이 아직 없다는 것을 둘 다 확인하게 되어, 둘 다 첫
번째 파일을 만들려고 할 것입니다.

```
import glob from "glob-promise"
import path from "path"

const findNew = async (rootDir, pathHashPairs) => {
    const hashToPath = pathHashPairs.reduce((obj, [path, hash]) => {
        obj[hash] = path;
        return obj;
```

```
    }, {});
    const pattern = `${rootDir}/*.bck`;
    const options = {};
    const existingFiles = await glob(pattern, options);
    existingFiles.forEach((filename) => {
        const stripped = path.basename(filename).replace(/\.bck$/, "");
        delete hashToPath[stripped];
    })
    return hashToPath
}
export default findNew
```

프로그램을 테스트하기 위해 수동으로 만들어진(단축된) 해시 값을 가진 테스트 디렉터리를 만들어 보겠습니다.

```
tree test
```

```
test
├── bck -0 - csv -0
├── bck -1 - csv -1
│   ├── 0001. csv
│   └── abcd 1234 . bck
├── bck -4 - csv -2
│   ├── 0001. csv
│   ├── 3028. csv
│   ├── 3456 cdef. bck
│   ├── abcd 1234 . bck
│   └── bcde2345 . bck
├── test - backup . js
├── test - find - mock . js
└── test - find . js

3 directories , 10 files
```

우리는 Mocha[8]를 사용해서 테스트를 관리합니다. 모든 테스트는 비동기 함수로, Mocha는 결과를 보고하기 전에 모든 테스트가 완료될 때까지 자동으로 기다립니다. 테스트를 실행하려면 다음 줄을 추가합니다.

---

8   https://mochajs.org/

```
"test": "mocha */test/test-*.js"
```

이것은 프로젝트의 package.json 파일의 scripts 섹션에 추가되어, npm run test를 실행할 때 Mocha가 이 번 장의 예제들을 보관하는 디렉터리의 하위 디렉터리 test에서 파일을 찾도록 합니다. 다음은 처음으로 실행할 몇 가지 테스트들입니다.

```javascript
import findNew from "../check-existing-files.js";

describe("pre-existing hashes and actual filesystem", () => {
    it("finds no pre-existing files when none given or exist", async () => {
        const expected = {};
        const actual = await findNew("file-backup/test/bck-0-csv-0", []);
        assert.deepStrictEqual(expected, actual, "Expected no files");
    });

    it("finds some files when one is given and none exist", async () => {
        const check = [["somefile.txt", "9876fedc"]];
        const expected = { "9876fedc": "somefile.txt" };
        const actual = await findNew("file-backup/test/bck-0-csv-0", check);
        assert.deepStrictEqual(expected, actual, "Expected one file");
    });

    it("finds nothing needs backup when there is a match", async () => {
        const check = [["alpha.js", "abcd1234"]];
        const expected = {};
        const actual = await findNew("file-backup/test/bck-1-csv-1", check);
        assert.deepStrictEqual(expected, actual, "Expected no files");
    });

    it("finds something needs backup when there is a mismatch", async () => {
        const check = [["alpha.js", "a1b2c3d4"]];
        const expected = { a1b2c3d4: "alpha.js" };
        const actual = await findNew("file-backup/test/bck-1-csv-1", check);
        assert.deepStrictEqual(expected, actual, "Expected one file");
    });

    it("finds mixed matches", async () => {
        const check = [
            ["matches.js", "3456cdef"],
            ["matches.txt", "abcd1234"],
            ["mismatch.txt", "12345678"],
        ];
```

```
        const expected = { 12345678: "mismatch.txt" };
        const actual = await findNew("file-backup/test/bck-4-csv-2", check);
        assert.deepStrictEqual(expected, actual, "Expected one file");
    })
})
```

다음은 Mocha 리포트입니다.

```
> stjs@1.0.0 test
> mocha */test/test-*.js "-g" "pre-existing hashes"

pre-existing hashes and actual filesystem
X finds no pre-existing files when none given or exist
X finds some files when one is given and none exist
X finds nothing needs backup when there is a match
X finds something needs backup when there is a mismatch X finds mixed matches

5 passing (16ms)
```

5.4 파일을 수정하는 코드는 어떻게 테스트할까요?

우리의 도구가 마지막으로 해야 할 일은 복사가 필요한 파일을 복사하고 새로운 인덱스 파일을 만드는 것입니다. 코드 자체는 비교적 간단하지만, 테스트가 실행되기 전에 디렉터리와 파일을 생성하고 이후 테스트에 영향을 미치지 않도록 삭제해야 하기 때문에 테스트가 복잡해집니다.

더 나은 접근 방식은 실제 파일 시스템 대신 모의 객체를 사용하는 것입니다. 모의 객체는 대체하는 함수, 객체, 클래스 또는 라이브러리와 동일한 인터페이스를 갖지만 테스트용으로만 사용하도록 설계됩니다. Node의 **mock-fs** 라이브러리는 fs 라이브러리와 동일한 기능을 제공하지만 모든 것을 메모리에 저장합니다(그림 5.4). 이렇게 하면 테스트가 실수로 파일 시스템을 훼손하는 것을 방지하고 테스트 속도가 훨씬 빨라집니다(메모리 내 작업은 디스크에 접근하는 작업보다 수천 배 빠르기 때문입니다).

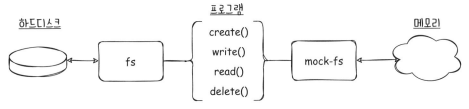

〈그림 5.4〉 모의 파일 시스템을 사용한 테스트 간소화

라이브러리에 파일에 대한 JSON 설명과 파일에 포함되어야 하는 내용을 제공하면 모의 파일 시스템을 만들 수 있습니다.

```javascript
import assert from "assert"
import mock from "mock-fs"
import findNew from "../check-existing-files.js"
describe("checks for pre-existing hashes using mock filesystem", () => {
    beforeEach(() => {
        mock({
            "bck-0-csv-0": {},
            "bck-1-csv-1": {
                "0001.csv": "alpha.js,abcd1234",
                "abcd1234.bck": "alpha.js content",
            },
            "bck-4-csv-2": {
                "0001.csv": ["alpha.js,abcd1234", "beta.txt,bcde2345"].join(
                    "\n"
                ),
                "3024.csv": [
                    "alpha.js,abcd1234",
                    "gamma.png,3456cdef",
                    "subdir/renamed.txt,bcde2345",
                ].join("\n"),
                "3456cdef.bck": "gamma.png content",
                "abcd1234.bck": "alpha content",
                "bcde2345.bck": "beta.txt became subdir/renamed.txt",
            },
        })
    })
    afterEach(() => {
        mock.restore()
    })
})
```

Mocha는 자동으로 각 테스트를 실행하기 전에 beforeEach를 호출하고 각 테스트가 완료된 후에 afterEach를 호출합니다(이 또한 다른 프로토콜입니다). 모든 테스트는 완전히 동일하게 유지되며, mock-fs는 표준 fs 라이브러리의 함수를 자체 함수로 대체하므로 응용 프로그램에서는 아무것도 변경할 필요가 없습니다.

드디어 파일을 백업하는 실제 프로그램을 작성할 준비가 되었습니다.

```
import fs from 'fs-extra-promise'
import hashExisting from './hash-existing-async.js'
import findNew from './check-existing-files.js'

const backup = async (src, dst, timestamp = null) => {
    if (timestamp === null) {
        timestamp = Math.round((new Date()).getTime() / 1000)
    }
    timestamp = String(timestamp).padStart(10, '0')
    const existing = await hashExisting(src)
    const needToCopy = await findNew(dst, existing)
    await copyFiles(dst, needToCopy)
    await saveManifest(dst, timestamp, existing)
}

const copyFiles = async (dst, needToCopy) => {
    const promises = Object.keys(needToCopy).map(hash => {
        const srcPath = needToCopy[hash]
        const dstPath = `${dst}/${hash}.bck`
        fs.copyFileAsync(srcPath, dstPath)
    })
    return Promise.all(promises)
}

const saveManifest = async (dst, timestamp, pathHash) => {
    pathHash = pathHash.sort()
    const content = pathHash.map(
        ([path, hash]) => `${path},${hash}`
    ).join('\n')
    const manifest = `${dst}/${timestamp}.csv`
    fs.writeFileAsync(manifest, content, 'utf-8')
}

export default backup
```

이 프로그램에 대한 테스트는 이전에 작성한 테스트보다 복잡합니다. 왜냐하면 실제 파일 해시를 확인하려고 하기 때문입니다. 몇 가지 픽스처를 설정해서 테스트를 실행해 보겠습니다.

```javascript
import backup from '../backup.js'

const hashString = (data) => {
    const hasher = crypto.createHash('sha1').setEncoding('hex')
    hasher.write(data)
    hasher.end()
    return hasher.read()
}
const Contents = {
    aaa: 'AAA',
    bbb: 'BBB',
    ccc: 'CCC'
}
const Hashes = Object.keys(Contents).reduce((obj, key) => {
    obj[key] = hashString(Contents[key])
    return obj }, {})

const Fixture = {
    source: {
        'alpha.txt': Contents.aaa,
        'beta.txt': Contents.bbb, gamma: {
            'delta.txt': Contents.ccc
        }
    },
    backup: {}
}

const InitialBackups = Object.keys(Hashes).reduce((set, filename) => {
    set.add(`backup/${Hashes[filename]}.bck`)
    return set
}, new Set())
```

그런 다음 몇 가지 테스트를 실행합니다.

```
describe('check entire backup process', () => {

    beforeEach(() => {
        mock(Fixture)
    })

    afterEach(() => {
        mock.restore()
    })

    it('creates an initial CSV manifest', async () => {
        await backup('source', 'backup', 0)
        assert.strictEqual((await glob('backup/*')).length, 4,
            'Expected 4 files')
        const actualBackups = new Set(await glob('backup/*.bck'))
        assert.deepStrictEqual(actualBackups,
            InitialBackups,
            'Expected 3 backup files')
        const actualManifests = await glob('backup/*.csv')
        assert.deepStrictEqual(actualManifests,
            ['backup/0000000000.csv'],
            'Expected one manifest')
    })

    it('does not duplicate files unnecessarily', async () => {
        await backup('source', 'backup', 0)
        assert.strictEqual((await glob('backup/*')).length, 4,
            'Expected 4 files after first backup')
        await backup('source', 'backup', 1)
        assert.strictEqual((await glob('backup/*')).length, 5,
            'Expected 5 files after second backup')
        const actualBackups = new Set(await glob('backup/*.bck'))
        assert.deepStrictEqual(actualBackups, InitialBackups,
            'Expected 3 backup files after second backup')
        const actualManifests = (await glob('backup/*.csv')).sort()
        assert.deepStrictEqual(actualManifests,
            ['backup/0000000000.csv',
            'backup/0000000001.csv'],
            'Expected two manifests')
    })

    it('adds a file as needed', async () => {
        await backup('source', 'backup', 0)
```

```
        assert.strictEqual((await glob('backup/*')).length, 4,
            'Expected 4 files after first backup')
        await fs.writeFileAsync('source/newfile.txt', 'NNN')
        const hashOfNewFile = hashString('NNN')
        await backup('source', 'backup', 1)
        assert.strictEqual((await glob('backup/*')).length, 6,
            'Expected 6 files after second backup')
        const expected = new Set(InitialBackups)
                    .add(`backup/${hashOfNewFile}.bck`)
        const actualBackups = new Set(await glob('backup/*.bck'))
        assert.deepStrictEqual(actualBackups, expected,
            'Expected 4 backup files after second backup')
        const actualManifests = (await glob('backup/*.csv')).sort()
        assert.deepStrictEqual(actualManifests,
            ['backup/0000000000.csv',
            'backup/0000000001.csv'],
            'Expected two manifests')
    })
})
```

```
> stjs@1.0.0 test
> mocha */test/test-*.js "-g" "check entire backup process"

check entire backup process
X creates an initial CSV manifest
X does not duplicate files unnecessarily
X adds a file as needed

3 passing (18ms)
```

NOTE **테스트를 위한 설계**

소프트웨어 설계를 평가하는 가장 좋은 방법 중 하나는 테스트 가능성에 대해 생각하는 것입니다 [Feathers2004]. 실제 파일 시스템 대신 모의 파일 시스템을 사용할 수 있었던 이유는 파일 시스템에 대해 잘 정의된 API가 하나의 라이브러리로 제공되기 때문에 한 곳에서 한 가지만 변경하면 되기 때문 입니다. 테스트를 위해 코드의 여러 부분을 변경해야 하는 경우 코드에서 해당 부분을 하나의 컴포넌트 로 통합해야 합니다.

파일 충돌 확률

해시의 길이가 2비트에 불과한 경우, 이전에 충돌이 없었다고 가정할 때 연속되는 각 파일과의 충돌 가능성은 다음과 같습니다.

파일 수	충돌 가능성
1개	0%
2개	25%
3개	50%
4개	75%

동료 중 한 명이 이를 토대로 "우리가 네 개의 파일을 해싱한다면 충돌이 발생할 확률은 단 75%뿐이다"라고 말합니다. 실제 확률은 어떻게 될까요?

스트리밍 I/O

fs.createReadStream 및 fs.createWriteStream을 사용해서 파일을 메모리로 읽어들이지 않고 조각 내어 복사하는 작은 프로그램을 작성해 보세요.

순차 백업

백업 프로그램을 수정해서 매니페스트가 타임스탬프 대신 00000001.csv, 00000002.csv와 같이 순차적으로 번호가 매겨지도록 변경하세요. 그러나 이로 인해 앞서 언급한 TOCTOU 경쟁 상태가 해결되지 않는 이유는 무엇인가요?

JSON 매니페스트

1. backup.js를 수정해서 커맨드 라인 플래그에 따라 CSV 매니페스트뿐만 아니라 JSON 매니페스트를 저장할 수 있도록 변경하세요.

2. 일련의 매니페스트를 CSV에서 JSON으로 변환하는 migrate.js라는 다른 프로그램을 작성하세요 (프로그램 이름은 데이터 마이그레이션^{data migration}이라는 용어에서 따왔습니다).

3. 각 매니페스트가 파일 해시와 함께 생성한 사용자 이름을 저장하도록 backup.js 프로그램을 수정한 다음, migrate.js를 사용해서 이전 파일을 새로운 형식으로 변환하세요.

| 모의 해시

1. 백업 프로그램을 수정하여 파일을 해싱하는 데 ourHash라는 함수를 사용하도록 변경하세요.

2. 일부 예측 가능한 값을 반환하는 대체 함수를 만들어 보세요. 예를 들어, 데이터의 처음 몇 글자 등이 될 수 있습니다.

3. 테스트를 이 함수를 사용하도록 다시 작성하세요.

테스트에서 어떤 해싱 함수를 사용할지 제어할 수 있도록 메인 프로그램을 어떻게 수정했나요?

| 매니페스트 비교

compare-manifests.js라는 프로그램을 작성해서 두 매니페스트 파일을 읽고 다음 내용을 보고하세요.

- 같은 이름을 가지지만 다른 해시를 가진 파일(즉, 내용이 변경된 파일).
- 동일한 해시를 가지지만 다른 이름을 가진 파일(즉, 이름이 변경된 파일).
- 첫 번째 해시에는 있지만 이름이나 해시가 두 번째에 없는 파일(즉, 삭제된 파일).
- 두 번째 해시에는 있지만 이름이나 해시가 첫 번째에 없는 파일(즉, 추가된 파일).

| 하나의 상태에서 다른 상태로

1. from-to.js라는 프로그램을 작성하세요. 이 프로그램은 디렉터리 이름과 매니페스트 파일 이름을 커맨드 라인의 인수로 받아들인 다음, 해당 매니페스트에 설명된 상태를 복원하기 위해 디렉터리에 파일을 추가, 제거, 또는 이름을 변경합니다. 프로그램은 필요할 때만 파일 작업을 수행해야 합니다. 예를 들어 내용이 변경되지 않은 경우 파일을 삭제하고 다시 추가해서는 안 됩니다.

2. Mocha와 mock-fs를 사용하여 from-to.js에 대한 몇 가지 테스트를 작성하세요.

| 파일 이력

1. file-history.js라는 프로그램을 작성하세요. 이 프로그램은 파일 이름을 커맨드 라인의 인수로 받아들이고 사용 가능한 매니페스트를 통해 시간을 거슬러 추적해서 해당 파일의 이력을 표시합니다.

2. Mocha와 mock-fs를 사용하여 프로그램에 대한 테스트를 작성하세요.

| Pre-commit 후크

backup.js를 수정해서 백업되는 파일들의 루트 디렉터리에 저장된 pre-commit.js라는 파일에서 preCommit이라는 함수를 로드하고 실행하도록 하세요. preCommit이 true를 반환하면 백업이 진행되고, false를 반환하거나 예외가 발생하면 백업이 생성되지 않습니다.

데이터 테이블

열 우선 저장소^{column-major storage} 가비지 컬렉션^{garbage collection}

이질적^{heterogeneous} 동질적^{homogeneous}

희소 행렬^{sparse matrix} 태그된 데이터^{tagged data}

테스트 하네스^{test harness} 데이터 프레임

문자 인코딩 불변

(데이터베이스의) 인덱스 JSON

조인 (문자열)패딩

행 우선 저장소 SQL

고정 너비

2장에서는 메모리 내 연산이 파일 시스템을 건드리는 연산보다 수천 배 빠르다고 했는데, 다른 인메모리 내 연산은 어떻게 서로 비교할 수 있을까요? 다시 말해, 여러 설계 중 어떤 것이 가장 효율적일지 어떻게 알 수 있을까요?

가장 좋은 답은 몇 가지 실험을 해보는 것입니다. 그 방법을 알아보기 위해 하나 이상의 명명된 열과 0개 이상의 행이 있는 데이터 테이블^{data table}을 구현하는 몇 가지 방법을 살펴보겠습니다. 각 행은 각 열에 대해 하나의 값을 가지며, 한 열의 모든 값은 동일한 유형을 갖습니다(그림 6.1). 데이터 테이블은 스프레드시트와 데이터베이스에서부터 R의 tidyverse[1] 패키지의 데이터 프레임^{data frame}, 파이썬의 Pandas[2] 라이브러리, 자바스크립트용 DataForge[3] 라이브러리에 이르기까지 프로그래밍에서 반복적으로 등장합니다[Davis2018].

---

1   https://www.tidyverse.org/ 2https://www.python.org/

2   https://pandas.pydata.org/

3   http://www.data-forge-js.com/

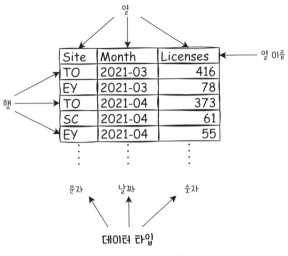

열

열 이름

Site	Month	Licenses
TO	2021-03	416
EY	2021-03	78
TO	2021-04	373
SC	2021-04	61
EY	2021-04	55

행

문자　　날짜　　숫자

데이터 타입

〈그림 6.1〉 데이터 테이블의 구조

데이터 테이블의 주요 작업은 SQL에서 제공하는 필터[filter], 셀렉트[select], 요약[summarize], 조인[join] 등의 작업입니다. 이런 작업들은 약 500줄 정도의 코드로 구현할 수 있지만, 그 성능은 데이터 테이블이 어떻게 저장되어 있는지에 따라 달라집니다.

6.1　데이터 테이블은 어떻게 구현할 수 있을까요?

테이블을 저장하는 한 가지 방법은 **행 우선** 방식입니다. 여기서는 각 행의 값이 메모리에 함께 저장됩니다. 각 "단위"의 저장 공간이 서로 다른 타입의 값들을 포함할 수 있기 때문에, 때로는 **이질적 저장**이라고도 불립니다. 자바스크립트에서는 각각 동일한 키를 가진 객체 배열을 사용하여 이 디자인을 구현할 수 있습니다(그림 6.2).

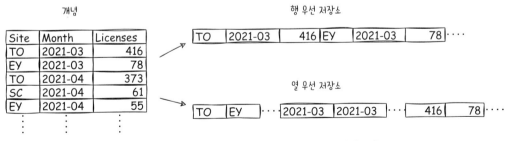

개념

Site	Month	Licenses
TO	2021-03	416
EY	2021-03	78
TO	2021-04	373
SC	2021-04	61
EY	2021-04	55

행 우선 저장소

| TO | 2021-03 | 416 | EY | 2021-03 | 78 | … |

열 우선 저장소

| TO | EY | … | 2021-03 | 2021-03 | … | 416 | 78 | … |

〈그림 6.2〉 데이터 테이블의 행 우선 저장소와 열 우선 저장소 비교

다른 옵션은 **열 우선** 방식 또는 **동질적** 순서 방식입니다. 여기서는 열의 모든 값이 함께 저장됩니다. 자바스크립트에서는 길이가 동일한 배열들로 구성된 객체를 사용해서 이를 구현할 수 있습니다.

어떤 것이 더 나은지 알기 위해 각각 하나씩 만들어 몇 가지 작업을 수행하고, 실행 시간과 메모리 사용량을 기록한 다음 비교해 보겠습니다. 중요한 것은 그 답은 구현 자체와 측정하는 연산의 조합에 따라 달라집니다. 예를 들어, 한 전략이 필터링에 더 효과적이고 다른 전략이 셀렉트에 더 효과적이라면 필터와 셀렉트의 비율에 따라 어떤 전략이 '최선'인지가 결정될 수 있습니다.

> **NOTE** **불변성**Immutability
>
> 모든 구현은 각 데이터 테이블을 불변으로 취급합니다. 즉, 일단 데이터 테이블을 생성하면 그 내용을 수정하지 않습니다. 이는 실제로 성능에 큰 영향을 미치지 않지만, 공유 데이터 구조는 버그의 원인을 많이 제공하기 때문에 프로그래밍을 더 쉽고 안전하게 만듭니다.

첫 번째 실험에서는 몇 개의 열이 있는 행 우선 테이블을 만들어 보겠습니다. 간단하게 하기 위해 행 인덱스를 사용해서 테이블을 채우겠습니다.

```
export const buildRows = (nRows, labels) => {
    const result = []
    for (let iR = 0; iR < nRows; iR += 1) {
        const row = {}
        labels.forEach(label => {
            row[label] = iR
        })
        result.push(row)
    }
    return result
}
```

다음으로, 이렇게 배치된 테이블에 대해 **filter**와 **select**를 작성합니다. **filter**에는 Array.filter의 콜백처럼 유지할 행을 결정하기 위한 콜백 함수를 제공해야 하고, 열을 선택하려면 유지하려는 열을 식별하기 위한 키 목록을 제공해야 합니다. 필터링은 행을 재활용하기 때문에 상대적으로 빠를 것으로 예상되는 반면, 셀렉트는 새로운 배열 집합을 구성해야 하므로 상대적으로 느릴 것으로 예상됩니다(그림 6.3).

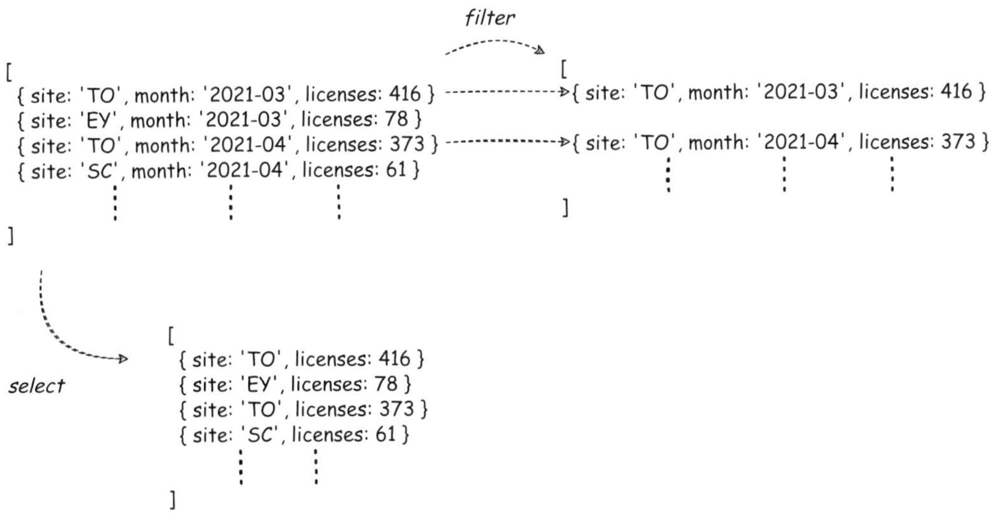

〈그림 6.3〉 행 우선 데이터 테이블에서의 연산

```
const rowFilter = (table, func) => {
    return table.filter(row => func(row))
}

const rowSelect = (table, toKeep) => {
    return table.map(row => {
        const newRow = {}
        toKeep.forEach(label => {
            newRow[label] = row[label]
        })
        return newRow
    })
}
```

이제 열 우선 저장을 위해 동일한 작업을 수행해 봅시다. 열을 보유한 객체를 작성하는 것은 간단합니다.

```
export const buildCols = (nRows, labels) => {
    const result = {}
    labels.forEach(
        label => {
            result[label] = []
            for (let iR = 0; iR < nRows; iR += 1) {
                result[label].push(iR)
            }
        }
```

```
    )
    return result
  }
```

필터링은 각 행의 값이 여러 배열에 흩어져 있기 때문에 더 복잡하지만, 셀렉트는 새로운 테이블에서 원하는 배열을 재활용하기만 하면 됩니다. 셀렉트는 열에 대한 참조만 복사하면 되므로 비교적 빠를 것으로 예상되지만 필터링은 여러 개의 새로운 배열을 구성해야 하기 때문에 상대적으로 느릴 것입니다(그림 6.4).

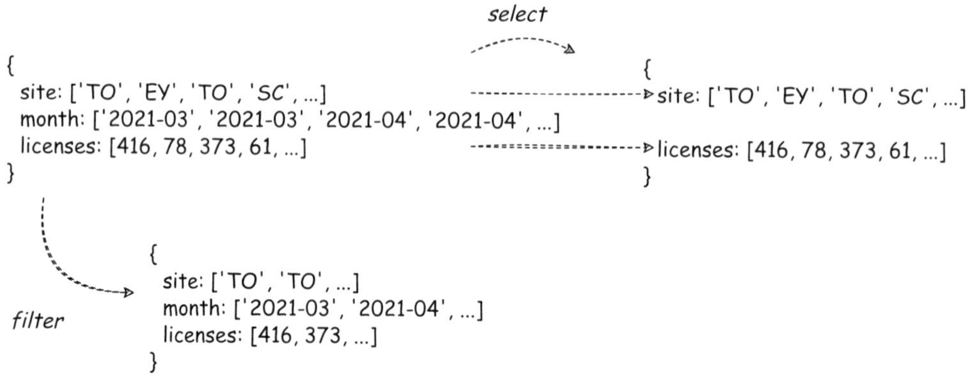

〈그림 6.4〉 열 우선 데이터 테이블에서의 연산

이 코드는 테이블에 얼마나 많은 행이 있는지 확인하기 위해 label_1이라는 열이 있다고 가정합니다. 프로덕션에 적용하기에는 끔찍하지만 간단한 성능 테스트용으로는 충분합니다.

```
const colFilter = (table, func) => {
    const result = {}
    const labels = Object.keys(table)
    labels.forEach(label => {
        result[label] = []
    })
    for (let iR = 0; iR < table.label_1.length; iR += 1) {
        if (func(table, iR)) {
            labels.forEach(label => {
                result[label].push(table[label][iR])
            })
        }
    }
```

```
        return result
}

const colSelect = (table, toKeep) => {
    const result = {}
    toKeep.forEach(label => {
        result[label] = table[label]

    })
    return result
}
```

NOTE **다형성의 부족**

만약 두 가지 버전의 filter 및 select 함수가 정확히 같은 매개변수를 받는다면 테스트 작성이 더 간단할 것입니다. 그러나 테이블이 저장되는 방식의 차이로 인해, filter의 행 테스트 함수가 달라 두 함수를 정확히 같게 만들기는 어렵습니다. 예를 들어 열 우선 구현의 각 행의 값을 임시 객체에 패킹하고 이를 행 우선 구현에 사용된 동일한 필터링 함수에 전달함으로써 동일하게 만들 수 있지만, 이러한 추가 작업은 성능 비교를 행 우선의 이점 측면으로 편중시킬 수 있습니다.

6.2 **구현 성능을 어떻게 테스트할까요?**

이제 테이블과 동작을 만들었으니 다양한 크기의 데이터 테이블에서 해당 동작을 실행할 수 있는 테스트 하네스[4]를 만들 수 있습니다. 임의로 열의 절반과 행의 3분의 1을 유지하기로 결정했는데, 이러한 비율은 어느 것이 더 나은지 결정하는 데 영향을 미치므로 실제 애플리케이션에서 이 작업을 수행한다면 이러한 비율이 달라질 때 어떤 일이 발생하는지 테스트해야 할 것입니다. 또한 앞서 말했듯이 상대적인 성능은 각 셀렉트마다 얼마나 많은 필터를 수행하느냐에 따라 달라지므로 지원하려는 애플리케이션의 데이터를 기반으로 균형을 맞춰야 합니다.

---

4   역주 소프트웨어 테스팅에서 애플리케이션이나 컴포넌트 테스트를 지원하도록 구성된 스텁 및 드라이버 모음

성능 측정 프로그램은 다음과 같습니다.

```
const RANGE = 3
const main = () => {
    const nRows = parseInt(process.argv[2])
    const nCols = parseInt(process.argv[3])
    const filterPerSelect = parseFloat(process.argv[4])

    const labels = [...Array(nCols).keys()].map((i) => `label_${i + 1}`)
    const someLabels = labels.slice(0, Math.floor(labels.length / 2))
    assert(
        someLabels.length > 0,
        "Must have some labels for select (array too short)"
    )
    const [rowTable, rowSize, rowHeap] = memory(buildRows, nRows, labels)
    const [colTable, colSize, colHeap] = memory(buildCols, nRows, labels)

    const rowFilterTime = time(
        rowFilter,
        rowTable,
        (row) => row.label_1 % RANGE === 0
    )
    const rowSelectTime = time(rowSelect, rowTable, someLabels)
    const colFilterTime = time(
        colFilter, colTable,
        (table, iR) => table.label_1[iR] % RANGE === 0
    )
    const colSelectTime = time(colSelect, colTable, someLabels)
    const ratio = calculateRatio( filterPerSelect,
        rowFilterTime, rowSelectTime,
        colFilterTime, colSelectTime
    )
    const result = {
        nRows,
        nCols,
        filterPerSelect,
        rowSize,
        rowHeap,
        colSize,
        colHeap,
        rowFilterTime,
        rowSelectTime,
        colFilterTime,
        colSelectTime,
        ratio,
```

```
    }
    console.log(yaml.safeDump(result))
}
```

실제로 측정을 수행하는 함수는 microtime[5] 라이브러리를 사용해서 마이크로초 수준의 타이밍을 얻습니다. 자바스크립트의 Date는 밀리초 수준의 단위만 제공하기 때문입니다. 구조에 필요한 메모리의 양을 추정하기 위해 object-sizeof[6]를 사용하고, 프로그램이 실행되는 동안 Node가 얼마나 많은 메모리를 사용하는지 확인하기 위해 process.memoryUsage()를 호출해서 heapUsed의 값을 확인하지만, 이는 가비지 컬렉션 및 기타 제어할 수 없는 여러 가지 요소의 영향을 받습니다.

```
const memory = (func, ...params) => {
    const before = process.memoryUsage()
    const result = func(...params)
    const after = process.memoryUsage()
    const heap = after.heapUsed - before.heapUsed
    const size = sizeof(result)
    return [result, size, heap]
}

const time = (func, ...params) => {
    const before = microtime.now()
    func(...params)
    const after = microtime.now()
    return after - before
}

const calculateRatio = (f2S, rFilterT, rSelectT, cFilterT, cSelectT) => {
    return ((f2S * rFilterT) + rSelectT) / ((f2S * cFilterT) + cSelectT)
}
```

행 100개, 열 3개, filter와 select 비율이 3:1인 테이블을 대상으로 프로그램을 실행해 보겠습니다.

```
node table-performance.js 100 3 3
```

---

5   https://www.npmjs.com/package/microtime

6   https://www.npmjs.com/package/object-sizeof 7https://nodejs.org/en/

```
nRows: 100
nCols: 3
filterPerSelect: 3
rowSize: 6600
rowHeap: 26512
colSize: 2442
colHeap: 8536
rowFilterTime: 75
rowSelectTime: 111
colFilterTime: 137
colSelectTime: 48
ratio: 0.7320261437908496
```

테이블 크기를 10,000개의 행과 30개의 열로 늘리고 filter/select 비율을 3:1로 동일하게 적용하면 어떨까요?

```
nRows: 10000
nCols: 30
filterPerSelect: 3
rowSize: 7020000
rowHeap: 18392064
colSize: 2400462
colHeap: -3473800
rowFilterTime: 2929
rowSelectTime: 15863
colFilterTime: 4529
colSelectTime: 104
ratio: 1.8004528522386969
```

그리고 테이블 크기는 동일하게 유지하되 filter/select 비율을 10:1로 사용하면 어떨까요?

```
nRows: 10000
nCols: 30
filterPerSelect: 10
rowSize: 7020000
rowHeap: 18287160
colSize: 2400462
colHeap: -3645056
rowFilterTime: 2376
rowSelectTime: 15566
colFilterTime: 4380
```

```
colSelectTime: 90
ratio: 0.8960127591706539
```

표 6.1의 결과는 열 우선 저장이 더 나은 것으로 나타났습니다. 이는 더 적은 메모리를 사용하며(아마도 열에서 레이블이 각 행마다 중복되지 않기 때문인 듯합니다), 행 우선 저장을 사용해서 셀렉트를 수행할 때 새로운 객체를 구성하는 데 필요한 시간이 열 우선 저장을 사용해서 필터를 수행할 때 배열에 추가하는 비용을 상쇄시키기 때문입니다. 유감스럽게도 열 우선 저장을 위한 코드는 조금 더 복잡해서 작성하기 어렵습니다. 이는 실험에서 나타나지 않는 비용이지만, 고려해야 할 부분입니다.

value	100-03-03	10000-30-03	10000-30-10
nRows	100	10000	10000
nCols	3	30	30
filterPerSelect	3	3	10
rowFilterTime	75	2929	2376
rowSelectTime	111	15863	15566
colFilterTime	137	4529	4380
colSelectTime	48	104	90

〈표 6.1〉 행 우선 저장 방식과 열 우선 저장 방식의 데이터 테이블에 대한 상대적 성능 비교

6.3 테이블을 저장하는 가장 효율적인 방법은 무엇일까요?

데이터는 가치가 있기 때문에, 우리는 데이터 테이블을 어떤 종류의 파일로 저장할 것입니다. 만일 어떤 저장 방식이 다른 방식보다 훨씬 더 효율적이고 자주 읽거나 쓴다면, 그것은 우리가 선택할 구현 방식을 변경하는데 영향을 미칠 요소가 될 수 있습니다.

두 가지 간단한 텍스트 기반 스키마는 행 우선 및 열 우선 JSON입니다. 기본적으로 우리가 가진 데이터 구조를 그대로 출력하는 것입니다. 10,000×30 저장 테스트를 실행해 봅시다.

```
nRows: 10000
nCols: 30
rowStringTime: 57342
rowStringSize: 9393402
colStringTime: 13267
colStringSize: 2934164
```

행 우선 버전에 필요한 시간은 열 우선 버전에 필요한 시간의 거의 10배나 더 걸립니다. 이것은 레이블의 중복된 출력이 주 원인인 듯한데, 마치 행 우선의 더 큰 메모리 요구 사항이 중복된 레이블의 저장 때문이었던 것과 같습니다.

이 진단이 맞다면 행 우선 저장의 패킹된 버전이 더 빨라야 합니다. 열 헤더를 한 번 저장한 후에 데이터 값을 배열로 복사해서 저장하는 방식입니다.

```
const asPackedJson = (table) => {
    const temp = {}
    temp.keys = Object.keys(table[0])
    temp.values = table.map(row => temp.keys.map(k => row[k]))
    return JSON.stringify(temp)
}
```

```
nRows: 10000
nCols: 30
packedRowStringTime: 29659
packedRowStringSize: 2974084
```

이 결과는 데이터 구조를 문자열로 변환하는 대신 저장 레이아웃을 변경하는 것이 더 빠르다는 것을 보여줍니다. 다시 말해서, 데이터를 복사하는 것이 레이블을 반복해서 문자열로 변환하는 것보다 시간이 적게 걸린다고 가정하지만 여전히 열 우선 저장이 최선의 접근 방식입니다.

이진 저장이 성능을 향상시키나요?

테이블을 저장하기 위한 또 다른 전략을 시도해 봅시다. 자바스크립트는 값들을 태그된 데이터 구조에 저장합니다. 일부 비트는 값의 타입을 정의하고 다른 비트는 값 자체를 타입에 따라 특정 방식으로 저장합니다 (그림 6.5).

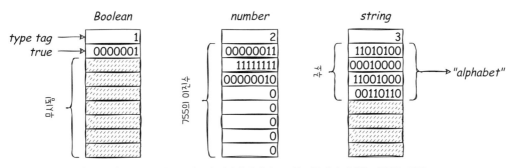

〈그림 6.5〉 자바스크립트가 태그가 지정된 데이터 구조를 사용해서 객체를 저장하는 방법

우리는 타입을 직접 추적하고 값 자체를 나타내는 비트만 저장함으로써 공간을 절약할 수 있습니다. 자바스크립트에는 이 목적에 정확히 맞는 **ArrayBuffer** 클래스가 있습니다. 이 클래스는 원하는 모든 값을 비트 집합으로 저장하며, 데이터를 특정 유형으로 표시하는 뷰를 통해 해당 비트에 액세스합니다. 이 뷰는 Boolean(값 당 1바이트)이나 number(숫자 당 64비트)와 같은 특정 유형으로 데이터를 표시합니다. 그림 6.6에서 보듯이 하나의 **ArrayBuffer**에 여러 유형의 데이터를 혼합할 수 있지만, 어떤 바이트가 어떤 값에 속하는지 추적하는 것은 우리에게 달려 있습니다.

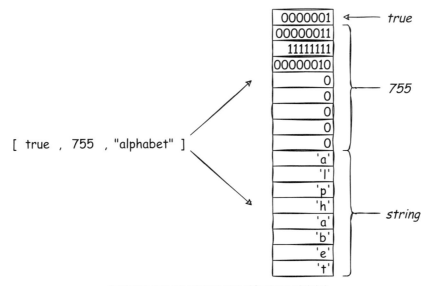

〈그림 6.6〉 조회 정보와 함께 객체 값을 비트로 저장하기

열 우선 테이블을 저장하기 위해 **ArrayBuffer**를 다음과 같이 채웁니다.

1. 테이블의 크기(행 수와 열 수)를 나타내는 두 개의 정수
2. 열 레이블이 개행 문자로 연결된 문자열(열 레이블에 개행 문자를 포함할 수 없다고 가정하기 때문에 개행 문자를 구분 기호로 사용합니다)
3. 숫자 자체

```
const asBinary = (table) => {
    const labels = Object.keys(table)
    const nCols = labels.length
    const nRows = table[labels[0]].length
    const dimensions = new Uint32Array([nCols, nRows])

    const allLabels = labels.join('\n')
    const encoder = new TextEncoder()
    const encodedLabels = encoder.encode(allLabels)

    const dataSize = sizeof(0) * nCols * nRows
    const totalSize =
        dimensions.byteLength + encodedLabels.byteLength + dataSize

    const buffer = new ArrayBuffer(totalSize)
    const result = new Uint8Array(buffer)
    result.set(dimensions, 0)
    result.set(encodedLabels, dimensions.byteLength)

    let current = dimensions.byteLength + encodedLabels.byteLength
    labels.forEach(label => {
        const temp = new Float64Array(table[label])
        result.set(temp, current)
        current += temp.byteLength
    })

    return result
}
```

```
nRows: 10000
nCols: 30
packedColBinaryTime: 6074
packedColBinarySize: 2400268
```

데이터 테이블을 패킹하는 것은 비트를 복사하는 것이 숫자를 문자로 바꾸는 것보다 더 빠르기에 시간을 절약할 수 있지만, 기대한만큼 많은 공간을 절약하지는 않습니다. 그 이유는 배정도$^{double\ precision}$ 숫자는 8바이트이지만, 테스트를 위해 간단한 정수 값을 선택했기 때문에 이를 단 5개의 문자로 표현할 수 있기 때문입니다(즉, 10바이트). 만약 "실제" 숫자를 사용했다면 저장 이점이 더 현저히 나타났을 것입니다. 다시 한번 언급하듯이 실험 결과는 우리가 선택한 테스트 케이스에 따라 달라집니다.

NOTE 공학

과학이 실험적 방법을 사용하여 세상을 탐구하는 것이라면, 공학은 실험적 방법을 사용하여 사람들이 만든 것을 탐구하고 개선하는 것입니다. 훌륭한 소프트웨어 디자이너는 항상 데이터를 수집하고 분석하여 어떤 웹사이트 디자인이 다른 웹사이트 디자인보다 더 잘 작동하는지 확인하거나 [Kohavi2020], CPU의 성능을 개선하기 위해 노력합니다[Patterson2017]. 이런 간단한 실험은 때로 몇 주 또는 몇 달의 노력을 절약할 수도 있습니다.

다양한 필터링

필터링할 때 3분의 1이 아닌 1%의 행 만을 유지하도록 한다면, 어떤 저장 형식이 더 나은지에 대한 결정이 어떻게 달라질까요? 행의 90%를 유지한다면 어떻게 될까요?

문자열로 필터링하기

테이블이 숫자 열이 아니라 문자열 열을 포함하도록 필터와 셀렉트의 비교를 수정하고 성능이 어떻게 변하는지 확인하세요. 테스트를 위해 A–Z 문자로 무작위 4글자 문자열을 생성한 다음, 다음과 같은 기준으로 필터링하세요.

- 정확히 일치하는 문자열
- 특정 문자로 시작하는 문자열
- 특정 문자가 포함된 문자열

조인 성능

조인은 일치하는 키를 기반으로 두 테이블에서 데이터를 결합합니다. 예를 들어, 두 테이블이 다음과 같다면

Key	Left		Key	Right
A	a1		A	a2
B	b1		A	a3
C	c1		B	b2

그러면 조인은 다음과 같습니다.

Key	Left	Right
A	a1	a2
A	a1	a3
B	b1	b2

두 테이블을 일치하는 숫자 키를 기반으로 조인할 때 행 우선 저장과 열 우선 저장의 성능을 비교하는 테스트를 작성해 보세요. 답은 일치하는 키의 비율에 따라 달라질까요?

조인 최적화

두 테이블을 조인^{join}하는 가장 간단한 방법은 이중 루프를 사용해서 일치하는 키를 찾는 것입니다. 대안으로 각 테이블에 대한 인덱스^{index}를 구축한 다음 이를 사용해서 일치 항목을 만들 수 있습니다. 예를 들어, 테이블이 다음과 같다고 가정해 봅시다.

Key	Left		Key	Right
A	a1		A	a2
B	b1		A	a3
C	c1		B	b2

첫 번째 단계는 각 키가 첫 번째 테이블에서 어디에 있는지 보여주는 맵을 만드는 것입니다.

```
{A: [0], B: [1], C: [2]}
```

두 번째 단계는 두 번째 테이블에 대한 유사한 맵을 만드는 것입니다.

```
{A: [0, 1], B: [2]}
```

그런 다음 맵 중 하나의 키들을 순회하면서 두 번째 맵에서 값을 조회하여 모든 일치 항목을 만들 수 있습니다.

이 방식으로 두 테이블을 조인하는 함수를 작성해 보세요. 이것은 이중 루프를 사용하는 것보다 빠를까요, 아니면 느릴까요? 답은 키의 수와 일치하는 비율에 어떤 영향을 받을까요?

저장소 뒤집기

우리의 테스트 결과, 행 우선 테이블을 JSON으로 저장하는 것은 열 우선 테이블을 저장하는 것보다 훨씬 느립니다. 행 우선 테이블을 열 우선 테이블로 변환한 다음 후자를 저장하는 것이 행 우선 테이블을 직접 저장하는 것보다 더 빠른지 확인하는 테스트를 작성하세요.

희소 저장소

희소 행렬$^{sparse\ matrix}$은 대부분의 값이 0인 경우를 나타냅니다. 모든 값을 저장하는 대신, 프로그램은 0이 아닌 값을 저장하기 위해 맵을 사용하고, 명시적으로 저장되지 않은 경우에는 0을 반환하는 조회 함수 [7]를 사용할 수 있습니다.

```
def spareMatrixGet(matrix, row, col) => {
    return matrix.contains(row, col)
? matrix.get(row, col)
: 0
}
```

동일한 기술을 데이터 테이블의 대부분의 항목이 누락된 경우에도 사용할 수 있습니다. 무작위로 5% 의 값이 0이 아닌 값이고 나머지 95%는 0인 희소 테이블을 생성하는 함수를 작성한 다음, 이 구현과 행 우선 및 열 우선 저장 방식의 메모리 요구 사항과 필터 및 셀렉트의 성능을 비교해 보세요.

로드 시간

프로그램을 수정해서 JSON 또는 이진 형식의 데이터 테이블을 데이터 구조로 다시 변환하는 데 소요되는 시간을 측정하도록 만들 수 있습니다.

고정 너비 문자열 저장하기

성능을 향상시키기 위해 데이터베이스는 종종 고정 너비 문자열을 저장합니다. 즉, 열의 문자열 길이를 일정한 크기로 제한하고 해당 크기보다 짧은 문자열은 패딩합니다.

1. 문자열 배열과 정수 너비를 받아, 해당 너비로 채워진 문자열을 포함하는 **ArrayBuffer**를 생성하는 함수를 작성합니다. 이 함수는 문자열이 지정된 너비보다 길면 예외를 발생시켜야 합니다.

2. **ArrayBuffer**를 입력으로 받아 패딩을 제거하고 고정 너비보다 짧은 문자열을 원래 형태로 복원하여 문자열 배열을 반환하는 다른 함수를 작성하세요.

가변 너비 문자열 저장

고정 너비 저장소는 계약서, 소설, 이력서와 같은 큰 텍스트 블록의 경우 비효율적입니다. 모든 문서를 가장 긴 길이로 채우면 많은 공간이 낭비될 수 있기 때문입니다. 이를 바이너리로 저장하는 다른 방법은 각 항목을 (길이, 텍스트) 쌍으로 저장하는 것입니다.

1. 문자열 목록을 입력으로 받아 (길이, 텍스트) 쌍을 포함하는 **ArrayBuffer**를 반환하는 함수를 작성합니다.

---

[7] 역주 다음 코드는 파이썬을 사용해 작성되었습니다.

2. 이러한 **ArrayBuffer**를 받아 원본 텍스트가 포함된 배열을 반환하는 다른 함수를 작성합니다.

3. Mocha로 테스트를 작성해서 함수가 올바르게 작동하는지 확인합니다.

| ASCII 저장소

원래 ASCII 표준은 영어에서 일반적으로 사용되는 문자들을 위해 7비트 문자 인코딩을 지정했으며, 여전히 많은 데이터 파일들이 숫자 코드가 0-127 범위에 있는 문자만 사용합니다.

1. 한 글자로 이루어진 문자열의 배열을 가져와서, 모든 문자가 7비트 안에 들어갈 수 있으면 각 문자를 1바이트로 저장하고, 어떤 문자가 7비트를 초과하는 경우 여러 바이트로 문자를 저장하는 **ArrayBuffer**를 반환하는 함수를 작성하세요.

2. 첫 번째 함수에 의해 생성된 **ArrayBuffer**를 가져와서 문자 배열을 다시 만드는 다른 함수를 작성하세요. 함수는 **ArrayBuffer**를 인수로만 받아들여야 하므로, **ArrayBuffer**의 첫 번째 요소가 나머지 내용을 어떻게 해석해야 하는지 나타내야 합니다.

3. Mocha를 사용하여 함수들이 올바르게 작동하는지 확인하는 테스트를 작성하세요.

7 CHAPTER
패턴 매치

기본 클래스^{Base Class}

(트리에서)자식^{Child}

깊이 우선^{Depth-First}

도큐먼트 객체 모델^{Document Object Model}

탐욕 알고리즘^{Greedy Algorithm}

노드^{Node}

다형성^{Polymorphism}

테스트 주도 개발^{Test-driven development}

정규 표현식^{Regular expression}

책임 연쇄 패턴^{Chain of Responsibility pattern}

커플링^{Couplin}

파생 클래스^{Derived Class}

이거 매칭^{Eager Matching}

지연 매칭^{Lazy Matching}

개방 폐쇄 원칙^{Open-Closed Principle}

쿼리 셀렉터^{Query selector}

스코프 크리프^{Scope creep}

파일 이름과 패턴을 매치하기 위해 우리는 2장부터 글로빙을 사용해 왔습니다. 이번 장에서는 에디터, 셀 명령어, 웹 스크레이퍼 등에서 텍스트를 매치하는 데 사용되는 **정규 표현식**^{regular expression}의 간단한 버전을 만들어보면서, 그 동작 방식을 살펴보겠습니다. 우리의 접근 방식은 [Oram2007]에서 브라이언 커니핸^{Brian Kernighann}[1]의 기고를 참고하고 있습니다.

정규 표현식은 HTML의 **쿼리 셀렉터**^{query selector}와 같이, 여러 다른 종류의 데이터에 대한 패턴 매치에 영감을 주었습니다. 텍스트를 매치하는 패턴보다 이해하고 구현하기 쉽기 때문에, 일단은 정규 표현식부터 살펴보겠습니다.

7.1 쿼리 셀렉터를 어떻게 매치시킬 수 있을까요?

프로그램은 **도큐먼트 객체 모델(DOM)**을 사용해서 HTML 페이지를 메모리에 저장합니다. 제목이나 단락과 같은 페이지의 각 엘리먼트는 노드이며, 노드의 자식은 노드에 포함된 엘리먼트^{element}들입니다(그림 7.1).

---

1 https://en.wikipedia.org/wiki/Brian_Kernighan

```
<html>
  <head>
    <title>Example</title>
  </head>
  <body>
    <h1>Title</h1>
    <blockquote id="important">
      <p>Opening</p>
      <p>Explanation</p>
      <p class="highlight">Warning</p>
    </blockquote>
    <p>Closing</p>
  </body>
</html>
```

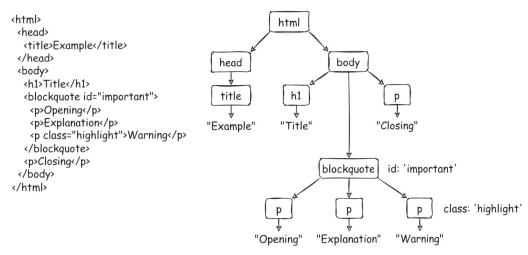

〈그림 7.1〉 트리로 표현한 HTML 문서

첫 번째 단계는 지원하려는 패턴을 정의하는 것입니다(표 7.1). 예를 들어 주어진 문법에 따르면 "blockquote#important p.highlight"는 ID가 "important"인 blockquote 태그 안의 강조된 단락paragraph을 말합니다. select 함수는 페이지에서 이 문장과 매치하는 엘리먼트를 찾기 위해 쿼리를 여러 조각으로 나누고, 쿼리 문자열의 모든 셀렉터가 매치하거나 매치하는 항목이 없을 때까지 문서 트리를 재귀적으로 검색하기 위해 firstMatch를 사용합니다(그림 7.2).

의미	셀렉터
태그가 "elt"인 엘리먼트	elt
class가 "cls"인 엘리먼트	.cls
id가 "ident"인 엘리먼트	#ident
parent 엘리먼트 내부의 child	parent child

〈표 7.1〉 지원되는 패턴

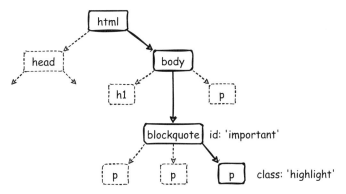

〈그림 7.2〉 간단한 쿼리 셀렉터들 매치하기

```
import assert from 'assert'

const select = (root, selector) => {
    const selectors = selector.split(' ').filter(s => s.length > 0)
    return firstMatch(root, selectors)
}

const firstMatch = (node, selectors) => {
    assert(selectors.length > 0, 'Require selector(s)')

    // 태그가 아님
    if (node.type !== 'tag') {
        return null
    }

    // 이 노드가 일치
    if (matchHere(node, selectors[0])) {
        // 마지막 셀렉터이므로 매칭이 작동했음
        if (selectors.length === 1) {
            return node
        }
        // 나머지 셀렉터들과 매칭을 시도
        return firstChildMatch(node, selectors.slice(1))
    }

    // 이 노드는 일치하지 않으므로 더 아래쪽에서 시도
    return firstChildMatch(node, selectors)
}

export default select
```

firstMatch 함수는 세 가지 경우를 처리합니다.

1. 엘리먼트가 아닌 노드로, 일반 텍스트 또는 주석인 경우입니다. 이 경우 셀렉터와 매치할 수 없으며, 이러한 노드에는 자식이 없으므로 매칭이 실패했음을 나타내기 위해 함수는 null을 반환합니다.

2. 현재 셀렉터와 매치되는 노드인 경우입니다. 셀렉터가 남아 있지 않으면 전체 패턴이 일치한 것이므로 함수는 이 노드를 일치 항목으로 반환합니다. 추가로 남아 있는 셀렉터가 있는 경우 해당 노드의 자식과 남아 있는 셀렉터를 매치시키려고 시도하고, 그 결과로 무엇이든 나오면 반환합니다.

3. 현재 셀렉터와 매치되지 않는 노드인 경우로, 자식을 하나씩 검색해서 더 아래에서 매치되는 것이 있는지 확인합니다.

이 알고리즘을 깊이 우선 탐색이라고 하며, 다른 것을 고려하기 전에 가능한 매치 항목을 끝까지 탐색합니다. firstMatch는 firstChildMatch라는 헬퍼 함수를 사용해서 일련의 셀렉터들과 매치되는 첫 번째 자식을 찾습니다.

```
const firstChildMatch = (node, selectors) => {
    assert(
        node.type === "tag",
        `Should only try to match first child of tags, not ${node.type}`
    )
    // 매칭 작업 시작
    for (const child of node.children) {
        const match = firstMatch(child, selectors)
        if (match) {
            return match
        }
    }
    // 아무것도 매치되지 않음
    return null
}
```

그리고 노드를 셀렉터와 비교하는 matchHere 함수를 사용합니다.

```
const matchHere = (node, selector) => {
    let name = null
    let id = null
    let cls = null
    if (selector.includes("#")) {
        [name, id] = selector.split("#")
    } else if (selector.includes(".")) {
        [name, cls] = selector.split(".")
    } else {
        name = selector
    }
    return (
        node.name === name &&
        (id === null || node.attribs.id === id) &&
        (cls === null || node.attribs.class === cls)
    )
}
```

이 버전의 matchHere는 간단하지만, 한 번 호출한 셀렉터를 재사용하지 않고 호출할 때마다 매번 여러 부분으로 나누기 때문에 비효율적입니다. 연습에서는 더 효율적인 버전을 만들겠지만, 우선 현재 버전을 사용해 보겠습니다. 테스트 케이스는 모두 하나의 HTML에 포함되어 있습니다.

```
const HTML = `<main>
    <p>text of first p</p>
    <p id="id-01">text of p#id-01</p>
    <p id="id-02">text of p#id-02</p>
    <p class="class-03">text of p.class-03</p>
    <div>
        <p>text of div / p</p>
        <p id="id-04">text of div / p#id-04</p>
        <p class="class-05">text of div / p.class-05</p>
        <p class="class-06">should not be found</p>
    </div>
    <div id="id-07">
        <p>text of div#id-07 / p</p>
        <p class="class-06">text of div#id-07 / p.class-06</p>
    </div>
</main>`
```

이 프로그램은 쿼리들과 예상되는 매치 항목들이 포함된 테이블을 가지고 있습니다. main 함수는 이 테이블을 반복해서 각 테스트의 합격 또는 불합격 여부를 보고합니다.

```
const main = () => {
    const doc = htmlparser2.parseDOM(HTML)[0]
    const tests = [
        ['p', 'text of first p'],
        ['p#id-01', 'text of p#id-01'],
        ['p#id-02', 'text of p#id-02'],
        ['p.class-03', 'text of p.class-03'],
        ['div p', 'text of div / p'],
        ['div p#id-04', 'text of div / p#id-04'],
        ['div p.class-05', 'text of div / p.class-05'],
        ['div#id-07 p', 'text of div#id-07 / p'],
        ['div#id-07 p.class-06', 'text of div#id-07 / p.class-06']
    ]

    tests.forEach(([selector, expected]) => {
        const node = select(doc, selector)
        const actual = getText(node)
        const result = (actual === expected) ? 'pass' : 'fail'
```

```
        console.log(`"${selector}": ${result}`)
    })
}

main()
```

main 함수는 특정 노드에서 텍스트를 추출하거나 문제가 발생하였을 때 에러 메시지를 반환하는 getText 라는 헬퍼 함수를 사용합니다.

```
const getText = (node) => {
    if (!node) {
        return 'MISSING NODE'
    }
    if (!('children' in node)) {
        return 'MISSING CHILDREN'
    }
    if (node.children.length !== 1) {
        return 'WRONG NUMBER OF CHILDREN'
    }
    if (node.children[0].type !== 'text') {
        return 'NOT TEXT'
    }
    return node.children[0].data
}
```

프로그램을 실행하면 다음과 같은 출력을 볼 수 있습니다.

```
"p": pass
"p#id-01": pass
"p#id-02": pass
"p.class-03": pass
"div p": pass
"div p#id-04": pass
"div p.class-05": pass
"div#id-07 p": pass
"div#id-07 p.class-06": pass
```

연습에서는 Mocha[2]를 사용해서 테스트를 다시 작성할 것입니다.

---

2   https://mochajs.org/

테스트 후 빌드

우리는 실제로 쿼리 셀렉터와 일치하는 코드를 구현하기 전에 테스트 케이스를 작성해서 작업 목표를 설정했습니다. 이를 테스트 주도 개발test-driven development 또는 TDD라고 하는데, 연구 결과에 따르면 프로그래머의 생산성을 높인다는 주장은 뒷받침하지 않지만[Fucci2016; Fucci2017], 각 장의 글을 작성하면서 초기 목표를 벗어나서 추가 요구사항이나 변경사항이 계속해서 발생하는 현상(scope creep)을 방지하는 데 도움이 되는 것을 발견했습니다.

7.2   간단한 정규 표현식 매처를 어떻게 구현할 수 있을까요?

텍스트에 대해 정규식을 매치시키는 것은 HTML 페이지의 노드에 대해 쿼리 셀렉터를 매치시키는 것과 동일한 재귀 전략을 사용합니다. 패턴의 첫 번째 요소가 현재 위치에서 매치되는 경우, 나머지 패턴이 남은 부분과 매치하는지 확인합니다. 그렇지 않으면 패턴이 다음 위치에서 매치하는지 확인합니다. 우리의 매칭 수행자는 처음에는 표 7.2에 표시된 다섯 가지 경우만 처리합니다. 이런 사례들은 자바스크립트가 제공하는 것에 비하면 일부에 불과하지만, 커니핸Kernighan은 "이것은 매우 유용한 클래스로, 제 경험상 일상적으로 사용하는 전체 정규식의 95%는 이 안에 있습니다."라고 말합니다.

의미	캐릭터
모든 리터럴 문자	cc
모든 단일 문자	.
입력의 시작 부분	^
입력의 끝 부분	$
앞의 문자가 0개 이상	*

〈표 7.2〉 패턴 매치 사례

사용자가 호출하는 가장 중요한 함수는 패턴의 시작에 ^가 있을 때, 이것이 문자열의 맨 앞과 매치하는지를 먼저 확인하는 역할을 합니다. 그런 다음 패턴을 대상 문자열의 각 연속적인 부분 문자열에 대해 매치하는 부분이 있는지 확인하는데, 문자가 더 이상 없을 때까지 계속합니다.

```
const match = (pattern, text) => {
    // 패턴 시작 부분의 '^'가 텍스트의 시작 부분과 매치
    if (pattern[0] === '^') {
        return matchHere(pattern, 1, text, 0)
    }
    // 패턴의 가능한 모든 시작점에 시도
    let iText = 0 do {
        if (matchHere(pattern, 0, text, iText)) {
            return true
        }
        iText += 1
    } while (iText < text.length)
    // 아무 것도 해당하지 않아 false를 반환
}
```

matchHere는 매치와 재귀를 수행합니다.

```
const matchHere = (pattern, iPattern, text, iText) => {
    // 더 이상 매치시킬 패턴이 없음
    if (iPattern === pattern.length) {
        return true
    }

    // 패턴의 끝의 '$'가 텍스트의 끝과 매치
    if ((iPattern === (pattern.length - 1)) &&
    (pattern[iPattern] === '$') &&
    (iText === text.length)) {
        return true
    }

    // 현재 문자 다음에 오는 '*'은 현재 문자를 가능한 많이 매치시키라는 의미
    if (((pattern.length - iPattern) > 1) &&
        (pattern[iPattern + 1] === '*')) {
        while ((iText < text.length) && (text[iText] === pattern[iPattern])) {
            iText += 1
        }
        return matchHere(pattern, iPattern + 2, text, iText)
    }

    // 단일 문자와 매치시킴
    if ((pattern[iPattern] === '.') ||
        (pattern[iPattern] === text[iText])) {
        return matchHere(pattern, iPattern + 1, text, iText + 1)
```

```
    }

    // 아무 것도 해당하지 않음
    return false
}
```

테스트를 다시 한 번 수행하기 위해 테스트 케이스와 예상 결과를 사용합니다.

```
const main = () => {
    const tests = [
        ['a', 'a', true ],
        ['b', 'a', false ],
        ['a', 'ab ', true ],
        ['b', 'ab ', true ],
        ['ab ', 'ba ', false ],
        ['^a', 'ab ', true ],
        ['^b', 'ab ', false ],
        ['a$ ', 'ab ', false ],
        ['a$ ', 'ba ', true ],
        ['a*', '', true ],
        ['a*', 'baac ', true ],
        ['ab*c', 'ac ', true ],
        ['ab*c', 'abc ', true ],
        ['ab*c', 'abbbc ', true ],
        ['ab*c', 'abxc ', false ]
    ]
    tests . forEach ((
        [ regexp , text , expected ]) => {
            const actual = match ( regexp , text )
            const result = ( actual === expected ) ? 'pass ' : 'fail '
            console.log (`"${ regexp }" X "${ text }": ${ result }`)
    })
}
main ()
```

```
"a" X "a": pass
"b" X "a": pass
"a" X "ab": pass
"b" X "ab": pass
"ab" X "ba": pass "^a" X "ab": pass
"^b" X "ab": pass "a$" X "ab": pass
```

```
"a$" X "ba": pass
"a*" X "": pass
"a*" X "baac": pass "ab*c" X "ac": pass
"ab*c" X "abc": pass
"ab*c" X "abbbc": pass
"ab*c" X "abxc": pass
```

프로그램은 동작하는 것처럼 보이지만 실제로는 에러가 존재합니다. 이 에러는 연습에서 수정할 것입니다(문자열 'aab'에 대해 패턴 /a*ab/를 매치하는 경우에 어떤 일이 발생하는지 생각해 보세요). 또한 확장하기 어려운 디자인입니다. 패턴에 (/a(bc)*d/와 같이)괄호를 처리하려는 경우 많은 변경이 필요합니다. 새로운 접근 방법이 필요합니다.

7.3　확장 가능한 매처는 어떻게 구현할 수 있을까요?

모든 코드를 하나의 긴 함수로 묶는 대신, 각 유형별로 매치를 별도의 함수로 구현할 수 있습니다. 이렇게 하면 더 많은 매치 수행자를 추가하기가 훨씬 쉬워지며, 이미 있는 함수들을 호출해서 혼합할 수 있는 함수를 정의할 수 있습니다.

이러한 함수들이 즉시 매치를 수행하는 대신, 각 함수는 스스로를 텍스트와 어떻게 매치시킬지 아는 객체를 반환합니다. 이렇게 하면 복잡한 매치를 한 번만 구축하고 여러 번 재사용할 수 있습니다. 이는 텍스트 처리에서 자주 사용되는 방식입니다. 큰 파일 세트의 각 행에 정규 표현식을 적용하려는 경우, 매처들을 재활용하면 프로그램이 더 효율적으로 동작합니다.

각 매칭 객체에는 대상 문자열과 매칭을 시작할 인덱스를 입력으로 받는 메서드가 있습니다. 이 메서드의 출력은 매칭을 계속할 인덱스 또는 매칭 실패를 나타내는 undefined입니다. 그런 다음 이런 객체들을 결합해서 복잡한 패턴을 매치시킬 수 있습니다(그림 7.3).

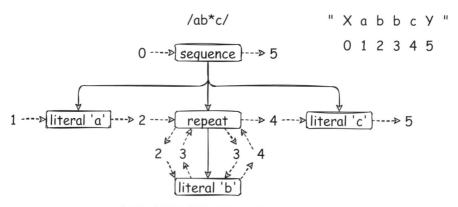

〈그림 7.3〉 중첩 객체를 사용하여 정규식과 일치시키기

이를 구현하는 첫 번째 단계는 테스트 케이스를 작성하는 것으로, 이를 통해 지원할 구문을 정의해야 합니다.

```
import Alt from './regex-alt.js'
import Any from './regex-any.js'
import End from './regex-end.js'
import Lit from './regex-lit.js'
import Seq from './regex-seq.js'
import Start from './regex-start.js'

const main = () => {
    const tests = [
        ['a', 'a', true, Lit('a')],
        ['b', 'a', false, Lit('b')],
        ['a', 'ab', true, Lit('a')],
        ['b', 'ab', true, Lit('b')],
        ['ab', 'ab', true, Seq(Lit('a'), Lit('b'))],
        ['ba', 'ab', false, Seq(Lit('b'), Lit('a'))],
        ['ab', 'ba', false, Lit('ab')],
        ['^a', 'ab', true, Seq(Start(), Lit('a'))],
        ['^b', 'ab', false, Seq(Start(), Lit('b'))],
        ['a$', 'ab', false, Seq(Lit('a'), End())],
        ['a$', 'ba', true, Seq(Lit('a'), End())],
        ['a*', '', true, Any('a')],
        ['a*', 'baac', true, Any('a')],
        ['ab*c', 'ac', true, Seq(Lit('a'), Any('b'), Lit('c'))],
        ['ab*c', 'abc', true, Seq(Lit('a'), Any('b'), Lit('c'))],
        ['ab*c', 'abbbc', true, Seq(Lit('a'), Any('b'), Lit('c'))],
        ['ab*c', 'abxc', false, Seq(Lit('a'), Any('b'), Lit('c'))],
        ['ab¦cd', 'xaby', true, Alt(Lit('ab'), Lit('cd'))],
        ['ab¦cd', 'acdc', true, Alt(Lit('ab'), Lit('cd'))],
```

```
        ['a(b|c)d', 'xabdy', true, Seq(Lit('a'), Alt(Lit('b'),
            Lit('c')), Lit('d'))],
        ['a(b|c)d', 'xabady', false, Seq(Lit('a'), Alt(Lit('b'),
            Lit('c')), Lit('d'))]
    ]
    tests.forEach((([pattern, text, expected, matcher]) => {
        const actual = matcher.match(text)
        const result = (actual === expected) ? 'pass' : 'fail'
        console.log(`"${pattern}" X "${text}": ${result}`)
    })
}

main()
```

다음으로, 모든 매처가 상속받을 **기본 클래스**를 정의합니다. 이 클래스에는 사용자가 호출하는 match 메서드가 포함되어 있어서 패턴의 최상위에 어떤 종류의 매처가 있던지 상관없이 즉시 매치를 시작할 수 있습니다.

```
class RegexBase {
    match (text) {
        for (let i = 0; i < text.length; i += 1) {
            if (this._match(text, i)) {
                return true
            }
        }
        return false
    }

    _match (text, start) {
        throw new Error('derived classes must override "_match"')
    }
}

export default RegexBase
```

기본 클래스는 또한 다른 클래스에서 실제 매치를 수행하는 코드로 채울 _match 메서드(선행 밑줄 포함)를 정의합니다. 이 메서드의 기본 구현은 파생 클래스에서 _match를 제공하는 것을 잊어버리면 예외를 던져 코드가 해당 알람과 함께 실패하도록 합니다.

하나의 인터페이스로 모두 호출하기

우리의 디자인은 다형성을 활용하고 있는데, 이는 말 그대로 "여러 형태를 가지고 있다"는 뜻입니다. 만약 객체들이 모두 동일한 방식으로 호출할 수 있는 메서드를 가지고 있다면, 이런 객체들은 상호 교환될 수 있습니다. 다시 말해, 프로그램에서 객체가 무엇인지 정확히 몰라도 사용할 수 있다는 뜻입니다. 다형성은 프로그램의 여러 부분 간의 결합을 줄여주며, 결과적으로 프로그램의 개선을 더 쉽게 만들어 줍니다.

이제 각 매치 클래스의 비어 있는 버전을 정의할 수 있습니다. 일단 이들은 모두 "매치되는 내용 없음"을 의미하는 값(undefined)을 반환할 것입니다. 예를 들어 리터럴 문자에 대한 클래스는 다음과 같습니다.

```
import RegexBase from './regex-base.js'
class RegexLit extends RegexBase {
    constructor (chars) {
        super()
        this.chars = chars
    }
    _match (text, start) {
        return undefined // FIXME
    }
}

export default (chars) => new RegexLit(chars)
```

이제 테스트가 실행되지만 대부분 실패합니다. 모두가 아닌 '대부분'인 이유는 테스트 케이스의 일부가 일치하지 않을 것으로 예상 결과를 설정해서 테스터가 true를 보고하기 때문입니다.

```
"a" X "a": fail
"b" X "a": pass
"a" X "ab": fail
"b" X "ab": fail
"ab" X "ab": fail
"ba" X "ab": pass
"ab" X "ba": pass
"^a" X "ab": fail
"^b" X "ab": pass
"a$" X "ab": pass
"a$" X "ba": fail
"a*" X "": fail
```

```
"a*" X "baac": fail
"ab*c" X "ac": fail
"ab*c" X "abc": fail
"ab*c" X "abbbc": fail
"ab*c" X "abxc": pass
"ab¦cd" X "xaby": fail
"ab¦cd" X "acdc": fail
"a(b¦c)d" X "xabdy": fail
"a(b¦c)d" X "xabady": pass
```

이 출력은 아직 수행할 작업이 얼마나 많은지를 알려줍니다. 테스트를 모두 끝마치면 작업이 완료됩니다.

리터럴 문자열 매처를 먼저 구현해 보겠습니다.

```
class RegexLit extends RegexBase {
    constructor (chars) {
        super()
        this.chars = chars
    }

    _match (text, start) {
        const nextIndex = start + this.chars.length
        if (nextIndex > text.length) {
            return undefined
        }
        if (text.slice(start, nextIndex) !== this.chars) {
            return undefined
        }
        return nextIndex
    }
}

export default (chars) => new RegexLit(chars)
```

이제 일부 테스트는 통과되지만, 일부는 여전히 예상대로 실패합니다.

```
"a" X "a": pass
"b" X "a": pass
"a" X "ab": pass
"b" X "ab": pass
"ab" X "ab": fail
"ba" X "ab": pass
"ab" X "ba": pass
"^a" X "ab": fail
"^b" X "ab": pass
"a$" X "ab": pass
"a$" X "ba": fail
"a*" X "": fail
"a*" X "baac": fail
"ab*c" X "ac": fail
"ab*c" X "abc": fail
"ab*c" X "abbbc": fail
"ab*c" X "abxc": pass
"ab¦cd" X "xaby": fail
"ab¦cd" X "acdc": fail
"a(b¦c)d" X "xabdy": fail
"a(b¦c)d" X "xabady": pass
```

다음으로 서로 다른 매처들을 결합하기 위한 **RegexSeq**을 다룰 것입니다. 모든 자식이 공백 없이 순서대로 일치해야 하는 테스트에 Seq(Lit('a'), Lit('b')) 와 Lit('ab')가 있는 이유가 바로 이 때문입니다.

하지만 잠깐만요. /a*ab/와 같은 패턴이 있다고 가정해 봅시다. 이 패턴은 "ab"라는 텍스트와 매치해야 합니다. 과연 그럴까요? /*/는 **탐욕적**이어서, 가능한 한 많이 매치시킵니다(이것을 **탐욕적 매치**^{eager matching}라고도 합니다). 결과적으로 /a*/는 선행하는 "a"에 매치하여 리터럴 /a/가 매치할 것이 남지 않게 됩니다(그림 7.4 참조). 현재 구현한 코드는 이런 경우 다른 가능한 매치를 시도할 방법을 제공하지 않습니다.

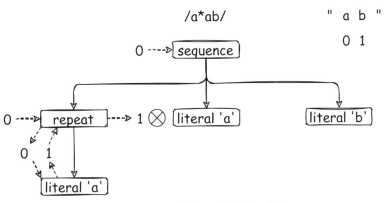

/a*ab/　　　　　　　　　" a b "

0 1

〈그림 7.4〉 탐욕적 매치가 동작하지 않는 이유

이제 설계를 변경해서, 각 매치 실행자가 자체 인수(chars)와 나머지 매처를 가진 rest 매개변수를 사용하도록 하겠습니다(그림 7.5 참조)(우리는 생성자에 기본값으로 null을 제공해서 계속해서 null을 입력해야 하는 번거로움을 피하겠습니다). 각 매처는 자체 인수에 대한 매칭을 시도한 다음 rest에 대해서도 매치하는지 확인할 것입니다.

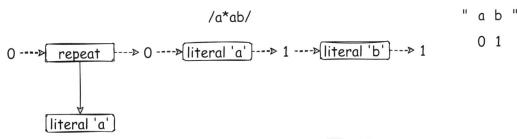

/a*ab/　　　　　　　　　　　" a b "

0 1

〈그림 7.5〉 나머지 부분을 매치시키기 위해 rest를 사용

이 설계는 RegexSeq를 제거할 수 있게 해 줍니다. 하지만 테스트를 읽기가 좀 더 어려워졌습니다.

```
import Alt from './regex-alt.js'
import Any from './regex-any.js'
import End from './regex-end.js'
import Lit from './regex-lit.js'
import Start from './regex-start.js'

const main = () => {
    const tests = [
        ['a', 'a', true, Lit('a')],
        ['b', 'a', false, Lit('b')],
        ['a', 'ab', true, Lit('a')],
        ['b', 'ab', true, Lit('b')],
```

```
            ['ab', 'ab', true, Lit('a', Lit('b'))],
            ['ba', 'ab', false, Lit('b', Lit('a'))],
            ['ab', 'ba', false, Lit('ab')],
            ['^a', 'ab', true, Start(Lit('a'))],
            ['^b', 'ab', false, Start(Lit('b'))],
            ['a$', 'ab', false, Lit('a', End())],
            ['a$', 'ba', true, Lit('a', End())],
            ['a*', '', true, Any(Lit('a'))],
            ['a*', 'baac', true, Any(Lit('a'))],
            ['ab*c', 'ac', true, Lit('a', Any(Lit('b'), Lit('c')))],
            ['ab*c', 'abc', true, Lit('a', Any(Lit('b'), Lit('c')))],
            ['ab*c', 'abbbc', true, Lit('a', Any(Lit('b'), Lit('c')))],
            ['ab*c', 'abxc', false, Lit('a', Any(Lit('b'), Lit('c')))],
            ['ab¦cd', 'xaby', true, Alt(Lit('ab'), Lit('cd'))],
            ['ab¦cd', 'acdc', true, Alt(Lit('ab'), Lit('cd'))],
            ['a(b¦c)d', 'xabdy', true,
                Lit('a', Alt(Lit('b'), Lit('c'), Lit('d')))],
            ['a(b¦c)d', 'xabady', false,
                Lit('a', Alt(Lit('b'), Lit('c'), Lit('d')))]
        ]
        tests.forEach(([pattern, text, expected, matcher]) => {
            const actual = matcher.match(text)
            const result = (actual === expected) ? 'pass' : 'fail'
            console.log(`"${pattern}" X "${text}": ${result}`)
        })
    }
    main()
```

리터럴 표현을 매치시키는 방법은 다음과 같습니다.

```
    import RegexBase from './regex-base.js'

    class RegexLit extends RegexBase {
        constructor (chars, rest) {
            super(rest)
            this.chars = chars
        }
        _match (text, start) {
            const nextIndex = start + this.chars.length
            if (nextIndex > text.length) {
                return undefined
            }
```

```
            if (text.slice(start, nextIndex) !== this.chars) {
                return undefined
            }

            if (this.rest === null) {
                return nextIndex
            }
            return this.rest._match(text, nextIndex)
        }
    }
    export default (chars, rest = null) => new RegexLit(chars, rest)
```

_match 메서드는 현재 위치에서 패턴이 대상 텍스트와 매치하는지를 확인합니다. 만약 매치하면, 나머지 패턴이 텍스트의 나머지 부분과 매치하는지 확인합니다. 시작 /^/과 끝 /$/ 앵커를 매치시키는 것도 비슷하게 작동합니다.

```
import RegexBase from "./regex-base.js";

class RegexStart extends RegexBase {
    _match(text, start) {
        if (start !== 0) {
            return undefined;
        }

        if (this.rest === null) {
            return 0;
        }

        return this.rest._match(text, start);
    }
}
export default (rest = null) => new RegexStart(rest);



import RegexBase from "./regex-base.js";

class RegexEnd extends RegexBase {
    _match(text, start) {
        if (start !== text.length) {
            return undefined;
        }
```

```
            if (this.rest === null) {
                return text.length;
            }
            return this.rest._match(text, start);
        }
    }
    export default (rest = null) => new RegexEnd(rest);
```

둘 중 하나를 매치시키려면 첫 번째 패턴과 나머지 패턴을 시도하고 실패하면 두 번째 패턴과 나머지 패턴을 시도합니다.

```
import RegexBase from './regex-base.js'

class RegexAlt extends RegexBase {
    constructor (left, right, rest) {
        super(rest)
        this.left = left
        this.right = right
    }

    _match (text, start) {
        for (const pat of [this.left, this.right]) {
            const afterPat = pat._match(text, start)
            if (afterPat !== undefined) {
                if (this.rest === null) {
                    return afterPat
                }
                const afterRest = this.rest._match(text, afterPat)
                if (afterRest !== undefined) {
                    return afterRest
                }
            }
        }
        return undefined
    }
}

const create = (left, right, rest = null) => {
    return new RegexAlt(left, right, rest)
}

export default create
```

반복 패턴을 매치시키기 위해서는 남아 있을 수 있는 최대 매치 횟수를 계산한 다음, 성공할 때까지 감소시키며 시도합니다(최대값부터 시작하는 이유는 매치가 탐욕적이기 때문입니다). 각각의 비어 있지 않은 반복은 적어도 하나의 문자와 매치되므로 남은 문자의 수는 시도할 최대 매치 횟수입니다.

```javascript
import RegexBase from './regex-base.js'

class RegexAny extends RegexBase {
    constructor (child, rest) {
        super(rest)
        this.child = child
    }

    _match (text, start) {
        const maxPossible = text.length - start
        for (let num = maxPossible; num >= 0; num -= 1) {
            const afterMany = this._matchMany(text, start, num)
            if (afterMany !== undefined) {
                return afterMany
            }
        }
        return undefined
    }

    _matchMany (text, start, num) {
        for (let i = 0; i < num; i += 1) {
            start = this.child._match(text, start)
            if (start === undefined) {
                return undefined
            }
        }
        if (this.rest !== null) {
            return this.rest._match(text, start)
        }
        return start
    }
}

const create = (child, rest = null) => {
    return new RegexAny(child, rest)
}
export default create
```

이 클래스를 사용하면 테스트를 모두 통과합니다.

```
"a" X "a": pass
"b" X "a": pass
"a" X "ab": pass
"b" X "ab": pass
"ab" X "ab": pass
"ba" X "ab": pass
"ab" X "ba": pass
"^a" X "ab": pass
"^b" X "ab": pass
"a$" X "ab": pass
"a$" X "ba": pass
"a*" X "": pass
"a*" X "baac": pass
"ab*c" X "ac": pass
"ab*c" X "abc": pass
"ab*c" X "abbbc": pass
"ab*c" X "abxc": pass
"ab¦cd" X "xaby": pass
"ab¦cd" X "acdc": pass
"a(b¦c)d" X "xabdy": pass
"a(b¦c)d" X "xabady": pass
```

이 디자인에서는 얼마나 확장 가능한지가 가장 중요합니다. 다른 종류의 매처를 추가하려면 더 많은 클래스를 추가하기만 하면 됩니다. 이러한 확장성은 중앙 집중식 의사 결정이 없기 때문에 가능하며, 이는 다형성과 책임 사슬 디자인 패턴을 사용하는 데서 비롯됩니다. 각 컴포넌트는 자신의 역할을 수행하고 나머지 작업을 다른 컴포넌트에 요청하며, 각 컴포넌트가 동일한 입력을 받는다면 원하는 대로 조합할 수 있습니다.

NOTE **개방 폐쇄 원칙**

개방 폐쇄 원칙은 소프트웨어는 확장을 위해서는 개방적이어야 하지만 수정을 위해서는 폐쇄적이어야 하며, 기존 코드를 다시 작성하지 않고도 기능을 확장할 수 있어야 한다는 원칙입니다. 3장에서 설명했듯이 이 원칙에 따라 기존 코드가 새로운 코드를 사용할 수 있지만, 이는 디자인이 사람들이 만들고자 하는 종류의 확장을 허용하는 경우에만 가능합니다. 모든 것을 예상할 수 없기 때문에 디자인을 확장하려고 할 때 처음 두세 번은 디자인을 수정해야 하는 것이 정상입니다. 다른 시각으로 보면, 우리가 만든 물건은 사용하면서 더 잘 작동하는 방법을 배우고 개선해 나가는 과정이라고도 볼 수 있습니다 [Brand1995].

7.4 연습

| 한 번만 분할하기

div#id 및 div.class와 같은 셀렉터가 matchHere가 호출될 때마다 다시 분할되지 않고 한 번만 분할되도록 쿼리 셀렉터 코드를 수정하세요.

| 에러를 찾아 수정하기

첫 번째 정규식 매처는 에러가 발생했습니다. 'a*ab' 패턴이 'aab' 문자열과 일치해야 하지만 일치하지 않습니다. 실패 원인을 파악하고 수정하세요.

| 유닛 테스트

셀렉터와 정규식에 대한 테스트를 Mocha를 사용하도록 다시 작성하세요.

| 쿼리 셀렉터로 모두 찾기

첫 번째 엘리먼트 뿐만 아니라 일치하는 모든 엘리먼트를 반환하도록 쿼리 셀렉터를 수정하세요.

| 속성attributes을 기준으로 선택하기

쿼리 셀렉터가 [attribute="value"] 셀렉터를 처리하도록 수정해서 (예를 들어)div[align=center]가 정렬 속성이 "center" 값인 모든 div 요소를 반환하도록 만드세요.

| 자식 셀렉터

부모 〉 자식 표현식은 부모 타입 노드의 바로 아래 자식인 자식 타입의 모든 노드를 선택합니다(예: div 〉 p는 div 요소의 바로 아래 자식인 모든 단락을 선택합니다). 이러한 종류의 매치를 처리하도록 simple-selectors.js를 수정하세요.

| 정규식을 사용해 모든 매치 항목 찾기

첫 번째 매치 항목이 아닌 모든 매치 항목을 반환하도록 정규식 매처를 수정하세요.

| 정규식을 사용하여 하나 이상의 항목 찾기

정규식 매처를 확장해서 "하나 이상"을 의미하는 +를 지원하도록 만드세요.

| 일련의 문자 매치

일련의 문자 집합에서 어떤 문자와도 일치하는 새로운 정규 표현식 매치 클래스를 추가하세요. 예를 들어, Charset('aeiou')는 모든 소문자 모음과 일치하도록 합니다.

| 반복 작업의 효율성 향상

반복적으로 텍스트를 다시 매치시키지 않도록 **RegexAny**를 다시 작성하세요.

| 게으른 매치

지금까지 본 정규 표현식은 **탐욕적**입니다. 즉, 가능한 한 많이, 가능한 한 바로 매치시키려 합니다. 그에 대한 대안으로 **게으른 매치**가 있습니다. 게으른 매칭은 필요한 만큼만 매치킵니다. 예를 들어, 문자열 "ab"와 표현식 /ab*/을 생각해 보겠습니다. 탐욕적 매칭은 /ab*/가 'b'를 가능한 한 많이 매치시키려고 하기 때문에 두 문자 'ab'를 모두 매치시킵니다. 왜냐하면 /b*/는 'b'가 있는 경우 모두 매치시키기 때문입니다. /ab*/의 게으른 매치 수행은 'b'를 가능한 한 필요한 만큼만 매치시키려고 합니다. 그래서 /b*/는 앞의 문자 'b'가 무한히 존재할 수도 있고, 존재하지 않을 수도 있기 때문에, 첫 번째 문자 'a'만 매치시킵니다.

| 선택적 매치

? 연산자는 "선택적"임을 의미하므로 '/a?/'는 문자 'a'가 0개 또는 1개만 있는 경우와 매치합니다. 이 연산자를 구현하세요.

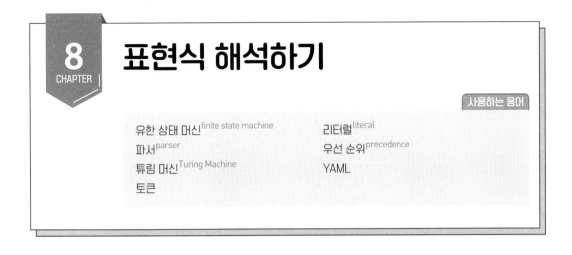

8 CHAPTER

표현식 해석하기

사용하는 용어

유한 상태 머신^{finite state machine}
파서^{parser}
튜링 머신^{Turing Machine}
토큰

리터럴^{literal}
우선 순위^{precedence}
YAML

7장에서는 객체를 구성해서 정규 표현식을 만들었습니다. HTML 셀렉터처럼 문자열로 작성하면 타이핑이 훨씬 덜 필요하지만, 그렇게 하려면 문자열을 필요한 객체로 변환할 수 있는 무언가가 필요합니다. 즉, 파서를 작성해야 합니다.

기호의 의미	기호
모든 c 문자	c
입력의 시작	^
입력의 끝	$
이전 문자가 제로 또는 그 이상	*
둘 중 하나^{Either/or}	|
그룹화	(..)

〈표 8.1〉 정규 표현식 문법

표 8.1은 우리가 다루게 될 문법을 보여줍니다. 작업을 마치면 /^(a|b|$)*z$/를 "텍스트 시작", "'a', 'b', 또는 '$' 중 아무 것이나 여러 번", "'z' 한 개", 그리고 "텍스트 끝"으로 파싱할 수 있어야 합니다(정규 표현식은 문자열과 구별하기 위해 슬래시 안에 작성합니다). 간단하게 하기 위해 7장의 정규 표현식 클래스의 인스턴스 대신 객체 트리를 만들 것입니다(그림 8.1 참조). 정규 표현식 클래스의 인스턴스를 다루는 문제들은 연습 파트에서 다룰 것입니다.

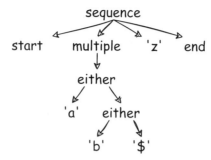

〈그림 8.1〉 정규 표현식의 파싱 결과를 트리로 표현

더 이상 파서^{parser}를 작성하지 마세요

사람이 읽기 편한 언어는 대개 컴퓨터가 이해하기 어렵고 그 반대의 경우도 마찬가지이므로, 사람이 읽기 편한 표기법을 컴퓨터가 이해하기 쉬운 표현으로 변환하기 위해서는 파서가 필요합니다. 하지만 세상에는 이미 너무 많은 파일 형식들이 존재합니다. 환경 설정 파일이나 조회 테이블이 필요한 경우, 직접 형식을 만들지 말고 이미 약어가 있는 CSV, JSON, YAML 등을 사용합시다.

8.1   텍스트를 어떻게 토큰으로 나눌 수 있을까요?

토큰은 숫자^{number}를 이루는 수^{digit}나 변수 이름을 이루는 문자^{character}와 같은 텍스트의 기본 단위입니다. 우리의 문법에서는 토큰이 특수 문자 *, |, (,), ^, 그리고 $이며, 이 외의 하나 이상의 다른 문자로 이루어진 모든 시퀀스도 하나의 여러 문자를 가진 하나의 토큰으로 간주됩니다. 이 분류는 파서 설계의 기준이 됩니다.

1. 문자가 특수 문자인 경우 해당 문자에 대한 토큰을 생성합니다.
2. 리터럴이라면 현재 리터럴과 결합하거나 새로운 리터럴을 시작합니다.
3. ^와 $는 위치에 따라 특수 또는 일반 토큰이므로 나타나는 위치에 따라 별도의 토큰으로 취급하거나 리터럴의 일부로 취급해야 합니다.

이러한 규칙을 거의 그대로 코드로 변환해서 kind 및 loc(위치를 나타내는 줄임말)이라는 키를 가진 객체 목록을 만들 수 있습니다. 리터럴 값에 대한 추가 키인 value도 포함됩니다.

```
const SIMPLE = {
    "*": "Any",
    "¦": "Alt",
    "(": "GroupStart",
    ")": "GroupEnd",
}

const tokenize = (text) => {
    const result = [];
    for (let i = 0; i < text.length; i += 1) {
        const c = text[i];
        if (c in SIMPLE) {
            result.push({ kind: SIMPLE[c], loc: i })
        } else if (c === "^") {
            if (i === 0) {
                result.push({ kind: "Start", loc: i })
            } else {
                combineOrPush(result, c, i)
            }
        } else if (c === "$") {
            if (i === text.length - 1) {
                result.push({ kind: "End", loc: i })
            } else {
                combineOrPush(result, c, i)
            }
        } else {
            combineOrPush(result, c, i)
        }
    }
    return result
}

export default tokenize
```

헬퍼 함수 combineOrPush는 이름 그대로의 기능을 수행합니다. 최근에 토큰 목록에 추가된 것이 리터럴이 아닌 경우 새로운 문자가 새로운 토큰이 되며, 그렇지 않으면 현재 생성 중인 리터럴에 새로운 문자를 추가합니다.

```
const combineOrPush = (soFar, character, location) => {
    const topIndex = soFar.length - 1
    if (soFar.length === 0 || soFar[topIndex].kind !== "Lit") {
        soFar.push({ kind: "Lit", value: character, loc: location })
    } else {
        soFar[topIndex].value += character
    }
}
```

세 줄의 테스트 프로그램으로 이를 시험해 볼 수 있습니다.

```
import tokenize from './tokenizer-collapse.js'
const test = '^a^b*'
const result = tokenize(test)
console.log(JSON.stringify(result, null, 2))}
```

```
[
  {
    "kind": "Start",
    "loc": 0
  },
  {
    "kind": "Lit",
    "value": "a^b",
    "loc": 1
  },
  {
    "kind": "Any",
    "loc": 4
  }
]
```

이 간단한 토큰 생성기는 읽기 쉽고 효율적이며 에러도 없습니다. 문제는 /ab*/ 표현식이 "하나의 a 다음에 0개 이상의 b"를 의미한다는 것입니다. 그러나 우리가 읽어가면서 a와 b를 결합하면 "ab의 0회 이상반복"이 되어버립니다(눈치채지 못했어도 걱정하지 마세요. 우리는 다음 단계를 구현하던 중에, 이 문제를 알아차렸습니다).

해결책은 각 정규 문자를 현재 단계에서 자체 리터럴로 취급하고 나중에 결합하는 것입니다. 이렇게 하면 ^와 $를 처리하기 위한 중첩된 if를 없앨 수 있게 됩니다.

```
const SIMPLE = {
    "*": "Any",
    "¦": "Alt",
    "(": "GroupStart",
    ")": "GroupEnd",
}

const tokenize = (text) => {
    const result = [];
    for (let i = 0; i < text.length; i += 1) {
        const c = text[i];
        if (c in SIMPLE) {
            result.push({ kind: SIMPLE[c], loc: i })
        } else if (c === "^" && i === 0) {
            result.push({ kind: "Start", loc: i })
        } else if (c === "$" && i === text.length - 1) {
            result.push({ kind: "End", loc: i })
        } else {
            result.push({ kind: "Lit", loc: i, value: c })
        }
    }
    return result
}

export default tokenize
```

소프트웨어는 테스트가 완료될 때까지 완성되지 않으므로 토큰화 도구에 대한 몇 가지 Mocha 테스트를
만들겠습니다. 다음 목록은 몇 가지 테스트와 전체 세트에 대한 출력을 보여줍니다.

```
import assert from 'assert'
import tokenize from '../tokenizer.js'

describe('tokenizes correctly', async () => {

    it('tokenizes a single character', () => {
        assert.deepStrictEqual(tokenize('a'), [
            { kind: 'Lit', value: 'a', loc: 0 }
        ])
    })

    it('tokenizes a sequence of characters', () => {
        assert.deepStrictEqual(tokenize('ab'), [
            { kind: 'Lit', value: 'a', loc: 0 },
            { kind: 'Lit', value: 'b', loc: 1 }
        ])
    })

    it('tokenizes start anchor alone', () => {
        assert.deepStrictEqual(tokenize('^'), [
            { kind: 'Start', loc: 0 }
        ])
    })
    it('tokenizes start anchor followed by characters', () => {
        assert.deepStrictEqual(tokenize('^a'), [
            { kind: 'Start', loc: 0 },
            { kind: 'Lit', value: 'a', loc: 1 }
        ])
    })

    it('tokenizes a complex expression', () => {
        assert.deepStrictEqual(tokenize('^a*(bcd|e^)*f$gh$'), [
            { kind: 'Start', loc: 0 },
            { kind: 'Lit', loc: 1, value: 'a' },
            { kind: 'Any', loc: 2 },
            { kind: 'GroupStart', loc: 3 },
            { kind: 'Lit', loc: 4, value: 'b' },
            { kind: 'Lit', loc: 5, value: 'c' },
            { kind: 'Lit', loc: 6, value: 'd' },
            { kind: 'Alt', loc: 7 },
            { kind: 'Lit', loc: 8, value: 'e' },
            { kind: 'Lit', loc: 9, value: '^' },
            { kind: 'GroupEnd', loc: 10 },
            { kind: 'Any', loc: 11 },
```

```
            { kind: 'Lit', loc: 12, value: 'f' },
            { kind: 'Lit', loc: 13, value: '$' },
            { kind: 'Lit', loc: 14, value: 'g' },
            { kind: 'Lit', loc: 15, value: 'h' },
            { kind: 'End', loc: 16 }
        ])
    })
})
```

```
> stjs@1.0.0 test /u/stjs
> mocha */test/test-*.js "-g" "tokenizes correctly" tokenizes correctly
X tokenizes a single character
X tokenizes a sequence of characters
X tokenizes start anchor alone
X tokenizes start anchor followed by characters
X tokenizes circumflex not at start
X tokenizes start anchor alone
X tokenizes end anchor preceded by characters
X tokenizes dollar sign not at end
X tokenizes repetition alone
X tokenizes repetition in string
X tokenizes repetition at end of string
X tokenizes alternation alone
X tokenizes alternation in string
X tokenizes alternation at start of string
X tokenizes the start of a group alone
X tokenizes the start of a group in a string
X tokenizes the end of a group alone
X tokenizes the end of a group at the end of a string X tokenizes a complex expression
19 passing (12ms)
```

이제 우리는 토큰 목록이 생겼지만, 괄호로 인한 중첩과 *가 그 앞에 오는 모든 항목에 적용되는 방식을 반영할 수 있는 트리가 필요합니다. 트리를 만드는 방법을 알아보기 위해 몇 가지 사례를 추적해 보겠습니다.

1. 정규 표현식이 /a/인 경우. a에 대한 Lit 토큰을 생성합니다("생성"이라는 말은 "결과 목록에 추가"를 의미합니다).
2. 정규 표현식이 /a*/인 경우 어떻게 될까요? 먼저 a에 대한 Lit 토큰을 생성하고 결과 목록에 추가합니다. *를 만나면, 결과 목록의 끝에서 Lit 토큰을 빼내고, Lit 토큰을 자식으로 가지는 Any 토큰으로 대체합니다.
3. 다음으로 생각해볼 실험은 /(ab)/입니다. (를 볼 때, 그룹이 얼마나 길어질지 모르기 때문에 (를 마커로 사용하여 결과에 추가합니다. 그런 다음 a와 b에 대한 Lit 토큰을)를 만날 때까지 추가합니다.)를 만나면, 결과 목록의 끝에서 (마커에 도달할 때까지 토큰을 빼내어 일시적으로 수집한 모든 것을 Group 토큰으로 묶어서 출력 목록에 추가합니다. 이 알고리즘은 자동으로 /(a*)/ 및 /(a(b*)c)/를 처리합니다.
4. /a|b/는 어떤가요?. 'a'에 대한 Lit 토큰을 추가하고 '|'를 만나면 일시적인 어려움에 직면합니다. 아직 ' Alt를 완성하는데 필요한 다음 토큰이 없기 때문입니다.

이 문제를 해결하는 한 가지 방법은 새 토큰을 추가할 때마다 스택 맨 위에 있는 항목이 조합을 기다리는지 확인하는 것입니다. 그러나 이 방법은 /a|b*/를 올바르게 처리하지 못합니다. 이 패턴은 "하나의 a 또는 여러 개의 b"를 의미하는 것이지만, 확인 및 결합^{check-and-combine} 전략은 이를 /(a|b)*/와 동등한 형태로 변환시킬 것입니다.

더 나은(즉, 올바른) 해결책은 일부 부분적으로 완료된 토큰을 결과에 남겨두고 나중에 압축하는 것입니다(그림 8.2 참조). 입력이 /a|b/인 경우 다음과 같이 해결할 수 있습니다.

1. a에 대한 Lit 토큰을 추가합니다.
2. |를 볼 때, 해당 Lit 토큰을 Alt의 왼쪽 자식으로 만들고 오른쪽 자식을 채우지 않은 채로 추가합니다.
3. b에 대한 Lit 토큰을 추가합니다.
4. 모든 토큰이 처리된 후에 부분적으로 완료된 Alt 토큰을 찾아 그 뒤에 오는 것을 그들의 오른쪽 자식으로 만듭니다.

다시 말하면, 이는 자동으로 /(ab)|c*|(de)/와 같은 패턴을 처리합니다.

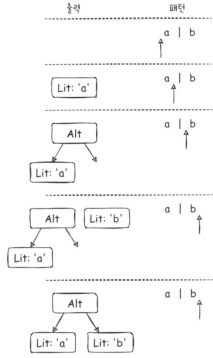

〈그림 8.2〉 정규 표현식을 파싱하면서 토큰을 결합하는 메커니즘

이제 이런 아이디어를 코드로 전환할 차례입니다. 파서의 주요 구조는 다음과 같습니다.

```
import assert from 'assert'

import tokenize from './tokenizer.js'

const parse = (text) => {
    const result = []
    const allTokens = tokenize(text)

    for (let i = 0; i < allTokens.length; i += 1) {
        const token = allTokens[i]
        const last = i === allTokens.length - 1
        handle(result, token, last)
    }
    return compress(result)
}

export default parse
```

몇 가지 어써선을 사용해서 패턴이 잘 형성되었는지 확인하면서 토큰을 경우에 따라 처리합니다.

```javascript
const handle = (result, token, last) => {
    if (token.kind === 'Lit') {
        result.push(token)
    } else if (token.kind === 'Start') {
        assert(result.length === 0,
            'Should not have start token after other tokens')
        result.push(token)
    } else if (token.kind === 'End') {
        assert(last,
            'Should not have end token before other tokens')
        result.push(token)
    } else if (token.kind === 'GroupStart') {
        result.push(token)
    } else if (token.kind === 'GroupEnd') {
        result.push(groupEnd(result, token))
    } else if (token.kind === 'Any') {
        assert(result.length > 0,
            `No operand for '*' (location ${token.loc})`)
        token.child = result.pop()
        result.push(token)
    } else if (token.kind === 'Alt') {
        assert(result.length > 0,
            `No operand for '*' (location ${token.loc})`)
        token.left = result.pop()
        token.right = null
        result.push(token)
    } else {
        assert(false, 'UNIMPLEMENTED')
    }
}
```

그룹의 끝을 나타내는)를 찾으면, 출력 목록의 끝에서부터 항목을 하나씩 꺼내서 시작 괄호와 만날 때까지 계속 수집해 그룹을 만듭니다.

```
const groupEnd = (result, token) => {
    const group = {
        kind: "Group",
        loc: null,
        end: token.loc,
        children: [],
    }
    while (true) {
        assert(
            result.length > 0,
            `Unmatched end parenthesis (location ${token.loc})`
        );
        const child = result.pop()
        if (child.kind === "GroupStart") {
            group.loc = child.loc;
            break;
        }
        group.children.unshift(child)
    }
    return group
}
```

마지막으로 입력이 끝나면 출력 목록을 마지막으로 한 번 더 검토해서 Alt의 오른쪽을 채웁니다.

```
const compress = (raw) => {
    const cooked = [];
    while (raw.length > 0) {
        const token = raw.pop()
        if (token.kind === "Alt") {
            assert(
                cooked.length > 0,
                `No right operand for alt (location ${token.loc})`
            )
            token.right = cooked.shift()
        }
        cooked.unshift(token);
    }
    return cooked
}
```

다시 한번 말씀드리지만, 테스트가 끝날 때까지는 완료된 것이 아닙니다.

```javascript
import assert from 'assert'
import parse from '../parser.js'

describe('parses correctly', async () => {
    it('parses the empty string', () => {
        ass
        ert.deepStrictEqual(parse(''), [])
    })
    it('parses a single literal', () => {
        assert.deepStrictEqual(parse('a'), [
            { kind: 'Lit', loc: 0, value: 'a' }
        ])
    })

    it('parses multiple literals', () => {
        assert.deepStrictEqual(parse('ab'), [
            { kind: 'Lit', loc: 0, value: 'a' },
            { kind: 'Lit', loc: 1, value: 'b' }
        ])
    })

    it('parses alt of groups', () => {
        assert.deepStrictEqual(parse('a¦(bc)'), [
            {
                kind: 'Alt',
                loc: 1,
                left: { kind: 'Lit', loc: 0, value: 'a' },
                right: {
                    kind: 'Group',
                    loc: 2,
                    end: 5,
                    children: [
                        { kind: 'Lit', loc: 3, value: 'b' },
                        { kind: 'Lit', loc: 4, value: 'c' }
                    ]
                }
            }
        ])
    })
})
```

```
> stjs@1.0.0 test /u/stjs
> mocha */test/test-*.js "-g" "parses correctly"


parses correctly
X parses the empty string X parses a single literal
X parses multiple literals
X parses start anchors
X handles circumflex not at start
X parses end anchors
X parses circumflex not at start
X parses empty groups
X parses groups containing characters
X parses two groups containing characters
X parses any
X parses any of group
X parses alt
X parses alt of any
X parses alt of groups


15 passing (11ms)
```

파서의 최종 코드는 90줄이 안되지만, 여러 복잡한 작업을 수행하고 있습니다. 그러나 JSON 및 YAML 과 같은 것들을 파싱하는 파서와 비교하면 여전히 매우 간단합니다. 서로 다른 우선 순위를 갖는 더 많은 연산자가 필요한 경우, 차량 기지^{shunting-yard} 알고리즘[1]으로 전환해야 하며, 자바스크립트와 같은 언어를 처리해야 하는 경우 ANTLR[2]과 같은 도구를 사용해 언어를 파싱하기 위한 설명을 제공하면 파서를 자동으로 생성할 수 있습니다. 그러나 처음에 언급한 대로, 디자인이 파서를 작성하도록 요구한다면 더 나은 디자인을 고려해 보는 것이 좋습니다. CSV, JSON, YAML 및 기타 형식은 각자의 특이점[3]이 있지만, 적어도 어디서나 동일한 방식으로 작동합니다.

---

1   https://en.wikipedia.org/wiki/Shunting-yard_algorithm

2   https://www.antlr.org/

3   https://third-bit.com/2015/06/11/why-we-cant-have-nice-things/

CHAPTER 8 표현식 해석하기   149

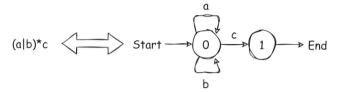

〈그림 8.3〉 정규 표현식에 해당하는 유한 상태 머신

NOTE **컴퓨팅의 한계**

컴퓨터 과학에서 가장 중요한 이론적 결과 중 하나는 모든 형식 언어가 추상적인 형태의 기계와 대응되며 그 역도 성립한다는 것입니다. 또한 어떤 언어나 기계들이 다른 것들보다 더 강력하거나 약할 수 있습니다. 예를 들어, 모든 정규식은 그림 8.3과 같은 유한 상태 머신(FSM)에 해당합니다. FSM은 매우 강력해도 중첩된 괄호나 HTML 태그와 같은 것은 일치시킬 수 없으며, 그렇게 하려고 시도하는 것은 잘못된 접근입니다. 시스템에 스택을 추가하면 더 풍부한 언어 집합을 처리할 수 있고, 스택을 두 개 추가하면 모든 가능한 계산을 수행할 수 있는 튜링 머신과 동등한 시스템이 됩니다. [Conery2021]는 스스로 공부하는 개발자들에게 유용한 다양한 개념과 정보를 제공합니다.

연습

| 객체 생성

파서를 수정해서 RegexBase에서 파생된 클래스의 인스턴스를 반환하도록 만들어 보세요.

| 이스케이프 문자

파서를 수정해서 이스케이프 문자를 처리하도록 만들어 보세요(예: *은 "별표 리터럴"로 해석되고 \\는 "백슬래시 리터럴"로 해석됩니다).

| 게으른 매치

파서를 수정해서 *?가 "게으른 매치로 0 또는 그 이상 매치"를 의미하는 단일 토큰으로 해석되도록 만들어 보세요.

| 문자 집합

파서를 수정해서 [xyz]와 같은 표현식이 "x, y 또는 z 문자 중 하나와 매치"라는 의미하도록 만들어 보세요.

| 역 참조

\1, \2 등을 "역 참조"의 의미로 인식하도록 tokenizer를 수정합니다. 숫자^{number}는 수^{digit}를 얼마든지 포함할 수 있습니다.

| 명명된 그룹

1. tokenizer를 수정해서 명명된 그룹$^{named\ group}$을 인식하도록 만들어보세요. 예를 들어, /(?〈triple〉aaa)/은 연속적으로 세 번 반복되는 'a'와 정확히 일치하는 triple이라는 명명된 그룹을 생성합니다.

2. 수정된 tokenizer에 대한 Mocha 테스트를 작성합니다. 중첩 명명된 그룹을 처리해야 할까요?

| 객체 스트림

빈 줄로 구분된 키-값 쌍의 파일을 객체로 변환하는 파서를 작성하세요. 예를 들어, 입력이 다음과 같을 때,

```
left: "left value"
first: 1

middle: "middle value"
```

```
    second: 2

    right: "right value"
    third: 3
```

출력은 다음과 같습니다.

```
[
    {left: "left value", first: 1},
    {middle: "middle value", second: 2},
    {right: "right value", third: 3}
]
```

키는 항상 대문자와 소문자이며, 값은 인용부호로 묶인 문자열이거나 인용부호가 없는 숫자일 수 있습니다.

HTML 토큰화

1. 다음의 HTML 하위 집합에 대한 토크나이저를 작성하세요.

   • 속성이 없는 여는 태그, 예를 들면 〈div〉 및 〈p〉

   • 닫는 태그, 예를 들면 〈/p〉 및 〈/div〉

   • 태그 사이에 포함된 '〈 또는 '〉' 문자가 없는 플레인 텍스트

2. 토크나이저를 수정해서 여는 태그에서 key="value" 속성을 처리하도록 만들어 보세요.

3. 작성한 토크나이저에 대한 Mocha 테스트를 작성해 보세요.

차량기지 알고리즘

1. 차량기지^{Shunting-Yard} 알고리즘을 사용해서 다음을 포함하는 간단한 산술식에 대한 토크나이저를 구현하세요.

   • 한 글자 변수 이름

   • 한 자리 숫자

   • +, *, 및 ^ 연산자, 여기서 +가 가장 낮은 우선 순위를 가지고 ^가 가장 높은 우선 순위를 가집니다.

2. 작성한 토크나이저에 대한 Mocha 테스트를 작성해 보세요.

| 에러 처리

1. 정규 표현식 토크나이저는 /a(b/와 같이 맞지 않는 여는 괄호를 포함한 표현식에 대해 어떻게 작동하나요? 그리고 /ab)/와 같이 맞지 않는 닫는 괄호를 포함한 표현식에 대해 어떻게 작동하나요?

2. 더 유용한 에러 메시지를 생성하도록 토크나이저를 수정해 보세요.

페이지 템플릿

CHAPTER 9

모든 프로그램은 사용을 위한 문서가 필요하며, 이러한 문서를 보관하기에 가장 좋은 곳은 웹입니다. 페이지를 수작업으로 작성하고 업데이트하는 것은 시간이 많이 걸리고 특히 많은 부분이 동일한 경우 에러가 발생하기 쉬우므로 대부분의 문서 사이트에서는 템플릿에서 웹 페이지를 생성하는 일종의 **정적 사이트 생성기**를 사용합니다.

모든 **정적 사이트 생성기**의 핵심은 페이지 템플릿 시스템입니다. 지난 30년 동안 수천 개의 템플릿이 모든 인기 있는 프로그래밍 언어로 작성되었습니다(이 목적을 위해 만들어진 언어 중 하나는 PHP입니다). 이러한 시스템 대부분은 세 가지 디자인 중 하나를 사용합니다(그림 9.1).

1. 자바스크립트와 같은 언어의 명령어를 HTML 또는 마크다운과 혼합하면서, 어떤 부분이 명령어이고 어떤 부분이 있는 그대로 사용되어야 하는지를 나타내기 위한 일종의 마커를 사용합니다. 이 방식은 EJS[1]와 같은 도구에서 사용되는 방식입니다.

2. 지킬[2]과 같은 자체 명령어를 가진 작은 언어를 만들어 보세요(GitHub Pages[3]에서 사용됨). 작은 언어는 범용 언어보다 작고 안전하기 때문에 매력적이지만, 경험에 따르면 결국 범용 언어의 대부분의 기능을 가지게 된다는 것을 알 수 있습니다. 다시 말해 페이지의 어느 부분이 코드이고 어느 부분이 일반 텍스트인지 나타내기 위해 특정한 마커를 사용해야 합니다.

3. HTML의 특수한 명칭의 속성에 지시문을 넣습니다. 이 방법은 널리 사용되지는 않지만 페이지가 유효한 HTML이어서 특별한 파서가 필요하지 않습니다.

---

1   https://ejs.co/

2   https://jekyllrb.com/

3   https://pages.github.com/

이 장에서는 세 번째 전략을 사용해 간단한 페이지 템플릿 시스템을 구축하겠습니다. HTML을 파싱하고 DOM을 탐색하여 특별한 속성을 가진 노드를 찾아 각 페이지를 독립적으로 처리할 것입니다. 우리 프로그램은 해당 노드에서 명령어를 실행해서 루프와 if/else 문에 해당하는 작업을 수행하고, 다른 노드들은 그대로 복사해서 텍스트를 생성합니다.

EJS	Jekyll	Argon
`<ul>`	`<ul>`	`<ul z-loop="item:items">`
`<% items.forEach(item => { %>`	`{% for item in items %}`	`<li><span z-var="item"/></li>`
`<li><%- item.title %></li>`	`<li>{{ item.title }}</li>`	`</ul>`
`<% } %>`	`{% endfor %}`	
`</ul>`	`</ul>`	

〈그림 9.1〉 페이지 템플릿을 구현하는 세 가지 방법

9.1 우리의 템플릿 시스템에서 코드는 어떻게 보일까요?

먼저 템플릿 시스템이 만들어지면 코드가 어떻게 보일지를 결정해 봅시다. 문자열들의 배열을 HTML 목록으로 변환하고 싶다고 가정해 봅시다. 페이지는 다음과 같을 것입니다.

```html
<html>
    <body>
        <p>Expect three items</p>
        <ul z-loop="item:names">
            <li><span z-var="item" /></li>
        </ul>
    </body>
</html>
```

속성 z-loop는 도구에게 해당 노드의 내용을 반복하도록 알려줍니다. 루프 변수와 루프를 반복하는 컬렉션은 콜론으로 구분됩니다. 속성 z-var는 도구에게 변수의 값을 노드에 채우도록 알려줍니다.

우리의 도구가 이 페이지를 만들면, 결과물이 어떻게 생성되었는지에 대해 어떠한 흔적도 없는 표준 HTML이 만들어질 것입니다.

```
<html>
    <body style="font-size: 200%; margin-left: 0.5em">
        <p>Expect three items</p>
        <ul>
            <li><span>Johnson</span></li>
            <li><span>Vaughan</span></li>
            <li><span>Jackson</span></li>
        </ul>
    </body>
</html>
```

NOTE   인간이 읽기 쉬운 것과 기계가 읽기 쉬운 것

서론에서 페이지 템플릿을 위한 작은 언어들이 빠르게 추가 기능을 축적하기 시작한다고 언급했습니다. 이미 우리는 루프 변수와 루프 타깃을 하나의 속성에 넣고 그 속성을 분리함으로써 이 과정을 시작했습니다. 이렇게 함으로써 루프를 입력하기 쉽게 만들었지만, 표준 HTML 처리 도구에게 중요한 정보를 숨기게 됩니다. 이 도구들은 특정 엘리먼트^{element}의 특정 속성^{attribute}이 여러 값을 포함하거나 해당 값들을 콜론을 기준으로 문자열을 분할하여 추출해야 한다는 것을 알 수 없습니다. 대신에 사용자들에게 다음과 같이 두 개의 속성을 사용하도록 요구할 수 있습니다.

```
<ul z-loop="names" z-loop-var="item">
```

그러나 우리는 타이핑을 최소화하는 쪽으로 결정했습니다. 엄밀히 말하면 HTML5 사양을 준수하기 위해 속성을 z-* 대신 date-*라고 해야 하지만, 템플릿 처리가 끝날 때쯤에는 브라우저에 혼동을 줄 수 있는 z-* 속성은 남아 있지 않을 것입니다.

다음 단계는 템플릿을 채우기 위한 API를 정의하는 것입니다. 우리의 도구는 템플릿 자체, 출력을 작성할 위치, 그리고 확장에 사용할 몇 가지 변수가 필요합니다. 이러한 변수들은 환경 구성 파일에서 올 수도 있고 파일 자체의 YAML 헤더 또는 이 두 가지를 혼합하여 가져올 수 있지만, 일단은 그냥 객체 형태로 확장 함수에 전달하겠습니다.

```
const variables = {
    names: ['Johnson', 'Vaughan', 'Jackson']
}
```

```
const dom = readHtml('template.html')
const expander = new Expander(dom, variables)
expander.walk()

console.log(expander.result)
```

9.2 값을 어떻게 추적할 수 있을까요?

변수에 대해 언급할 때, 현재 값들을 추적할 방법이 필요합니다. "현재"라고 말하는 이유는 루프를 돌 때마다 루프 변수의 값이 변경되기 때문입니다. 또한 루프 내부에서 사용되는 변수와 외부에서 사용되는변수가 충돌하지 않도록 여러 세트의 변수를 유지해야 합니다(꼭 이렇게 할 필요는 없습니다. 하나의 전역 변수 집합을 사용해도 되지만, 경험상 모든 변수가 전역이면 모든 프로그램에 버그가 생길 수 있습니다).

변수를 관리하는 표준 방법은 lookup 테이블의 스택을 생성하는 것입니다. 각 **스택 프레임**은 이름과 값을 가진 객체로, 변수를 찾아야 할 때 스택 프레임을 순서대로 탐색해서 가장 위에 있는 해당 변수의 정의를 찾습니다.

NOTE 스코핑 규칙[4]

프로그램이 실행되는 동안 스택 프레임 단위로 스택을 검색하는 것을 동적 스코핑이라고 하는데 프로그램이 실행되는 동안 변수를 찾기 때문입니다. 이와 대조적으로 대부분의 프로그래밍 언어는 렉시컬 스코핑을 사용하며, 이는 프로그램 텍스트의 구조를 기반으로 변수 이름이 무엇을 나타내는지를 결정합니다.

실행 중인 프로그램의 값들을 가끔 "환경"이라고 부르기도 하므로 우리는 스택을 처리하는 클래스를 Env로 명명했습니다. 해당 메서드를 사용하면 새로운 스택 프레임을 푸시하거나 팝할 수 있으며, 변수의 이름을 제공하면 해당 변수를 찾을 수 있습니다. 변수를 찾을 수 없는 경우 **Env.find**는 예외를 던지는 대신 **undefined**를 반환합니다(그림 9.2 참조).

---

4   역주 동적 스코핑에서는 변수 x가 함수가 호출되는 시점에 찾아지지만, 렉시컬 스코핑에서 변수 x는 함수가 정의된 위치에서 찾아집니다.

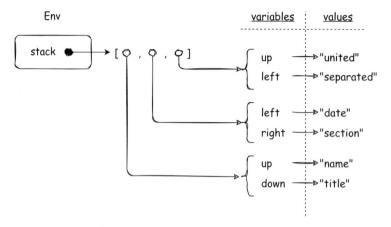

<그림 9.2> 변수를 관리하기 위한 스택 사용하기

```
class Env {
    constructor (initial) {
        this.stack = []
        this.push(Object.assign({}, initial))
    }

    push (frame) {
        this.stack.push(frame)
    }

    pop () {
        this.stack.pop()
    }

    find (name) {
        for (let i = this.stack.length - 1; i >= 0; i--) {
            if (name in this.stack[i]) {
                return this.stack[i][name]
            }
        }
        return undefined
    }

    toString () {
        return JSON.stringify(this.stack)
    }
}

export default Env
```

노드를 어떻게 처리할 수 있을까요?

HTML 페이지는 중첩 구조를 가지고 있으므로 **방문자**^{Visitor} 디자인 패턴을 사용해서 처리할 것입니다. Visitor의 생성자는 DOM 트리의 루트 노드를 인수로 받아 저장합니다. 값 없이 Visitor.walk를 호출하면 저장된 루트에서 재귀적으로 탐색을 시작하고, .walk에 값이 지정되면(재귀 호출 중일 때와 마찬가지로) 그 값을 대신 사용합니다.

```
import assert from 'assert'

class Visitor {
    constructor (root) {
        this.root = root
    }

    walk (node = null) {
        if (node === null) {
            node = this.root
        }
        if (this.open(node)) {
            node.children.forEach(child => {
                this.walk(child)
            })
        }
        this.close(node)
    }

    open (node) {
        assert(false,
            'Must implement "open"')
    }

    close (node) {
        assert(false,
            'Must implement "close"')
    }
}

export default Visitor
```

Visitor는 open과 close라는 두 가지 메서드를 정의합니다. 이 메서드들은 각각 노드에 처음 도착할 때와 해당 노드 처리가 완료될 때 호출됩니다(그림 9.3는 p 노드의 경우를 보여줍니다). 이러한 메서드들의 기본 구현은 파생 클래스의 생성자에 자신만의 버전을 구현하도록 만들기 위해 예외를 throw합니다.

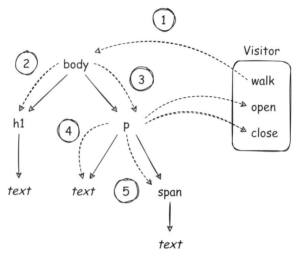

〈그림 9.3〉 페이지 템플릿을 평가하기 위해 방문자 패턴 사용하기

Expander 클래스는 변수를 추적하기 위해 Env를 사용하는 Visitor의 특수화된 버전입니다. 지원하는 각 특수 노드 유형에 대한 핸들러를 가져옵니다(곧 만들 것입니다). 그리고 이를 사용해서 각 유형의 노드들을 처리합니다.

1. 노드가 일반 텍스트인 경우 출력에 복사합니다.
2. 노드에 대한 핸들러가 있는 경우 핸들러의 open 또는 close 메서드를 호출합니다.
3. 그렇지 않은 경우 일반 태그를 열거나 닫습니다.

```
import assert from 'assert'

import Visitor from './visitor.js'
import Env from './env.js'

import z_if from './z-if.js'
import z_loop from './z-loop.js'
import z_num from './z-num.js'
import z_var from './z-var.js'
```

```
const HANDLERS = {
    'z-if': z_if,
    'z-loop': z_loop,
    'z-num': z_num,
    'z-var': z_var
}

class Expander extends Visitor {
    constructor (root, vars) {
        super(root)
        this.env = new Env(vars)
        this.handlers = HANDLERS
        this.result = []
    }

    open (node) {
        if (node.type === 'text') {
            this.output(node.data)
            return false
        } else if (this.hasHandler(node)) {
            return this.getHandler(node).open(this, node)
        } else {
            this.showTag(node, false)
            return true
        }
    }

    close (node) {
        if (node.type === 'text') {
            return
        }
        if (this.hasHandler(node)) {
            this.getHandler(node).close(this, node)
        } else {
            this.showTag(node, true)
        }
    }
}

export default Expander
```

특정 노드에 대해 핸들러가 있는지 확인하고, 해당 핸들러를 가져오는 것은 간단합니다. 노드의 속성을 살펴보기만 하면 됩니다.

```
hasHandler (node) {
    for (const name in node.attribs) {
        if (name in this.handlers) {
            return true
        }
    }
    return false
}


getHandler (node) {
    const possible = Object.keys(node.attribs)
                        .filter(name => name in this.handlers)
    assert(possible.length === 1,
        'Should be exactly one handler')
    return this.handlers[possible[0]]
}
```

마지막으로 태그를 표시하고 출력을 생성하기 위한 몇 가지 헬퍼 메서드가 필요합니다.

```
showTag (node, closing) {
    if (closing) {
        this.output(`</${node.name}>`)
        return
    }
    this.output(`<${node.name}`)
    if (node.name === 'body') {
        this.output(' style="font-size: 200%; margin-left: 0.5em"')
    }
    for (const name in node.attribs) {
        if (!name.startsWith('z-')) {
            this.output(` ${name}="${node.attribs[name]}"`)
        }
    }
    this.output('>')
}


output (text) {
    this.result.push((text === undefined) ? 'UNDEF' : text)
}
```

```
getResult () {
    return this.result.join('')
}
```

이 클래스는 문자열을 반복해서 연결하는 대신 배열에 문자열을 추가하고 마지막에 모두 조인한다는 점에 주목하세요. 이렇게 하면 배열의 각 문자열이 하나의 메서드 호출에 해당하므로 더 효율적이면서 디버깅에도 도움이 됩니다.

9.4   노드 핸들러는 어떻게 구현할까요?

지금까지 많은 인프라를 구축했지만 실제로 어떤 노드도 처리하지 않았습니다. 이를 위해 숫자 상수를 출력에 복사하는 핸들러를 작성해 보겠습니다.

```
export default {
    open: (expander, node) => {
        expander.showTag(node, false)
        expander.output(node.attribs['z-num'])
    },

    close: (expander, node) => {
        expander.showTag(node, true)
    }
}
```

〈span z-num="123"/〉과 같은 노드를 입력하면 이 핸들러는 expander에 여는 태그와 z-num 속성의 값을 표시하도록 요청합니다. 노드를 종료하면 핸들러는 expander에 태그를 닫으라고 요청합니다. 핸들러는 내용이 즉시 출력되는지, 출력 목록에 추가되는지, 아니면 다른 방식으로 출력되는지 알 수 없으며, 단지 이를 호출한 곳이 필요한 저수준 연산을 구현한다는 것만 알 뿐입니다.

유의할 점은 이 expander가 클래스가 아니라 open와 close 키에 저장된 두 개의 함수가 있는 객체라는 점입니다. 핸들러가 필요한 추가적인 상태를 저장할 수 있도록 각 핸들러에 클래스를 사용할 수도 있지만, 자바스크립트에서는 베어 객체(Bare object)가 일반적이고 유용합니다(뒤에서 클래스를 사용했어야 한다는 것을 살펴볼 예정입니다). 상수에 대해서는 이 정도로 하고, 변수에 대해서는 어떻게 할까요?

```
export default {
    open: (expander, node) => {
        expander.showTag(node, false)
        expander.output(expander.env.find(node.attribs['z-var']))
    },

    close: (expander, node) => {
        expander.showTag(node, true)
    }
}
```

이 코드는 이전 예제와 거의 동일합니다. 유일한 차이점은 속성의 값을 출력에 직접 복사하는 대신 환경 값을 조회하는 키로 사용한다는 점입니다.

이 두 쌍의 핸들러는 그럴듯해 보이지만 실제로 작동할까요? 이를 알아보기 위해 JSON 파일에서 변수 정의를 로드하고 HTML 템플릿을 읽은 다음 확장을 수행하는 프로그램을 작성해 보겠습니다.

```
import fs from "fs"
import htmlparser2 from "htmlparser2"

import Expander from "./expander.js"

const main = () => {
    const vars = readJSON(process.argv[2])
    const doc = readHtml(process.argv[3])
    const expander = new Expander(doc, vars)
    expander.walk()
    console.log(expander.getResult())
}

const readJSON = (filename) => {
    const text = fs.readFileSync(filename, "utf-8")
    return JSON.parse(text)
}

const readHtml = (filename) => {
    const text = fs.readFileSync(filename, "utf-8")
    return htmlparser2.parseDOM(text)[0]
}

main()
```

이 장을 작성하면서 테스트 케이스에 새로운 변수를 하나씩 추가했습니다. 텍스트가 반복되는 것을 피하기 위해 전체 세트를 한 번만 표시합니다.

```
{
    "firstVariable": "firstValue",
    "secondVariable": "secondValue",
    "variableName": "variableValue",
    "showThis": true,
    "doNotShowThis": false,
    "names": ["Johnson", "Vaughan", "Jackson"]
}
```

첫 번째 테스트를 해 봅시다. 정적 텍스트가 그대로 복사되나요(그림 9.4)?

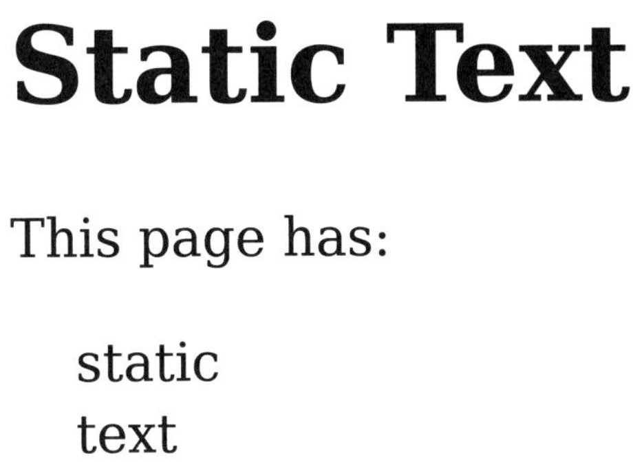

Static Text

This page has:

- static
- text

〈그림 9.4〉 페이지 템플릿에 의해 생성된 정적 텍스트

```
<html>
    <body>
        <h1>Static Text</h1>
        <p>This page has:</p>
        <ul>
            <li>static</li>
            <li>text</li>
        </ul>
    </body>
</html>
```

```
node template.js vars.json input-static-text.html
```

```
<html>
    <body style="font-size: 200%; margin-left: 0.5em">
        <h1>Static Text</h1>
        <p>This page has:</p>
        <ul>
            <li>static</li>
            <li>text</li>
        </ul>
    </body>
</html>
```

좋습니다. 이제 expander가 상수를 처리하는지 봅시다(그림 9.5).

```
<html>
    <body>
        <p><span z-num="123" /></p>
    </body>
</html>
```

```
<html>
    <body style="font-size: 200%; margin-left: 0.5em">
        <p><span>123</span></p>
    </body>
</html>
```

123

⟨그림 9.5⟩ 페이지 템플릿에 의해 생성된 단일 상수

변수는 어떨까요(그림 9.6)?

```
<html>
    <body>
        <p><span z-var="variableName" /></p>
    </body>
</html>
```

```
<html>
    <body style="font-size: 200%; margin-left: 0.5em">
        <p><span>variableValue</span></p>
    </body>
</html>
```

variableValue

<그림 9.6> 페이지 템플릿에 의해 생성된 단일 변수

여러 변수가 포함된 페이지는 어떨까요? 변수가 하나뿐인 경우 문제가 없다면 실패할 이유는 없지만, 소프트웨어는 테스트가 완료될 때까지 완성된 것이 아니므로 여전히 확인해야 합니다(그림 9.7).

```
<html>
    <body>
        <p><span z-var="firstVariable" /></p>
        <p><span z-var="secondVariable" /></p>
    </body>
</html>
```

```
<html>
    <body style="font-size: 200%; margin-left: 0.5em">
        <p><span>firstValue</span></p>
        <p><span>secondValue</span></p>
    </body>
</html>
```

firstValue

secondValue

<그림 9.7> 페이지 템플릿에 의해 생성된 여러 변수

우리 도구는 두 가지 유형의 제어 흐름, 즉 조건식과 루프를 지원합니다. and 및 or와 같은 부울 표현식을 지원하지 않기 때문에 조건문을 구현하는 것은 변수를 조회하고 값이 true이면 해당 요소를 표시하는 것으로 간단합니다.

```
export default {
    open: (expander, node) => {
        const doRest = expander.env.find(node.attribs['z-if'])
        if (doRest) {
            expander.showTag(node, false)
        }
        return doRest
    },

    close: (expander, node) => {
        if (expander.env.find(node.attribs['z-if'])) {
            expander.showTag(node, true)
        }
    }
}
```

테스트해 보겠습니다(그림 9.8).

```
<html>
    <body>
        <p z-if="showThis">This should be shown.</p>
        <p z-if="doNotShowThis">This should <em>not</em> be shown.</p>
    </body>
</html>
```

```
<html>
    <body style="font-size: 200%; margin-left: 0.5em">
        <p>This should be shown.</p>

    </body>
</html>
```

This should be shown.

〈그림 9.8〉 페이지 템플릿에서 생성된 조건부 텍스트

`NOTE` **버그 찾기**

if의 open 및 close 함수는 둘 다 제어 변수의 값을 확인합니다. if의 처리 중에 해당 변수의 값이 변경되면 매칭되는 닫는 태그 없이 여는 태그를 생성할 수 있습니다. 우리는 아직 해당 변수에 대한 값 할당을 구현하지 않았으므로 지금은 그럴 일이 없지만 나중에 추가하면 신경 쓰이는 문제가 될 수 있습니다.

마지막으로 루프에 도달했습니다. 여기서는 환경에서 루핑할 배열을 가져와서 각 요소에 대해 어떤 작업을 합니다. 그 "작업"은 다음과 같습니다.

1. 루프 변수의 현재 값을 저장하는 새로운 스택 프레임을 만듭니다.
2. 해당 스택 프레임을 사용해서 노드의 모든 자식을 확장합니다.
3. 임시 변수를 제거하기 위해 스택 프레임을 pop합니다.

```
export default {
    open: (expander, node) => {
        const [indexName, targetName] = node.attribs['z-loop'].split(':')
        delete node.attribs['z-loop']
        expander.showTag(node, false)
        const target = expander.env.find(targetName)
        for (const index of target) {
            expander.env.push({ [indexName]: index })
            node.children.forEach(child => expander.walk(child))
            expander.env.pop()
        }
        return false
```

```
        },

        close: (expander, node) => {
            expander.showTag(node, true)
        }
    }
```

다시 한 번 말하지만, 테스트를 하기 전까지는 완성된 것이 아닙니다(그림 9.9).

```
<html>
    <body>
        <p>Expect three items</p>
        <ul z-loop="item:names">
            <li><span z-var="item" /></li>
        </ul>
    </body>
</html>
```

```
<html>
    <body style="font-size: 200%; margin-left: 0.5em">
        <p>Expect three items</p>
        <ul>
            <li><span>Johnson</span></li>

            <li><span>Vaughan</span></li>

            <li><span>Jackson</span></li>
        </ul>
    </body>
</html>
```

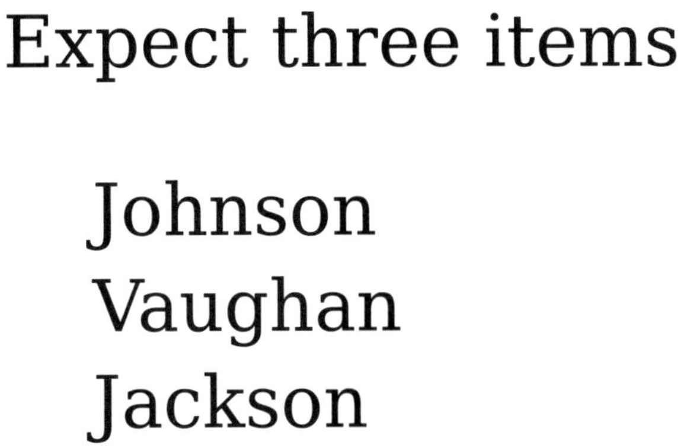

Expect three items

Johnson
Vaughan
Jackson

〈그림 9.9〉 페이지 템플릿에서 루프를 사용해서 생성된 반복 텍스트

다음 코드를 사용해서 새로운 스택 프레임을 만드는 방법에 주목하세요.

```
{ [indexName]: index }
```

위 방법은 지저분하지만 유용한 트릭입니다. 다음과 같이 작성할 수는 없습니다.

```
{ indexName: index }
```

왜냐하면, indexName 변수 값을 키로 하는 객체가 아니라 indexName 문자열을 키로 하는 객체가 생성되기 때문에 쓸 수 없습니다. 다음과 같이 작성할 수도 없습니다.

```
{ `${ indexName }`: index }
```

비록 가능해 보여도 실제로는 할 수 없습니다. 대신 원하는 문자열을 포함한 배열을 만듭니다. 자바스크립트는 필요할 때 요소들을 연결해서 배열을 문자열로 자동 변환하므로, 이 표현식을 사용하면 동일한 효과를 빠르게 얻을 수 있습니다.

```
const temp = {}
temp[indexName] = index
expander.env.push(temp)
```

하지만 위 세 줄이 훨씬 이해하기 쉽기 때문에, 과도한 트릭을 쓰는 것은 그리 좋지 않습니다.

우리는 방금 간단한 프로그래밍 언어를 구현했습니다. 연산은 할 수 없지만 다음과 같은 태그를 추가하고 싶다고 가정해 보겠습니다.

```
<span z-math="+"><span z-var="width"/><span z-num="1"//>
```

이런 식으로 태그를 사용해서 만들어지는 결과를 사용하는 경우는 거의 없을 것입니다. width+1을 입력하는 것이 결과를 사용하는 것보다 훨씬 더 편리하기 때문에 사람들은 다른 선택지가 없는 경우를 제외하고는 사용하지 않을 것입니다. 하지만 기본적인 디자인은 구현되어 있습니다.

8장의 파싱 알고리즘을 개발했던 것처럼 우리는 이 중 어떤 것도 처음부터 개발하지 않았습니다. 대신 다른 프로그래머들이 작성한 내용을 읽고 그 핵심 아이디어를 이해하려고 노력했습니다.

문제는 '이해'가 우리가 누구인지에 따라 달라진다는 것입니다. 저수준 언어를 사용할 때는 미세한 단계를 보다 의미 있는 것으로 조립하는 인지적 부하가 발생합니다. 반면에 고수준 언어를 사용할 때는 함수의 함수(또는 객체 팩토리에서 템플릿화된 메타 클래스)를 데이터에 대한 실제 작업으로 변환하는 비슷한 부하가 발생합니다.

숙련된 프로그래머일수록 곡선 양 끝 모두에서 더 나은 능력을 발휘하지만, 다른 면에서도 많은 변화가 일어납니다. 초보자의 이해 곡선이 그림 9.10의 아래 곡선처럼 보인다면 전문가의 것은 위쪽과 같습니다. 전문가들은 추상화 수준에서 모든 것을 더 잘 이해할 뿐만 아니라 선호하는 수준도 각자의 경험과 지식 수준에 따라 달라지는데, 초보자에게는 난이도가 높은 표현이라도, 전문가 프로그래머에게는 더 이해하기 쉽고 익숙한 표현일 수 있습니다.

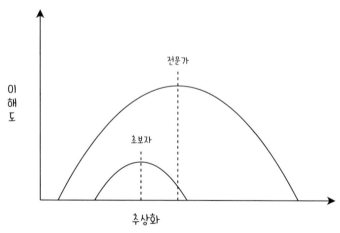

〈그림 9.10〉 초보자와 전문가의 이해도 곡선

이것은 특정 작업에 대해 초보자가 가장 빨리 이해할 수 있는 소프트웨어와 전문가가 가장 빨리 이해할 수 있는 소프트웨어가 다를 수 있다는 것을 의미합니다. 이상적인 세계에서는 도구가 자동으로 프로그램을 다양한 수준으로 다시 표현할 수 있어서, 버튼 클릭 한 번으로 다음과 같이 코드를 어느 쪽으로도 볼 수 있게 될 것입니다.

```
const hosts = links.map(a => a.href.split(':')[1].split('/')[2]).unique()
```

또는,

```
hosts = []
for (each a in links) do
    temp <- attr(a, 'href').split(':')[1].split('/')[2]
    if (not (temp in hosts)) do
        hosts.append(temp)
    end
end
```

구문 강조에 사용되는 색상이나 루프 본문의 들여쓰기의 깊이를 변경할 수 있는 것처럼 말이죠. 하지만 오늘날의 도구는 그렇지 않은데, 이해도 수준을 자동으로 변환할 수 있을 만큼 똑똑한 도구라면 우리의 도움 없이도 코드를 작성할 수 있을 만큼 똑똑할 것입니다.

| 프로그램 실행 추적

디버깅을 위해 현재 변수 값을 console.error로 출력하는 지시문 〈span z-trace="variable"/〉을 추가하세요.

| 유닛 테스트

Mocha를 사용하여 템플릿 확장*expansion*에 대한 유닛 테스트를 작성하세요.

| 텍스트 다듬기

모든 지시문을 수정하여 추가 옵션 속성 z-trim="true"을 받도록 하세요. 이 속성이 설정되면 지시문의 확장에서 선행 및 후행 공백이 제거됩니다.

| 리터럴 텍스트

포함된 지시문을 해석하거나 확장하지 않고 포함된 텍스트를 그대로 복사하는 〈div z-literal="true"〉...〈/div〉 지시문을 추가하세요(이와 같은 지시문은 템플릿 확장기에 대한 문서를 작성할 때 필요합니다).

| 다른 파일 포함하기

1. 다른 파일을 처리 중인 파일에 포함하는 <div z-include="filename.html"/> 지시문을 추가하세요.

2. 포함된 파일을 처리하고 결과를 포함 파일에 복사해야 할까요, 아니면 텍스트를 복사한 다음 처리해야 할까요? 변수를 평가하는 방식에 어떤 차이가 있을까요?

| HTML 스니펫

변수에 텍스트를 저장하여 나중에 표시할 수 있도록 하는 〈div z-snippet="variable"〉...〈/div〉 지시문을 추가하세요. 예를 들어,

```
<html>
<body>
    <div z-snippet="prefix"><strong>Important:</strong></div>
    <p>Expect three items</p>
    <ul>
        <li z-loop="item:names">
            <span z-var="prefix"><span z-var="item"/>
        </li>
    </ul>
```

```
    </body>
</html>
```

위의 예제는 목록에서 각 항목 앞에 볼드체로 "Important:"라는 단어를 출력합니다.

| YAML 헤더

페이지에서 정의된 YAML 헤더의 변수를 처리할 수 있도록 템플릿 확장기를 수정하세요. 예를 들어, 페이지가 다음과 같은 경우

```
--name: "Dorothy Johnson Vaughan" ---
<html>
    <body>
        <p><span z-var="name"/></p>
    </body>
</html>
```

주어진 이름name을 가진 단락을 생성합니다.

| 모든 파일 확장하기

두 개의 디렉터리 이름을 명령행 인수로 받아 첫 번째 디렉터리에서 발견된 HTML 파일 또는 첫 번째 디렉터리의 하위 디렉터리에서 발견된 HTML 파일을 모두 확장하여 두 번째 디렉터리에 웹사이트를 구축하는 expand-all.js 프로그램을 작성하세요.

| 루프 카운팅

현재 반복 인덱스를 indexName에 넣어 0부터 변수 limitName의 값까지 반복하는 〈div z-index="indexName" z-limit="limitName"〉…〈/div〉 지시문을 추가하세요.

보조 함수

1. Expander를 수정해서 명명된 함수가 하나 이상 포함된 auxiliaries라는 이름의 추가적인 인수를
   사용하도록 하세요.

```
const expander = new Expander (root , vars , {
    max : Math.max ,
    trim : (x) => x. trim ()
})
```

2. 지시문 〈span z-call="functionName" z-args="var,var"/〉를 추가하세요. 이는 auxiliaries에서 함
   수를 찾아 지정된 변수를 인수로 사용해서 호출합니다.

10 빌드 매니저

CHAPTER

페이지 템플릿 시스템을 사용해서 웹사이트를 만든다고 가정해 봅시다(9장). 페이지 하나를 변경하면 도구가 해당 페이지만 새로 작성해야 하며, 다른 페이지를 작성하는데 시간을 낭비해서는 안 됩니다. 반면에 템플릿을 변경하면 도구는 사이트의 모든 페이지가 잠재적으로 영향을 받을 수 있음을 인식하고 모든 페이지를 자동으로 다시 작성해야 합니다.

파일이 서로 의존하는 방식에 따라 취할 조치를 선택하는 것은 일반적인 패턴입니다. 예를 들어, C나 자바와 같은 **컴파일 언어**로 된 프로그램은 실행하기 전에 저수준 형식으로 번역해야 합니다. 실제로 번역에는 보통 두 단계가 있는데, 각 소스 파일을 중간 형태로 컴파일한 다음 컴파일된 모듈들과 라이브러리를 **링크**해서 실행 가능한 프로그램을 만드는 것입니다(그림 10.1). 소스 파일이 변경되지 않았다면 링크하기 전에 다시 컴파일할 필요가 없습니다.

빌드 매니저는 무엇이 어떤 것에 의존하는지에 관한 설명을 받고, 어떤 파일이 오래되었는지를 판단하며, 재빌드할 순서를 결정한 다음 필요한 단계를 실행하는 도구입니다. 빌드 매니저는 원래 컴파일을 관리하기 위해 만들어졌지만, 자바스크립트와 같은 **인터프리터 언어**로 작성된 프로그램에서도 여러 모듈을 하나의 로드 가능한 파일로 묶거나(17장) 소스 코드에서 문서를 다시 만들 때(16장) 유용하게 사용할 수 있습니다. 이 장에서는 Make[1], Bajel[2], Jake[3] 및 [Smith2011]에서 설명한 기타 시스템을 기반으로 간단한 빌드 매니저를 만들어 보겠습니다.

---

1   https://www.gnu.org/software/make/

2   https://www.npmjs.com/package/bajel

3   https://jakejs.com/

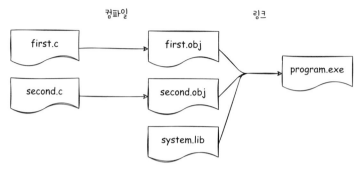
〈그림 10.1〉 소스 파일을 컴파일하고 결과 모듈을 링크하는 과정

10.1 빌드 매니저에는 어떤 내용이 있나요?

빌드 매니저에 대한 입력은 다음과 같은 특징을 가지고 있는 규칙들입니다.

- 업데이트할 파일인 **타깃**^{target}
- 해당 파일의 **의존성**^{dependencies}
- 타깃이 의존성에 비해 오래되었을 때 타깃을 업데이트하는 방법을 지정하는 **레시피**^{recipe}

한 규칙의 타깃은 다른 규칙의 의존성이 될 수 있으므로 파일 간의 관계는 **유향 비순환 그래프**(DAG^{Directed Acyclic Graph})를 형성합니다(그림 10.2). 그래프는 "A는 B에 의존한다"는 단방향 관계이기 때문에 방향성이 있습니다. 또한 순환(또는 루프)을 포함할 수 없습니다. 왜냐하면 무언가가 자기 자신에게 의존하면 결코 업데이트를 완료할 수 없기 때문입니다. 타깃이 의존성 중 하나보다 오래되었으면 해당 타깃은 "**오래되었다**"고 말합니다. 이런 경우 레시피를 사용해서 타깃을 최신 상태로 업데이트합니다.

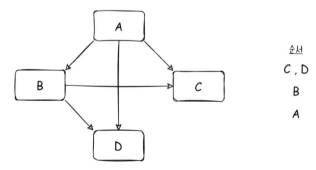
〈그림 10.2〉 빌드 매니저가 종속성을 찾아내는 방법

빌드 매니저는 다음을 수행해야 합니다.

1. 규칙을 포함한 파일을 읽기
2. 의존성 그래프를 생성하기
3. 어떤 타깃이 오래되었는지 확인하기
4. 타깃 빌드 전에 해당 타깃에 종속된 항목들을 먼저 빌드하기

NOTE **위상 정렬**

그래프의 위상 정렬은 모든 노드가 자신의 모든 종속성 뒤에 오도록 노드를 배열합니다. 예를 들어, A
가 B와 C에 모두 의존한다면 (B, C, A)와 (C, B, A)는 모두 그래프의 유효한 위상 정렬입니다.

10.2 어디서부터 시작할까요?

다음과 같은 YAML 파일에 규칙을 저장하겠습니다.

```
- target : A
  depends :
    - B
    - C
  recipes :
    - " update A from B and C"
- target : B
  depends :
    - C
  recipes :
    - " update B from C"
- target : C
  depends : []
  recipes : []
```

JSON은 사용할 수도 있지만, CSV를 사용하는 것은 합리적이지 않습니다. 우리의 규칙은 중첩된 구조를
가지고 있는데, CSV는 중첩을 매끄럽게 표현하지 못하기 때문입니다.

빌드 매니저를 단계적으로 만들 예정이기 때문에, 먼저 간단한 드라이버를 작성하겠습니다. 이 드라이버는 자바스크립트 소스 파일을 로드하고, 해당 파일이 내보내는^{exports} 클래스의 객체를 생성하며, 커맨드 라인의 나머지 매개변수들을 가지고 해당 객체의 build 메서드를 실행합니다.

```javascript
const main = async () => {
    const BuilderClass = (await import(process.argv[2])).default
    const builder = new BuilderClass(...process.argv.slice(3))
    try {
        builder.build()
    } catch (err) {
        console.error("Build failed:", err)
    }
}

main()
```

4장에서도 파일을 동적으로 로드하는 데 import 함수를 사용했습니다. 여기서는 코드를 간소화하는 데 도움이 됩니다. 뒤에 소개할 장에서는 이 범용 드라이버의 아이디어를 큰 프로그램에서도 사용할 것입니다.

드라이버로 작업하려면 빌드 매니저의 각 버전은 다음 두 가지 요구 사항을 충족하는 클래스여야 합니다.

1. 생성자가 환경 설정 파일을 인자로 받아들여야 합니다.
2. 인수가 필요 없는 build 메서드를 제공해야 합니다.

build 메서드는 환경 설정 파일에서 그래프를 생성하고, 순환이 존재하지 않는지 확인한 다음 오래된 타깃을 업데이트하는 데 필요한 명령을 실행해야 합니다. 9장에서 일반 Visitor 클래스를 만든 것처럼, 실제로 세부 동작을 구현하지 않고도 이러한 단계를 순서대로 수행하는, 빌드 매니저를 위한 일반화된 기본적인 클래스를 만들 수 있습니다.

```javascript
import assert from "assert";

class SkeletonBuilder {
    constructor(configFile) {
        this.configFile = configFile;
    }

    build() {
        this.loadConfig();
        this.buildGraph();
        this.checkCycles();
        this.run();
```

```
    }

    loadConfig() {
        assert(false, "not implemented ");
    }

    buildGraph() {
        assert(false, "not implemented ");
    }

    checkCycles() {
        assert(false, "not implemented ");
    }

    run() {
        assert.fail(" run method not implemented ");
    }
}

export default SkeletonBuilder;
```

이것은 **템플릿 메서드** 디자인 패턴의 한 예로, 부모 클래스가 단계의 순서를 정의하고 자식 클래스가 이를 구현하는 방식입니다(그림 10.3). 이 디자인 패턴은 경우에 따라 세부적인 방법은 다르더라도 모든 자식이 동일한 작업을 동일한 순서로 수행할 것을 보장합니다.

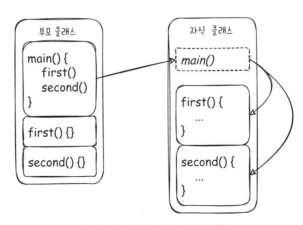

〈그림 10.3〉 템플릿 메서드 패턴의 동작

일반적으로 build 메서드에 필요한 모든 메서드를 한 번에 구현하지만, 여기서는 더 쉽게 따라갈 수 있도록 코드를 하나씩 작성하며 발전시켜 나가겠습니다. loadConfig 메서드는 빌더 객체가 생성될 때 환경 설정 파일을 로드합니다.

```
import assert from "assert"
import fs from "fs"
import yaml from "js-yaml"

import SkeletonBuilder from "./skeleton-builder.js"

class ConfigLoader extends SkeletonBuilder {
    loadConfig() {
        this.config = yaml.SafeLoad(fs.readFileSync(this.configFile, "utf-8"));
        assert(Array.isArray(this.config), "Configuration must be array")
        this.config.forEach((rule) => {
            assert(
                "target" in rule && typeof rule.target === "string",
                `Rule ${JSON.stringify(rule)} does not string as 'target'`
            )
            assert(
                "depends" in rule &&
                Array.isArray(rule.depends) &&
                rule.depends.every((dep) => typeof dep === "string"),
                `Bad 'depends' for rule ${JSON.stringify(rule)}`
            )
            assert(
                "recipes" in rule &&
                    Array.isArray(rule.recipes) &&
                    rule.recipes.every((recipe) => typeof recipe === "string"),
                `Bad 'recipes' for rule ${JSON.stringify(rule)}`
            )
        })
    }
}

export default ConfigLoader;
```

첫 번째 줄은 로드를 수행하고, 나머지 메서드는 로드된 규칙들이 최소한의 형태를 갖추고 있는지 확인합니다. 이런 검사가 필요한 이유는 YAML이 규칙 구성의 추가 요건에 대해 전혀 알지 못하는 일반적인 파일 형식이기 때문입니다. 그리고 3장에서 처음 살펴본 것처럼 자바스크립트가 바이트를 텍스트로 변환하는 방법을 알 수 있도록 파일의 문자 인코딩을 UTF-8로 지정해야 합니다.

다음 단계는 메모리 내에서 환경 설정을 그래프로 변환하는 것입니다. 그래프에 대한 자체적인 클래스를 작성하는 대신 graphlib[4] 모듈을 사용해서 노드와 링크를 관리하고 노드에 해당 노드를 다시 빌드할 레시

---

4   https://www.npmjs.com/package/graphlib

피를 저장합니다. graphlib의 두 가지 기능 중 우리가 이해하는데 조금 시간이 들었던 것은 다음과 같습니다.

1. 링크는 의존성에서 타깃을 향한다는 것
2. setEdge는 필요한 노드가 아직 존재하지 않는 경우, 노드를 자동으로 추가한다는 것

graphlib는 순환을 확인하는 알고리즘을 포함해 몇 가지 일반적인 그래프 알고리즘의 구현을 제공하므로 이 시점에서 해당 메서드도 작성하는 것이 좋습니다.

```
import assert from 'assert'
import graphlib from '@dagrejs/graphlib'
import ConfigLoader from './config-loader.js'

class GraphCreator extends ConfigLoader {
    buildGraph () {
        this.graph = new graphlib.Graph()
        this.config.forEach(rule => {
            this.graph.setNode(rule.target, {
                recipes: rule.recipes
            })
            rule.depends.forEach(dep => this.graph.setEdge(dep, rule.target))
        })
    }
    checkCycles () { const cycles = graphlib.alg.findCycles(this.graph)
            assert.strictEqual(cycles.length, 0,
            `Dependency graph contains cycles ${cycles}`)
    }
}

export default GraphCreator
```

이제 실행 시 환경 설정을 표시하고 다른 작업은 수행하지 않는 클래스를 만들 수 있습니다.

```
import graphlib from '@dagrejs/graphlib'
import GraphCreator from './graph-creator.js'

class DisplayOnly extends GraphCreator {
    run () {
        console.log('Graph')
        console.log(graphlib.json.write(this.graph))
        console.log('Sorted')
        console.log(graphlib.alg.topsort(this.graph))
```

```
        }
    }

export default DisplayOnly
```

세 가지 간단한 규칙을 입력하여 실행하면 링크의 끝을 나타내는 v 및 w 키가 있는 그래프가 표시됩니다.

```
node driver.js ./display-only.js three-simple-rules.yml
```

```
Graph
{
    options: { directed: true, multigraph: false, compound: false },
    nodes: [
        { v: 'A', value: [Object] },
        { v: 'B', value: [Object] },
        { v: 'C', value: [Object] }
    ],
    edges: [ { v: 'B', w: 'A' }, { v: 'C', w: 'A' }, { v: 'C', w: 'B' } ]
}
Sorted
  [ 'C', 'B', 'A' ]
```

순환 감지기가 의도한 대로 작동하는지 확인하기 위해 간단한 테스트를 작성해 보겠습니다.

```
- target: A
  depends:
      - B
  recipes:
      - "update A from B"
- target: B
  depends:
      - A
  recipes:
      - "update B from A"
```

```
node driver.js ./display-only.js circular-rules.yml
```

```
Build failed: AssertionError [ERR_ASSERTION]: Dependency graph contains \
cycles B,A
at DisplayOnly.checkCycles \
(/u/stjs/build-manager/graph-creator.js:19:12)
at DisplayOnly.build \
(/u/stjs/build-manager/skeleton-builder.js:11:10)
at main (/u/stjs/build-manager/driver.js:5:13) {
generatedMessage: false,
code: 'ERR_ASSERTION',
actual: 1,
expected: 0,
operator: 'strictEqual'
}
```

10.3 오래된 파일은 어떻게 찾나요?

다음 단계는 어떤 파일이 최신 상태가 아닌지 파악하는 것입니다. Make는 해당 파일의 타임스탬프를 비교해서 이 작업을 수행하지만, 이 방법은 컴퓨터의 시계가 동기화되지 않아 네트워크 파일 시스템에서 잘못된 답이 나올 수 있으며 운영 체제는 파일 업데이트 시간을 밀리초 단위(1970년에는 매우 짧은 단위였지만, 오늘날에는 매우 길게 느껴집니다)로만 보고할 수 있기 때문에 항상 신뢰할 수 있는 것은 아닙니다.

최신 빌드 시스템은 각 파일 콘텐츠의 해시를 저장하고 현재 해시와 저장된 해시를 비교하여 파일이 변경되었는지 확인합니다. 이미 5장에서 해시에 대해 살펴봤으므로 여기서는 타임스탬프 접근 방식을 사용하겠습니다. 그리고 5장에서 했던 것처럼 모의 파일 시스템을 사용하는 대신 파일에 대한 가짜 타임스탬프를 지정하는 다른 구성 파일을 로드하겠습니다.

```
A: 2
B: 5
C: 8
```

타임스탬프를 파일과 연결하기 위해 타임스탬프 파일을 읽고 그래프의 노드에 정보를 추가하는 단계를 buildGraph에 추가합니다.

```
import assert from "assert"
import fs from "fs"
import yaml from "js-yaml"
import GraphCreator from "./graph-creator.js"

class AddTimestamps extends GraphCreator {
    constructor(configFile, timesFile) {
        super(configFile)
        this.timesFile = timesFile
    }

    buildGraph() {
        super.buildGraph()
        this.addTimestamps()
    }

    addTimestamps() {
        const times = yaml.load(fs.readFileSync(this.timesFile, "utf-8"))
        for (const node of Object.keys(times)) {
            assert(
                this.graph.hasNode(node),
                `Graph does not have node ${node}`
            );
            this.graph.node(node).timestamp = times[node]
        }
        const missing = this.graph
            .nodes()
            .filter((n) => !("timestamp" in this.graph.node(n)))
        assert.strictEqual(
            missing.length,
            0,
            `Timestamp missing for node(s) ${missing}`
        );
    }

    run() {
        console.log(
            this.graph
                .nodes()
                .map((n) => `${n}: ${JSON.stringify(this.graph.node(n))}`)
        );
    }
}
```

```
}

export default AddTimestamps
```

NOTE **기대했던 것과 다른 결과**

이 작업을 수행할 때 SkeletonBuilder.build에 정의된 단계는 변경되지 않으므로 코드를 읽는 사람들은 이 코드가 전체적으로 무엇을 하는지에 대해 인지한 모델을 변경할 필요가 없습니다. 그러나 사전에 파일에서 타임스탬프를 추가할 것을 미리 알았다면, 템플릿 메서드에 그 단계를 추가했을 것입니다. 그리고 만약 누군가가 그래프를 빌드하는 코드와 타임스탬프를 추가하는 코드 사이에 새로운 단계를 삽입하려면 addTimestamps를 오버라이드하고 super.addTimestamps를 호출하기 전에 그 단계를 맨 위에 놓아야 하기 때문에 코드가 점점 복잡해질 것입니다.

계속 진행하기 전에 타임스탬프 추가가 원하는 대로 작동하는지 확인해 보겠습니다.

```
node driver.js ./add-stamps.js three-simple-rules.yml add-stamps.yml
```

```
[
  'A: {"recipes":["update A from B and C"],"timestamp":2}',
  'B: {"recipes":["update B from C"],"timestamp":5}',
  'C: {"recipes":[],"timestamp":8}'
]
```

10.4 오래된 파일을 어떻게 업데이트하나요?

레시피를 어떤 순서로 실행할지 결정하기 위해, 우리는 가장 최근 파일의 시간을 현재 시간으로 가정하고, 각 파일을 위상topological 순서로 살펴봅니다. 파일이 종속성보다 오래된 파일인 경우, 해당 파일과 해당 타임스탬프를 업데이트해서 해당 파일에 종속된 모든 파일을 업데이트하도록 유도합니다.

파일을 업데이트하는 데 항상 하나의 시간 단위가 걸린다고 가정하고, 각 빌드마다 가상의 시계를 1씩 전진시킵니다. graphlib.alg.topsort를 사용해서 위상 순서를 만들면 다음과 같습니다.

```javascript
import graphlib from "@dagrejs/graphlib"
import AddTimestamps from "./add-stamps.js"

class UpdateOnTimestamps extends AddTimestamps {
    run() {
        const sorted = graphlib.alg.topsort(this.graph)
        const startTime =
            1 + Math.max(...sorted.map((n) => this.graph.node(n).timestamp));
        console.log(`${startTime}: START`)
        const endTime = sorted.reduce((currTime, node) => {
            if (this.isStale(node)) {
                console.log(`${currTime}: ${node}`)
                this.graph
                    .node(node)
                    .recipes.forEach((a) => console.log(`  ${a}`))
                this.graph.node(node).timestamp = currTime
                currTime += 1
            }
            return currTime
        }, startTime)
        console.log(`${endTime}: END`)
    }

    isStale(node) {
        return this.graph
            .predecessors(node)
            .some(
                (other) =>
                    this.graph.node(other).timestamp >=
                    this.graph.node(node).timestamp
            )
    }
}

export default UpdateOnTimestamps
```

run 메서드는 다음과 같이 동작합니다.

1. 노드들의 정렬된 목록을 가져옵니다.
2. 시작 시간을 가장 큰 파일 시간보다 1 더 크게 설정한 다음
3. Array.reduce를 사용해서 각 노드(즉, 각 파일)를 순서대로 작업합니다. 파일이 오래된 경우, 실행할 단계를 인쇄한 다음 파일의 timestamp를 업데이트합니다. 업데이트를 수행할 때만 가상의 현재 시간을 1씩 전진시킵니다.

파일이 오래된 파일인지 확인하려면 해당 종속성 중 현재 자신의 타임스탬프보다 크거나 같은 timestamp를 가진 있는 파일이 있는지 확인합니다. 이 작업을 실행하면 잘 작동합니다.

```
node driver.js ./update-stamps.js three-simple-rules.yml add-stamps.yml
```

```
9: START
9: B update B from C
10: A update A from B and C
11: END
```

10.5 제네릭 빌드 규칙은 어떻게 추가할까요?

만약 우리의 웹사이트에 특정 자바스크립트 파일에 대한 백 개의 블로그 포스트나 백 개의 HTML 페이지가 있다면, 거의 동일한 레시피를 백 번이나 작성하고 싶지 않을 것입니다. 대신에 "이런 종류의 모든 것을 같은 방식으로 빌드하라"는 제네릭 빌드 규칙을 작성할 수 있으면 좋을 것입니다. 이러한 제네릭 규칙에는 다음이 필요합니다.

- 파일 세트를 정의하는 방법
- 제네릭 규칙을 지정하는 방법
- 해당 규칙의 일부를 유연하게 변경할 수 있는 방법

이를 달성하기 위해 buildGraph를 오버라이드^{overriding}해서 recipes의 변수를 값으로 대체함으로써 이를 달성할 것입니다. 다시 한번 강조하지만 객체 지향 프로그래밍은 초기에 문제를 합리적인 덩어리로 나눈다면 변경해야 할 부분만 변경할 수 있게 도와줍니다.

Make는 규칙의 일부를 표현하기 위해 $< 및 $@와 같은 이름의 자동 변수를 제공합니다. 여기서는 가독성을 높이기 위해 타겟에는 @TARGET을, 종속성에는 @DEPENDENCIES를, 특정 종속성에는 (순서대로) @DEP[1], @DEP[2] 등을 사용하겠습니다(그림 10.4).

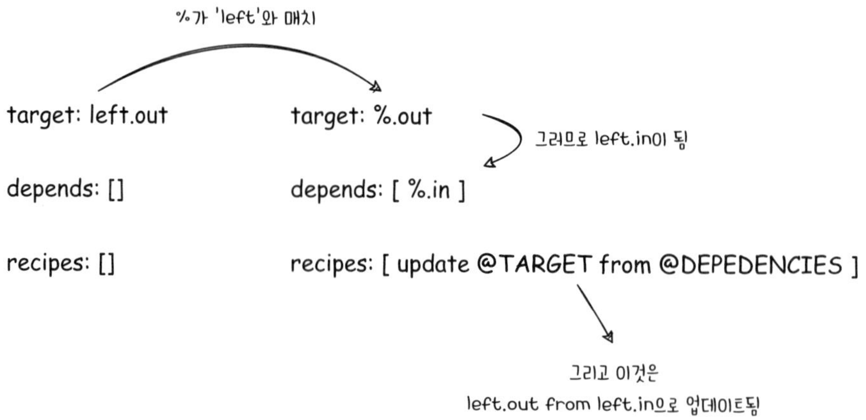

%가 'left'와 매치

target: left.out   target: %.out

그러므로 left.in이 됨

depends: []   depends: [%.in]

recipes: []   recipes: [update @TARGET from @DEPEDENCIES]

그리고 이것은
left.out from left.in으로 업데이트됨

〈그림 10.4〉 패턴 규칙을 실행 가능한 명령으로 전환하기

우리의 변수 확장자는 다음과 같습니다.

```
import UpdateOnTimestamps from "./update-stamps.js"

class VariableExpander extends UpdateOnTimestamps {
    buildGraph() {
        super.buildGraph()
        this.expandVariables()
    }

    expandVariables() {
        this.graph.nodes().forEach((target) => {
            try {
                const dependencies = this.graph.predecessors(target)
                const recipes = this.graph.node(target).recipes
                this.graph.node(target).recipes = recipes.map((act) => {
                    act = act
                        .replace("@TARGET", target)
                        .replace("@DEPENDENCIES", dependencies.join(" "))
                    dependencies.forEach((dep, i) => {
                        act = act.replace(`@DEP[${i}]`, dependencies[i])
                    })
                    return act
                })
            } catch (error) {
                console.error(`Cannot find ${target} in graph`)
                process.exit(1)
```

```
        }
    })
  }
}
export default VariableExpander
```

가장 먼저 할 일은 이전에 사용한 것과 동일한 예제로 실행해서 확장할 변수가 없을 때 작동하는지를 테스트하는 것입니다.

```
9: START
9: B update B from C
10: A update A from B C
11: END
```

테스트를 만들어야 하는 가장 중요한 이유는 추가하거나 변경한 사항이 기존에 작동하던 것을 망가뜨렸는지를 테스트를 하면 바로 알 수 있기 때문입니다. 이를 통해 새로운 코드를 디버깅할 때 구축할 수 있는 확고한 기반을 마련할 수 있습니다.

이제 패턴 규칙을 추가해야 합니다. 테스트를 위한 첫 번째 규칙(yml 구성 파일의 내용)은 다음과 같습니다.

```
- target: left.out
  depends: []
  recipes: []
  timestamp: 1
- target: left.in
  depends: []
  recipes: []
  timestamp: 2
- target: right.out
  depends: []
  recipes: []
  timestamp: 1
- target: right.in
  depends: []
  recipes: []
  timestamp: 3
```

```
- target: "%.out"
  depends:
  - "%.in"
  recipes:
  - "update @TARGET from @DEPENDENCIES"
```

그리고 변수를 확장하기 전에 규칙을 추출하는 첫 번째 코드는 다음과 같습니다.

```
import VariableExpander from "./variable-expander.js"

class PatternUserAttempt extends VariableExpander {
    buildGraph() {
        super.buildGraph()
        this.extractRules()
        this.expandVariables()
    }

    extractRules() {
        this.rules = new Map()
        this.graph.nodes().forEach((target) => {
            if (target.includes("%")) {
                const data = {
                    recipes: this.graph.node(target).recipes,
                }
                this.rules.set(target, data)
            }
        })
        this.rules.forEach((value, key) => {
            this.graph.removeNode(key)
        })
    }
}
export default PatternUserAttempt
```

하지만, 작동하지 않습니다.

```
Build failed : AssertionError [ ERR_ASSERTION ]: Graph does not have node A
       at PatternUserAttempt . addTimestamps \
       (/u/ stjs /build - manager /add - stamps .js :21:7)
       at PatternUserAttempt . buildGraph \
       (/u/ stjs /build - manager /add - stamps .js :15:10)
       at PatternUserAttempt . buildGraph \
       (/u/ stjs /build - manager / variable - expander .js :5:11)
       at PatternUserAttempt . buildGraph \
       (/u/ stjs /build - manager / pattern -user - attempt .js :5:11)
       at PatternUserAttempt . build \
       (/u/ stjs /build - manager / skeleton - builder .js :10:10)
       at main (/u/ stjs /build - manager / driver .js :5:13) {
   generatedMessage : false ,
   code : 'ERR_ASSERTION ',
   actual : false ,
   expected : true ,
   operator : '=='
}
```

문제는 간단한 그래프 로더가 타깃이 아니더라도 의존성에 대한 노드를 생성한다는 것입니다. 그 결과, 규칙을 추출하기 전에 %.in에 대한 노드가 없어 문제가 발생하게 됩니다.

NOTE 에러는 어써션으로 전환된다

처음 add-stamps.js를 작성했을 때는 위에 표시된 에러 메시지를 출력하는 어써션이 포함되어 있지 않았습니다. 하지만 버그를 추적한 후 같은 실수를 반복하지 않기 위해, 그리고 다음 프로그래머에게 코드에 대해 더 자세히 알려주기 위해 실행 가능한 문서로 어써션을 추가했습니다. 일반 코드는 컴퓨터 에게 무엇을 해야 하는지 알려주지만, 의미 있는 에러 메시지가 포함된 어써션은 독자에게 그 이유를 알려줍니다.

규칙의 종속성에 %가 포함되어 있는지를 확인해서 패턴 규칙과 단순 규칙을 분리하도록 규칙 로더를 다시 작성하면 문제를 해결할 수 있습니다. 여기서 테스트 목적으로 타임스탬프를 별도의 파일이 아니라 선택 가능한 필드로 활성화할 것입니다.

```javascript
import assert from "assert";
import graphlib from "@dagrejs/graphlib";
import VariableExpander from "./variable-expander.js";

class PatternUserRead extends VariableExpander {
    buildGraph() {
        this.buildGraphAndRules();
        this.expandVariables();
    }

    buildGraphAndRules() {
        this.graph = new graphlib.Graph();
        this.rules = new Map();
        this.config.forEach((rule) => {
            if (rule.target.includes("%")) {
                const data = {
                    recipes: rule.recipes,
                    depends: rule.depends,
                };
                this.rules.set(rule.target, data);
            } else {
                const timestamp = "timestamp" in rule ? rule.timestamp : null;
                this.graph.setNode(rule.target, {
                    recipes: rule.recipes,
                    timestamp: timestamp,
                });
                rule.depends.forEach((dep) => {
                    assert(
                        !dep.includes("%"),
                        'Cannot have "%" in a non-pattern rule'
                    );
                    this.graph.setEdge(dep, rule.target);
                });
            }
        });
    }
}

export default PatternUserRead;
```

이를 실행하기 전에 데이터 구조의 상태를 표시하는 메서드를 추가해 보겠습니다.

```javascript
import graphlib from "@dagrejs/graphlib"
import PatternUserRead from "./bm-pattern-user-read.js"

class PatternUserShow extends PatternUserRead {
    run() {
        console.log(JSON.stringify(this.toJSON(), null, 2))
    }

    toJSON() {
        return {
            graph: graphlib.json.write(this.graph),
            rules: Array.from(this.rules.keys()).map((key) => {
                return { k: key, v: this.rules.get(key) }
            }),
        }
    }
}

export default PatternUserShow
```

```
node driver.js ./pattern-user-show.js pattern-rules.yml
```

```json
{
    "graph": {
        "options": {
            "directed": true,
            "multigraph": false,
            "compound": false
        },
        "nodes": [
            {
                "v": "left.out",
                "value": {
                    "recipes": [],
                    "timestamp": 1
                }
            },
            {
```

```
                    "v": "left.in",
                    "value": {
                        "recipes": [],
                        "timestamp": 2
                    }
                },
                {
                    "v": "right.out",
                    "value": {
                        "recipes": [],
                        "timestamp": 1
                    }
                },
                {
                    "v": "right.in",
                    "value": {
                        "recipes": [],
                        "timestamp": 3
                    }
                }
            ],
            "edges": []
        },
        "rules": [
            {
                "k": "%.out",
                "v": {
                    "recipes": ["update @TARGET from @DEPENDENCIES"],
                    "depends": ["%.in"]
                }
            }
        ]
    }
```

결과가 올바른 것 같으니, 그래프와 규칙을 만든 후 변수를 확장하기 전에 규칙을 확장해 보겠습니다.

```javascript
import PatternUserRead from "./pattern-user-read.js"

class PatternUserRun extends PatternUserRead {
    buildGraph() {
        this.buildGraphAndRules()
        this.expandAllRules()
        this.expandVariables()
    }

    expandAllRules() {
        this.graph.nodes().forEach((target) => {
            if (this.graph.predecessors(target).length > 0) {
                return
            }
            const data = this.graph.node(target)
            if (data.recipes.length > 0) {
                return
            }
            const rule = this.findRule(target)
            if (!rule) {
                return
            }
            this.expandRule(target, rule)
        })
    }

    findRule(target) {
        const pattern = `%.${target.split(".")[1]}`
        return this.rules.has(pattern) ? this.rules.get(pattern) : null
    }

    expandRule(target, rule) {
        const stem = target.split(".")[0]
        rule.depends
            .map((dep) => dep.replace("%", stem))
            .forEach((dep) => this.graph.setEdge(dep, target))
        const recipes = rule.recipes.map((act) => act.replace("%", stem))
        const timestamp = this.graph.node(target).timestamp
        this.graph.setNode(target, { recipes: recipes, timestamp: timestamp })
    }
}

export default PatternUserRun
```

```
4: START
4: left.out
update left.out from left.in
5: right.out
update right.out from right.in
6: END
```

10.6 다음으로 무엇을 해야 하나요?

원래 템플릿 메서드에 많은 단계를 추가했기 때문에 전체 동작이 변경되지 않았다고 주장하는 것은 다소 무리가 있습니다. 지금 우리가 알고있는 단계들을 처음부터 알았다면, SkeletonBuilder.build 메서드를 수정해서 우리가 알게 된 단계들을 포함시켰을 것입니다.

문제의 근원은 템플릿 메서드를 작성할 때 관련된 모든 단계를 예상하지 못했기 때문입니다. 일반적으로 이 문제가 해결되려면 몇 개의 자식 클래스가 필요하며, 해결되지 않는다면 템플릿 메서드가 우리가 처한 상황에 맞지 않는 패턴일 수 있습니다. 이것은 초기 설계의 실패가 아닙니다. 우리는 항상 문제를 코드에 담아내려고 노력하면서 문제에 대해 배우게 되고, 앞으로 발생할 문제를 100% 예측할 수 있을 만큼 충분히 알게 되면 배운 것을 나중에 사용할 수 있도록 라이브러리에 넣어야 합니다.

| 실패 처리

1. 실패한 빌드 단계를 수용하도록 빌드 매니저를 수정합니다.

2. Mocha 테스트를 작성해서 이 변경 사항이 올바르게 작동하는지 확인합니다.

| 모의 실행

빌드 매니저에 옵션을 추가해서 빌드가 실제로 실행될 경우 어떤 명령이 실행되고 왜 실행되는지 표시합니다. 예를 들어, 출력에 "A가 B보다 오래되었으므로 A를 업데이트"와 같은 내용이 표시되어야 합니다.

| 디렉터리 변경

빌드 매니저를 다음과 같이 수정합니다.

```
node build.js -C some /sub/directory rules.yml timestamps.yml
```

앞의 명령은 현재 디렉터리가 아닌 지정된 디렉터리에서 빌드를 실행합니다.

| 파일 병합

빌드 매니저가 여러 구성 파일을 읽고 결합된 규칙을 실행할 수 있도록 빌드 매니저를 수정합니다.

| 레시피 출력

빌드 매니저에 메서드를 추가하는데, 이 메서드는 모든 고유 레시피, 즉 모든 것을 다시 빌드하라는 요청을 받았을 때 실행할 수 있는 모든 명령을 표시합니다.

| 조건부 실행

빌드 매니저를 다음과 같이 수정합니다.

1. 사용자가 명령줄에 variable=true 및 variable=false 인수를 전달해서 변수를 정의할 수 있습니다.

2. 규칙에 if: variable 필드를 포함할 수 있습니다.

3. 이러한 규칙은 variable이 정의되고 참인 경우에만 실행됩니다.

4 Mocha 테스트를 작성하여 올바르게 작동하는지 확인합니다.

파일 세트 정의

사용자가 파일 세트를 정의할 수 있도록 빌드 매니저를 수정하세요.

```
fileset:
    name: everything
    contains:
        - X
        - Y
        - Z
```

그리고 이것을 나중에 다음과 같이 참조하세요.

```
- target : P
    depends :
    - @everything
```

글로빙

빌드 매니저가 파일 집합을 동적으로 구성할 수 있도록 수정하세요.

```
glob :
    name : allAvailableInputs
    pattern : "./*. in"
```

그리고 나중에 다음과 같이 참조하세요.

```
- target : P
    depends :
    - @allAvailableInputs
```

해시^{hashes} 사용

1. 빌드 구성에 언급된 모든 파일에 대한 해시를 계산하고 파일 이름과 함께 해시를 build-hash.json에 저장하는 build-init.js라는 프로그램을 작성하세요.

2. 빌드 매니저를 수정해서 파일의 현재 해시를 build-hash.json에 저장된 해시와 비교하여 오래된 파일을 확인하고 빌드 매니저가 실행될 때마다 build-hash.json을 업데이트하도록 만드세요.

| 보조 함수(Auxiliary functions)

1. 빌드 매니저를 수정하여 추가적인 인자로 0개 이상의 명명된 함수가 포함된 auxiliaries를 받도록 만드세요.

```
const builder = new ExtensibleBuilder(configFile, timesFile, {
    slice: (node, graph) => simplify(node, graph, 1),
})
```

2. 노드에 대한 규칙을 실행하기 전에 이러한 함수를 호출하고, 모든 함수가 true를 반환하는 경우에만 규칙을 실행하도록 run 메서드를 수정하세요.

3. Mocha 테스트를 작성해서 올바르게 작동하는지 확인하세요.

레이아웃 엔진

11 CHAPTER

사용하는 용어

속성^{attribute}

확증 편향^{confirmation bias}

이지 모드^{easy mode}

쿼리 셀렉터^{query selector}

Z-버퍼링^{z-buffering}

리스코프 치환 원칙^{Liskov Substitution Principle}

캐시^{cache}

계약에 따른 설계^{design by contract}

레이아웃 엔진^{layout engine}

시그니처^{signature}

이 글은 (원서 기준)HTML 페이지, 전자책(본질적으로는 같음), 또는 인쇄된 책으로 읽을 수 있습니다. 세 가지 경우 모두 레이아웃 엔진이 일부 텍스트와 레이아웃에 대한 지시를 가져와 각 문자와 이미지를 어디에 놓을지 결정합니다. 이 장에서는 맷 브루벡[1]^{Matt Brubeck}의 튜토리얼[2]을 기반으로 작은 레이아웃 엔진을 만들어 브라우저가 어디에 어떤 내용을 배치할지 결정하는 방식을 배우게 될 것입니다.

입력은 매우 작은 HTML과 동일한 크기의 CSS가 될 것입니다. 다양한 Node[3] 라이브러리에서 제공하는 클래스를 사용하는 대신 자체 클래스를 만들 것입니다. 그리고 HTML과 CSS의 조합을 화면의 텍스트로 변환하기 위해 DOM 트리의 각 노드에 적절한 스타일로 레이블을 지정한 뒤, 해당 트리를 따라가면서 보이는 각 엘리먼트가 어디에 속하는지 파악한 다음 그 결과를 화면에 텍스트로 그려 넣을 것입니다.

---

1   https://limpet.net/mbrubeck/

2   https://limpet.net/mbrubeck/2014/08/08/toy-layout-engine-1.html 3https://nodejs.org/en/

3   https://nodejs.org/en/

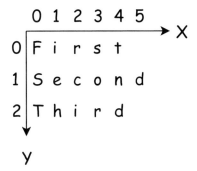

NOTE 거꾸로

스크린의 좌표 시스템은 (0, 0)을 가장 아래, 왼쪽 모서리가 아닌 제일 위, 왼쪽 모서리에 놓습니다. X 는 보통 오른쪽으로 증가하지만 Y는 올라가는 대신 내려갈수록 증가합니다(그림 11.1). 이 관례는 종이 롤에 선을 인쇄하는 텔레타입 터미널[teletype terminal] 시대부터 남아 있는 것입니다. 마이크 호예[Mike Hoye][4]가 여러 차례 지적한 대로[5], 과거는 우리 주변에 항상 존재합니다.

〈그림 11.1〉 좌표계 왼쪽 상단에 (0, 0)이 있는 좌표계

11.1 행과 열의 크기는 어떻게 조정할까요?

마진[margins], 패딩[padding], 줄 바꿈[line-wrapping] 또는 기타 복잡한 기능이 없는 이지 모드에서 시작해 보겠습니다. 화면에 표시할 수 있는 모든 것은 직사각형 셀로 표시되며, 모든 셀은 행[row], 열[column] 또는 블록[block] 중 하나 입니다. 블록은 고정된 너비와 높이를 갖습니다.

```
export class Block {
    constructor(width, height) {
        this.width = width;
        this.height = height;
    }
```

---

4   http://exple.tive.org/blarg/

5   http://exple.tive.org/blarg/2020/11/26/punching-holes/

```
    getWidth() {
        return this.width;
    }

    getHeight() {
        return this.height;
    }
}
```

행은 하나 이상의 셀을 가로로 배열하며, 행의 너비는 자식 셀의 너비의 합이고 높이는 가장 큰 자식의 높이입니다(그림 11.2).

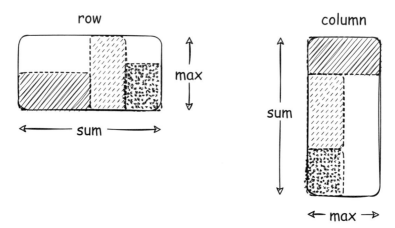

⟨그림 11.2⟩ 너비와 높이가 고정된 블록의 크기 계산하기

```
export class Row {
    constructor(...children) {
        this.children = children;
    }

    getWidth() {
        let result = 0;
        for (const child of this.children) {
            result += child.getWidth();
        }
        return result;
    }
```

```
    getHeight() {
        let result = 0;
        for (const child of this.children) {
            result = Math.max(result, child.getHeight());
        }
        return result;
    }
}
```

마지막으로 열은 하나 이상의 셀을 세로로 배열하며, 너비는 가장 넓은 자식의 너비이고 높이는 자식들의 높이의 합입니다(이제부터 열을 언급할 때 약어 col을 사용합니다).

```
export class Col {
    constructor(...children) {
        this.children = children;
    }

    getWidth() {
        let result = 0;
        for (const child of this.children) {
            result = Math.max(result, child.getWidth());
        }
        return result;
    }

    getHeight() {
        let result = 0;
        for (const child of this.children) {
            result += child.getHeight();
        }
        return result;
    }
}
```

행과 열은 서로 중첩됩니다. 행은 두 개 이상의 열에 걸쳐질 수 없고, 열은 두 개의 행 경계를 넘어갈 수 없습니다. 이와 같은 속성을 가진 구조가 있을 때마다 이를 중첩된 객체의 트리로 나타낼 수 있습니다. 이러한 트리가 주어지면 필요할 때마다 각 셀의 너비와 높이를 계산할 수 있습니다. 이는 간단하지만 비효율적입니다. 너비와 높이를 동시에 계산해서 재계산을 피하기 위해 이 값을 캐시할 수도 있지만, 이것은 "이지 모드"이므로 그렇게 하지 않겠습니다.

이 코드는 간단하지만 여전히 에러가 있을 수 있으므로(실제로 개발 중에도 에러가 발생했습니다), 더 복잡한 것을 빌드하기 전에 몇 가지 Mocha 테스트를 작성하여 원하는 대로 작동하는지 확인합니다.

```javascript
import assert from "assert"
import { Block, Row, Col } from "../easy-mode.js"

describe("lays out in easy mode", () => {
    it("lays out a single unit block", async () => {
        const fixture = new Block(1, 1)
        assert.strictEqual(fixture.getWidth(), 1)
        assert.strictEqual(fixture.getHeight(), 1)
    })

    it("lays out a large block", async () => {
        const fixture = new Block(3, 4)
        assert.strictEqual(fixture.getWidth(), 3)
        assert.strictEqual(fixture.getHeight(), 4)
    })

    it("lays out a row of two blocks", async () => {
        const fixture = new Row(new Block(1, 1), new Block(2, 4))
        assert.strictEqual(fixture.getWidth(), 3)
        assert.strictEqual(fixture.getHeight(), 4)
    })

    it("lays out a column of two blocks", async () => {
        const fixture = new Col(new Block(1, 1), new Block(2, 4))
        assert.strictEqual(fixture.getWidth(), 2)
        assert.strictEqual(fixture.getHeight(), 5)
    })

    it("lays out a grid of rows of columns", async () => {
        const fixture = new Col(
            new Row(new Block(1, 2), new Block(3, 4)),
            new Row(new Block(5, 6), new Col(new Block(7, 8), new Block(9, 10)))
        )
        assert.strictEqual(fixture.getWidth(), 14)
        assert.strictEqual(fixture.getHeight(), 22)
    })
})
```

```
> stjs@1 .0.0 test /u/ stjs
> mocha */ test /test -*. js "-g" " easy mode "

lays out in easy mode
X lays out a single unit block
X lays out a large block
X lays out a row of two blocks
X lays out a column of two blocks
X lays out a grid of rows of columns
5 passing (7 ms)
```

11.2 행과 열의 위치는 어떻게 배치할까요?

이제 각 셀의 크기를 알았으니 셀을 어디에 배치할지 결정할 수 있습니다. 브라우저의 상단 왼쪽 모서리부터 시작한다고 가정해 보겠습니다. "상단"은 페이지를 위에서 아래로 배치하기 때문이고 "왼쪽"은 왼쪽에서 오른쪽으로 배치하기 때문입니다. 셀이 블록인 경우 여기에 배치합니다. 반면에 셀이 행인 경우 높이를 구한 다음 아래쪽 가장자리를 y1 = y0 + height로 계산합니다. 그런 다음 첫 번째 자식의 왼쪽 하단 모서리를 (x0, y1), 두 번째 자식을 (x0 + width0, y1)에 배치하는 식으로 배치합니다(그림 11.3). 마찬가지로 셀이 기둥인 경우 첫 번째 자식을 (x0, y0), 다음 자식을 (x0, y0 + height0)에 배치하는 식으로 배치합니다.

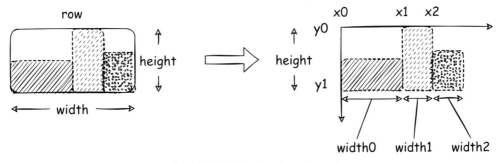

〈그림 11.3〉 고정 크기 블록의 행과 열 배치

일부 테스트를 절약하기 위해 배치를 수행하는 클래스들을 앞서 작성한 클래스들로부터 파생시키겠습니다. 블록은 다음과 같습니다.

```
export class PlacedBlock extends Block {

    constructor(width, height) {
        super(width, height)
        his.x0 = null
        this.y0 = null
    }

    place(x0, y0) {
        this.x0 = x0
        this.y0 = y0
    }

    report() {
        return [
            "block",
            this.x0,
            this.y0,
            this.x0 + this.width,
            this.y0 + this.height,
        ]
    }
}
```

그리고 열은 다음과 같습니다.

```
export class PlacedCol extends Col {

    constructor(...children) {
        super(...children)
        this.x0 = null
        this.y1 = null
    }

    place(x0, y0) {
        this.x0 = x0
        this.y0 = y0
        let yCurrent = this.y0
        this.children.forEach((child) => {
            child.place(x0, yCurrent)
```

```
                yCurrent += child.getHeight()
            })
        }

    report() {
        return [
            "col",
            this.x0,
            this.y0,
            this.x0 + this.getWidth(),
            this.y0 + this.getHeight(),
            ...this.children.map((child) => child.report()),
        ]
    }
}
```

행은 다음과 같습니다.

```
export class PlacedRow extends Row {

    constructor(...children) {
        super(...children)
        this.x0 = null
        this.y0 = null
    }

    place(x0, y0) {
        this.x0 = x0
        this.y0 = y0
        const y1 = this.y0 + this.getHeight()
        let xCurrent = x0
        this.children.forEach((child) => {
            const childY = y1 - child.getHeight()
            child.place(xCurrent, childY)
            xCurrent += child.getWidth()
        })
    }

    report() {
        return [
            "row",
            this.x0,
```

```
            this.y0,
            this.x0 + this.getWidth(),
            this.y0 + this.getHeight(),
            ...this.children.map((child) => child.report()),
        ]
    }
}
```

다시 한 번, 모든 것이 의도한 대로 작동하는지를 확인하기 위해 몇몇 테스트를 작성하여 실행합니다.

```
import assert from "assert";

import {
    PlacedBlock as Block,
    PlacedCol as Col,
    PlacedRow as Row,
} from "../layout/placed.js";

describe("places blocks", () => {
    it("places a single unit block", async () => {
        const fixture = new Block(1, 1);
        fixture.place(0, 0);
        assert.deepStrictEqual(fixture.report(), ["block", 0, 0, 1, 1]);
    });

    it("places a large block", async () => {
        const fixture = new Block(3, 4);
        fixture.place(0, 0);
        assert.deepStrictEqual(fixture.report(), ["block", 0, 0, 3, 4]);
    });

    it("places a row of two blocks", async () => {
        const fixture = new Row(new Block(1, 1), new Block(2, 4));
        fixture.place(0, 0);
        assert.deepStrictEqual(fixture.report(), [
            "row",
            0,
            0,
            3,
            4,
            ["block", 0, 3, 1, 4],
            ["block", 1, 0, 3, 4],
```

```
        ]);
    });


    // [large]
    it("places a column of two blocks", async () => {
        const fixture = new Col(new Block(1, 1), new Block(2, 4));
        fixture.place(0, 0);
        assert.deepStrictEqual(fixture.report(), [
            "col",
            0,
            0,
            2,
            5,
            ["block", 0, 0, 1, 1],
            ["block", 0, 1, 2, 5],
        ]);
    });


    it("places a grid of rows of columns", async () => {
        const fixture = new Col(
            new Row(new Block(1, 2), new Block(3, 4)),
            new Row(new Block(5, 6), new Col(new Block(7, 8), new Block(9, 10)))
        );
        fixture.place(0, 0);
        assert.deepStrictEqual(fixture.report(), [
            "col",
            0,
            0,
            14,
            22,
            ["row", 0, 0, 4, 4, ["block", 0, 2, 1, 4], ["block", 1, 0, 4, 4]],
            [
                "row",
                0,
                4,
                14,
                22,
                ["block", 0, 16, 5, 22],
                [
                    "col",
                    5,
                    4,
                    14,
                    22,
```

```
                    ["block", 5, 4, 12, 12],
                    ["block", 5, 12, 14, 22],
                ],
            ],
        ]);
    });
    // [/large]
});
```

```
> stjs@1.0.0 test /u/stjs
> mocha */test/test-*.js "-g" "places blocks"

places blocks
X places a single unit block
X places a large block
X places a row of two blocks
X places a column of two blocks
X places a grid of rows of columns

5 passing (8ms)
```

11.3 엘리먼트는 어떻게 렌더링하나요?

우리는 위에 테스트로 표시된 예상 답을 찾기 위해 그래프 용지에 블록을 그렸습니다. 소프트웨어에서도 공백 문자로 '화면'을 만든 다음 각 블록이 적절한 위치에 스스로를 그리도록 해서 비슷한 작업을 수행할 수 있습니다. 트리의 루트에서 시작하여 이렇게 하면 자식 블록이 부모가 표시한 영역을 덮어쓸 것이며, 이로써 자동으로 올바른 모습을 만들어 낼 것입니다(그림 11.4)(z-버퍼링^{z-buffering}이라는 보다 정교한 버전은 사물을 3차원으로 그리기 위해 각 픽셀의 시각적 깊이를 추적합니다).

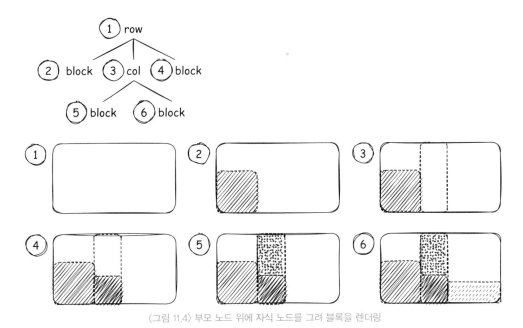

〈그림 11.4〉 부모 노드 위에 자식 노드를 그려 블록을 렌더링

우리의 가상 화면은 문자 배열의 배열일 뿐입니다.

```
const makeScreen = (width, height) => {
    const screen = [];
    for (let i = 0; i < height; i += 1) {
        screen.push(new Array(width).fill(" "))
    }
    return screen;
}
```

각 블록을 표시하기 위해 연속적인 소문자를 사용하는 식입니다. 즉, 루트 블록은 문자 a를 사용해 스스로를, 그리고 그 자식 블록은 b, c 등을 사용합니다.

```
const draw = (screen, node, fill = null) => {
    fill = nextFill(fill)
    node.render(screen, fill)
    if ("children" in node) {
        node.children.forEach((child) => {
            fill = draw(screen, child, fill)
        })
    }
    return fill
}
```

```
const nextFill = (fill) => {
    return fill === null ? "a" : String.fromCharCode(fill.charCodeAt() + 1)
}
```

각 종류별 셀에게 어떻게 스스로 렌더링할지 알게 하려면, 각 셀에서 새 클래스를 파생하고 새 클래스에 동일한 서명[signature]을 가진 render 메서드를 제공해야 합니다.

```
export class RenderedBlock extends PlacedBlock {
    render(screen, fill) {
        drawBlock(screen, this, fill) ones
    }
}

export class RenderedCol extends PlacedCol {
    render(screen, fill) {
        drawBlock(screen, this, fill)
    }
}

export class RenderedRow extends PlacedRow {
    render(screen, fill) {
        drawBlock(screen, this, fill)
    }
}

const drawBlock = (screen, node, fill) => {
    for (let ix = 0; ix < node.getWidth(); ix += 1) {
        for (let iy = 0; iy < node.getHeight(); iy += 1) {
            screen[node.y0 + iy][node.x0 + ix] = fill
        }
    }
}
```

이러한 render 메서드는 정확히 동일한 작업을 수행하므로 각각이 실제 작업을 수행하는 공유 함수를 호출하도록 합니다. 만약 우리가 실제 레이아웃 엔진을 구축한다면 이 render 메서드를 가진 Cell이라는 클래스를 생성한 다음 이 클래스에서 Block, Row, Col 클래스를 파생하는 것이 더 깔끔한 해결책이 될 수 있습니다. 일반적으로 두 개 이상의 클래스가 동일한 작업을 수행해야 할 경우, 해당 클래스들 간에 공유되는 가장 상위의 클래스에 해당 작업을 수행하는 메서드를 추가해야 합니다.

우리의 간단한 테스트들은 렌더링이 완료되면 조금 더 읽기 쉬워집니다. 그러나 복잡한 테스트를 이해하려면 여전히 종이에 그림을 그려봐야 합니다.

```
it("renders a grid of rows of columns", async () => {
    const fixture = new Col(
        new Row(new Block(1, 2), new Block(3, 4)),
        new Row(new Block(1, 2), new Col(new Block(3, 4), new Block(2, 3)))
    );
    fixture.place(0, 0);
    assert.deepStrictEqual(
        render(fixture),
        [
            "bddd",
            "bddd",
            "cddd",
            "cddd",
            "ehhh",
            "ehhh",
            "ehhh",
            "ehhh",
            "eiig",
            "fiig",
            "fiig",
        ].join("\n")
    )
})
```

우리 자신의 테스트를 이해하기 어렵다는 사실은 더 많은 테스트를 수행해야 할 필요가 있다는 신호입니다. 잘못된 결과를 얻고 실제로는 올바르다고 확신하기는 매우 쉽습니다. 이러한 종류의 확증 편향은 소프트웨어 개발에서 매우 흔한 현상입니다.

11.4 엘리먼트를 맞추기 위한 줄 바꿈은 어떻게 할까요?

브라우저와 인쇄된 페이지 간의 가장 큰 차이는 브라우저의 텍스트가 창 크기를 조정함에 따라 자동으로 줄 바꿈된다는 것입니다(요즘에는 또 다른 차이로 인쇄된 페이지는 해킹당하지 않는다는 점이 있습니다. 하지만 지금 누군가는 해킹이 가능하도록 작업 중일 수도 있습니다).

레이아웃 엔진에 줄 바꿈을 추가하기 위해 행의 너비를 고정한다고 가정해 봅시다. 만약 자식 엘리먼트들의 총 너비가 행의 너비보다 크면 레이아웃 엔진은 자식을 해당 너비에 맞게 줄 바꿈을 해야 합니다. 이것은 열을 필요한 만큼 크게 만들 수 있다고 가정합니다. 즉, 가로로 제한된 공간을 메우기 위해 세로로 늘릴 수 있다고 가정합니다. 또한 행의 개별 자식들이 행의 너비보다 넓지 않다고 가정하며, 자식이 그렇지 않을 때 어떻게 되는지는 연습에서 살펴보겠습니다.

우리의 레이아웃 엔진은 트리를 변형해서 줄 바꿈을 처리합니다. 블록의 높이와 너비는 고정되어 있으므로 그대로 유지됩니다. 열은 그 자체로 남아 있지만, 자식들 중 일부가 줄 바꾸기가 필요할 수 있기 때문에 열을 나타내는 클래스에는 새로운 메서드가 필요합니다.

```
export class WrappedBlock extends PlacedBlock {
    wrap() {
        return this;
    }
}

export class WrappedCol extends PlacedCol {
    wrap() {
        const children = this.children.map((child) => child.wrap());
        return new PlacedCol(...children);
    }
}
```

행에서 모든 어려운 작업을 수행합니다. 원래의 행은 하나 이상의 행이 있는 단일 열을 가진 새로운 행으로 대체되며, 각각의 행은 한 줄의 줄 바꿈된 셀로 구성됩니다(그림 11.5). 모든 내용이 하나의 행에 들어갈 때는 이 교체가 불필요하지만, 매번 이 작업을 수행하는 코드를 작성하기가 더 쉽습니다. 나중에 연습에서 이를 더 효율적으로 만드는 방법을 살펴보겠습니다.

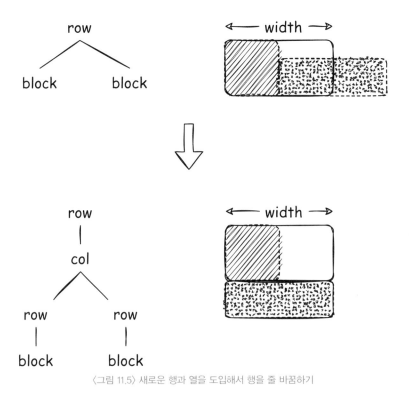

〈그림 11.5〉 새로운 행과 열을 도입해서 행을 줄 바꿈하기

줄 바꿈이 가능한 새로운 행(WrappedRow)의 생성자는 고정 너비와 그 뒤에 오는 자식들을 취합니다. 크기를 요청하면 고정 너비를 반환합니다.

```
export class WrappedRow extends PlacedRow {
    constructor(width, ...children) {
        super(...children);
        assert(width >= 0, "Need non-negative width");
        this.width = width;
    }

    getWidth() {
        return this.width;
    }
}
```

줄 바꿈은 행의 자식들을 버킷에 넣은 다음, 그 버킷을 하나 이상의 행을 가진 열 하나로 변환합니다.

```
wrap() {
        const children = this.children.map((child) => child.wrap())
        const rows = []
        let currentRow = []
        let currentX = 0

        children.forEach((child) => {
            const childWidth = child.getWidth()
            if (currentX + childWidth <= this.width) {
                currentRow.push(child)
                currentX += childWidth
            } else {
                rows.push(currentRow)
                currentRow = [child]
                currentX = childWidth
            }
        })

        rows.push(currentRow)
        const newRows = rows.map((row) => new PlacedRow(...row))
        const newCol = new PlacedCol(...newRows)
        return new PlacedRow(newCol)
    }
}
```

다시, 이전 테스트를 모두 가져와서 새로 추가한 기능을 테스트하기 위해 몇 가지 새로운 테스트를 작성
했습니다.

```
it('wrap a row of two blocks that do not fit on one row', async () => {
    const fixture = new Row(
        3,
        new Block(2, 1),
        new Block(2, 1)
    )
    const wrapped = fixture.wrap()
    wrapped.place(0, 0)
    assert.deepStrictEqual( wrapped.report(),
        ['row', 0, 0, 2, 2,
            ['col', 0, 0, 2, 2,
                ['row', 0, 0, 2, 1,
                    ['block', 0, 0, 2, 1]
```

```
            ],
            ['row', 0, 1, 2, 2,
                ['block', 0, 1, 2, 2]
            ]
        ]
    ]
  )
})
```

```
> stjs@1.0.0 test /u/stjs
> mocha */test/test-*.js "-g" "wraps blocks"

wraps blocks
X wraps a single unit block
X wraps a large block
X wrap a row of two blocks that fit on one row
X wraps a column of two blocks
X wraps a grid of rows of columns that all fit on their row
X wrap a row of two blocks that do not fit on one row
X wrap multiple blocks that do not fit on one row

7 passing (10ms)
```

NOTE **리스코프 치환 원칙**

이와 같은 테스트를 재사용할 수 있는 이유는 리스코프 치환 원칙(Liskov Substitution Principle) 때문인데, 이는 프로그램에서 객체를 파생 클래스의 객체로 대체할 때 아무런 손상 없이 대체할 수 있어야 한다는 원칙입니다. 이 원칙을 충족하기 위해 새 코드는 이전 코드와 동일한 일련의 입력들을 처리해야 하지만 더 많은 입력을 처리할 수도 있습니다. 반대로 출력은 이전 코드가 생성한 결과의 하위 집합이어야 하며, 그래야만 그 하위 코드의 어떤 결과물도 호환될 것입니다. 이러한 관점에서 생각하면 계약에 의한 설계라는 방법론으로 이어집니다.

드디어 텍스트를 포함한 페이지를 스타일링할 시간입니다. 최종 HTML 하위 집합은 이전과 마찬가지로 행, 열, 텍스트 블록을 가지고 있습니다. 그리고 각 텍스트 블록에는 하나 이상의 텍스트 줄이 있습니다. 줄의 수는 블록의 높이를 결정하며, 가장 긴 줄의 길이는 너비를 결정합니다.

행과 열은 실제 HTML에서와 같이 속성을 가질 수 있으며, 각 속성은 따옴표로 묶인 하나의 값이어야 합니다. 행은 이제 더 이상 고정된 너비를 가지지 않는 대신, 우리의 작은 CSS 하위 집합으로 이를 지정할 것입니다. 이 세 가지 클래스는 모두 40줄 정도의 코드입니다.

```
export class DomBlock extends WrappedBlock {
    constructor(lines) {
        super(
            Math.max(...lines.split("\n").map((line) => line.length)),
            lines.length
        );
        this.lines = lines;
        this.tag = "text";
        this.rules = null;
    }
    findRules(css) {
        this.rules = css.findRules(this);
    }
}

export class DomCol extends WrappedCol {
    constructor(attributes, ...children) {
        super(...children);
        this.attributes = attributes;
        this.tag = "col";
        this.rules = null;
    }
    findRules(css) {
        this.rules = css.findRules(this);
        this.children.forEach((child) => child.findRules(css));
    }
}

export class DomRow extends WrappedRow {
    constructor(attributes, ...children) {
        super(0, ...children);
```

```
            this.attributes = attributes;
            this.tag = "row";
            this.rules = null;
        }
        findRules(css) {
            this.rules = css.findRules(this);
            this.children.forEach((child) => child.findRules(css));
        }
    }
```

우리는 정규식을 사용해서 HTML을 파싱할 것입니다(8장에서 설명했듯이 이는 좋은 방법이 아닙니다[6]).
파서의 내용은 다음과 같습니다.

```
import assert from "assert";
import { DomBlock, DomCol, DomRow } from "./micro-dom.js";

const TEXT_AND_TAG = /^([^<]*)(<[^]+?>)).*)$/ms;
const TAG_AND_ATTR = /<(\w+)([^>]*)>/;
const KEY_AND_VALUE = /\s*(\w+)="([^"]*)"\s*/g;

const parseHTML = (text) => {
    const chunks = chunkify(text.trim());
    assert(isElement(chunks[0]), "Must have enclosing outer node");
    const [node, remainder] = makeNode(chunks);
    assert(remainder.length === 0, "Cannot have dangling content");
    return node;
};

const chunkify = (text) => {
    const raw = [];
    while (text) {
        const matches = text.match(TEXT_AND_TAG);
        if (!matches) {
            break;
        }
        raw.push(matches[1]);
        raw.push(matches[2]);
        text = matches[3];
    }
```

6   https://stackoverflow.com/questions/1732348/regex-match-open-tags-except-xhtml-self-containedtags/1732454#1732454

```
    if (text) {
        raw.push(text);
    }
    const nonEmpty = raw.filter((chunk) => chunk.length > 0);
    return nonEmpty;
};


const isElement = (chunk) => {
    return chunk && chunk[0] === "<";
};


export default parseHTML;
```

그리고 대부분의 작업을 수행하는 두 가지 함수 makeNode와 makeOpening입니다.

```
const makeNode = (chunks) => {
    assert(chunks.length > 0, "Cannot make nodes without chunks");
    if (!isElement(chunks[0])) {
        return [new DomBlock(chunks[0]), chunks.slice(1)];
    }
    const node = makeOpening(chunks[0]);
    const closing = `</${node.tag}>`;
    let remainder = chunks.slice(1);
    let child = null;
    while (remainder && remainder[0] !== closing) {
        [child, remainder] = makeNode(remainder);
        node.children.push(child);
    }
    assert(
        remainder && remainder[0] === closing,
        `Node with tag ${node.tag} not closed`
    );
    return [node, remainder.slice(1)];
}


const makeOpening = (chunk) => {
    const outer = chunk.match(TAG_AND_ATTR);
    const tag = outer[1];

    const attributes = [...outer[2].trim().matchAll(KEY_AND_VALUE)].reduce(
        (obj, [all, key, value]) => {
```

```
            obj[key] = value;
            return obj;
        },
        {}
    );

    let Cls = null;

    if (tag === "col") {
        Cls = DomCol;
    } else if (tag === "row") {
        Cls = DomRow;
    }

    assert(Cls !== null, `Unrecognized tag name ${tag}`);
    return new Cls(attributes);
}
```

다음 단계는 각 CSS 유형에 대한 규칙이 담긴 하위 클래스를 만들, 기본 클래스를 정의하는 단계입니다. 가장 높은 우선 순위부터 가장 낮은 우선 순위까지 우리가 지원하는 세 가지 유형의 규칙은 ID를 통해 특정 노드를 식별하고, class 속성을 통해 노드 클래스를 식별하며, 엘리먼트의 이름을 통해 노드 유형을 식별합니다. 클래스를 번호로 지정함으로써 어떤 규칙이 다른 규칙보다 우선하는지 추적합니다.

```
export class CssRule {
  constructor (order, selector, styles) {
    this.order = order
    this.selector = selector
    this.styles = styles
  }
}
```

ID 규칙의 쿼리 셀렉터는 #name와 같은 식으로 작성되며 HTML에서 〈tag id="name"〉...〈/tag〉와 매칭됩니다(여기서 tag는 row 또는 col입니다).

```
export class IdRule extends CssRule {
  constructor (selector, styles) {
    assert(selector.startsWith('#') && (selector.length > 1),
      `ID rule ${selector} must start with # and have a selector`)
    super(IdRule.ORDER, selector.slice(1), styles)
```

```
    }

    match (node) {
      return ('attributes' in node) &&
        ('id' in node.attributes) &&
        (node.attributes.id === this.selector)
    }
  }
}
IdRule.ORDER = 0
```

클래스 규칙의 쿼리 셀렉터는 .kind와 같은 식으로 작성되며 HTML에서 〈tag class="kind"〉…〈/tag〉와 매칭됩니다. 실제 CSS와 달리 노드당 하나의 클래스만 허용됩니다.

```
export class ClassRule extends CssRule {
  constructor (selector, styles) {
    assert(selector.startsWith('.') && (selector.length > 1),
      `Class rule ${selector} must start with . and have a selector`)
    super(ClassRule.ORDER, selector.slice(1), styles)
  }

  match (node) {
    return ('attributes' in node) &&
      ('class' in node.attributes) &&
      (node.attributes.class === this.selector)
  }
}
ClassRule.ORDER = 1
```

마지막으로, 태그 규칙은 적용되는 노드 유형의 이름만 가지고 있으며 어떤 구두점도 없습니다.

```
export class TagRule extends CssRule {
  constructor (selector, styles) {
    super(TagRule.ORDER, selector, styles)
  }

  match (node) {
    return this.selector === node.tag
  }
}
TagRule.ORDER = 2
```

우리는 일련의 CSS들을 읽고 객체로 변환하는 또 다른 파서를 작성할 수 있겠지만, 이 장이 이미 충분히 긴 편이므로 규칙을 JSON으로 작성하겠습니다.

```
{
'row': { width: 20 },
'.kind': { width: 5 },
'#name': { height: 10 }
}
```

그리고 해당 JSON 표현을 객체들의 집합으로 변환하는 클래스를 작성하겠습니다.

```
export class CssRuleSet {
  constructor (json, mergeDefaults = true) {
    this.rules = this.jsonToRules(json)
  }

  jsonToRules (json) {
    return Object.keys(json).map(selector => {
      assert((typeof selector === 'string') && (selector.length > 0),
        'Require non-empty string as selector')
      if (selector.startsWith('#')) {
        return new IdRule(selector, json[selector])
      }
      if (selector.startsWith('.')) {
        return new ClassRule(selector, json[selector])
      }
      return new TagRule(selector, json[selector])
    })
  }

  findRules (node) {
    const matches = this.rules.filter(rule => rule.match(node))
    const sorted = matches.sort((left, right) => left.order - right.order)
    return sorted
  }
}
```

일련의 CSS 규칙 클래스에는 주어진 DOM 노드의 규칙을 찾기 위한 메서드도 있습니다. 이 메서드는 클래스에 정의한 우선 순위 값을 활용하여 클래스를 정렬해서 가장 구체적인 규칙을 찾을 수 있습니다. 다음은 최종 테스트 세트입니다.

```
it("styles a tree of nodes with multiple rules", async () => {
    const html = [
        '<col id="name">',
        '<row class="kind">first\nsecond</row>',
        "<row>third\nfourth</row>",
        "</col>",
    ];
    const dom = parseHTML(html.join(""));
    const rules = new CssRuleSet({
        ".kind": { height: 3 },
        "#name": { height: 5 },
        row: { width: 10 },
    });

    dom.findRules(rules);
    assert.deepStrictEqual(dom.rules, [new IdRule("#name", { height: 5 })]);
    assert.deepStrictEqual(dom.children[0].rules, [
        new ClassRule(".kind", { height: 3 }),
        new TagRule("row", { width: 10 }),
    ]);

    assert.deepStrictEqual(dom.children[1].rules, [
        new TagRule("row", { width: 10 }),
    ]);
});
```

더 진행한다면, 우리는 셀의 getWidth와 getHeight 메서드를 오버라이드해서 스타일을 주의 깊게 살펴보게 될 것입니다. 또한 스타일이 정의되지 않은 셀에 대해 기본값을 사용하거나, 에러로 플래그를 지정하거나, 자식 노드의 내용에 따라 선택 여부를 결정할 것입니다. 이러한 가능성들을 연습에서 탐구하겠습니다.

NOTE **모든 것이 시작된 곳**

이 장의 주제는 이 책 전체가 자란 씨앗 중 하나였습니다(다른 하나는 20장에서 논의된 디버거입니다). 몇 년간 CSS와 씨름한 후에 나는 정말로 그렇게 복잡해야 하는 건지 궁금해졌습니다. 이 질문은 다른 질문으로 이어져, 결국 이 모든 것으로 이어졌습니다. 교훈은 바로, 질문은 신중하게 하라는 것입니다.

| 노드 클래스 리팩토링

블록, 행 및 열을 나타내는 클래스를 리팩토링하여 다음과 같이 변경합니다.

1. 모두 공통 부모에서 파생되도록 합니다.

2. 모든 공통 동작이 해당 부모에서 정의되도록 합니다(최소한 플레이스홀더 메서드로).

| 규칙 충돌 처리하기

충돌하는 두 개의 규칙이 정의된 경우 나중에 정의된 규칙이 우선하도록 규칙 조회 메커니즘을 수정하세요. 예를 들어 row.bold에 대한 정의가 두 개 있는 경우 CSS의 JSON 표현에서 마지막에 나오는 정의가 우선합니다.

| 임의의 태그 처리하기

임의의 HTML 엘리먼트를 처리하도록 기존 코드를 수정합니다.

1. 파서는 〈anyTag〉...〈/anyTag〉를 인식해야 합니다.

2. 행과 열을 위한 별도의 클래스 대신 Node라는 하나의 클래스를 사용하고 tag 속성으로 그 유형을 식별하도록 합니다.

| 노드 재사용하기

필요한 경우에만 새 행과 열이 생성되도록 줄 바꿈 코드를 수정합니다. 예를 들어 너비 10의 행에 문자열 "fits"가 포함된 텍스트 노드가 있는 경우 새로운 행과 열이 삽입되지 않도록 합니다.

| 빈 공간으로 배경 렌더링

렌더링 코드를 수정해서 블록 노드의 텍스트만 표시되도록 변경합니다. 즉, 행과 열의 빈 공간이 공백으로 렌더링되어야 합니다.

| 긴 텍스트 자르기

1. 텍스트 블록이 사용 가능한 공간보다 너무 넓을 경우 추가 문자가 잘리도록 줄 바꿈 및 렌더링을 수정하세요. 예를 들어, 너비가 5인 열에 "unfittable"이라는 줄이 포함된 경우 "unfit"만 나타나야 합니다.

2. 잘리는 것을 피하기 위해 필요한 경우 스페이스에서 줄을 나누도록 코드를 수정하세요.

양방향 렌더링

기존 소프트웨어를 수정해서 좌에서 우로 또는 우에서 좌로 렌더링할 수 있도록 변경하세요.

동일한 크기로 만들기

기존 코드를 수정해서 탄력적인 열을 지원하도록 변경하세요. 즉, 행의 모든 열이 자동으로 동일한 너비를 갖도록 크기가 조정되어야 합니다. 열의 수가 행의 너비로 정확히 나누어지지 않는 경우 왼쪽에서 오른쪽으로 가능한 한 공간을 균등하게 할당하세요.

엘리먼트 패딩하기

1. 작성자가 행 및 열 요소에 대한 패딩 속성을 정의할 수 있습니다.

2. 노드가 렌더링될 때 콘텐츠의 네 면 모두에 해당 속성 만큼의 공백이 추가됩니다.

예를 들어, HTML ⟨row⟩text⟨/row⟩은 다음과 같이 렌더링됩니다.

여기서 선은 렌더링의 바깥쪽 테두리를 나타냅니다.

테두리border 그리기

1. 기존 코드를 수정해서 엘리먼트가 border: true 또는 border: false(후자가 기본)를 지정할 수 있도록 변경하세요. 엘리먼트의 border 속성이 true인 경우 점선 테두리로 그려집니다. 예를 들어, row의 border 속성이 true이면 ⟨row⟩text⟨/row⟩는 다음과 같이 렌더링됩니다.

2. 솔루션을 확장해서, 인접한 두 셀이 모두 테두리를 가지고 있는 경우 테두리가 하나만 그려지도록 변경하세요. 예를 들어, col의 border 속성이 true인 경우,

```
<row><col>left</col><col>right</col></row>
```

다음과 같이 렌더링됩니다.

파일 보간기

CHAPTER 12

사용하는 용어

헤더 파일 header file	문학적 프로그래밍 literate programming
로더 loader	샌드박스 sandbox
검색 경로 search path	셸 변수 shell variable

이 장의 많은 예제들이 인쇄된 페이지에 하나의 코드 블록으로 편안하게 보여주기에는 너무 길기 때문에, 예제들을 분할할 방법이 필요했습니다. 실험적으로 특별한 형식의 주석이 담긴 소스 파일을 읽고 해당 주석에서 지정된 파일을 읽어, 코드를 실행하기 전에 삽입하는 커스텀 모듈 로더를 작성했습니다(그림 12.1). 현대적인 프로그래밍 언어는 이러한 방식으로 동작하지 않지만, C 및 C++에서는 헤더 파일을 사용하고, 정적 사이트 생성기(9장)는 HTML 조각을 공유하기 위해 이 작업을 수행합니다.

우리 소스 파일의 특별한 주석에는 표시된 버전에 넣을 텍스트와 로딩할 때 포함할 파일이 포함되어 있습니다.

```
class Something {
    /*+ constructor + constructor.js +*/
    /*+ a long method + long_method.js +*/
    /*+ another method + another_method.js +*/
}
```

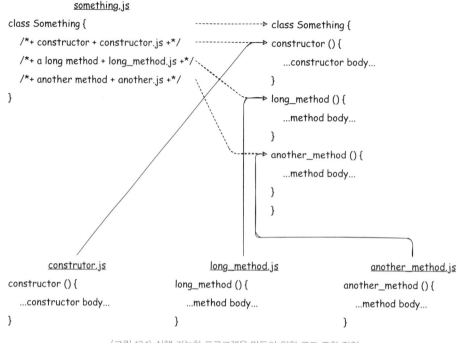

〈그림 12.1〉 실행 가능한 프로그램을 만들기 위한 코드 조합 작업

이 방법은 작동했지만 이 책에서는 다른 접근 방식을 사용하기로 했습니다. 문제는 스타일 검사 도구인 ESLint[1]가 우리가 포함시킨 내용을 어떻게 처리해야 할지 몰라서 이를 수정하거나 자체적인 스타일 검사기를 만들어야 한다는 것이었습니다(14장에서 실제로 그렇게 하겠지만, ESLint까지 멀리 가지는 않을 것입니다).

폐기하긴 했지만, 이 삽입 도구는 자바스크립트가 소스 코드를 실행 가능한 것으로 바꾸는 방법을 보여줄 수 있는 좋은 방법입니다. 다음 몇 장에서 이 작업을 수행할 수 있어야 하므로 지금부터 다루도록 하겠습니다.

12.1 자바스크립트를 어떻게 동적으로 평가할까요?

우리는 파일을 웹과 인쇄에서 그대로 표시하고, import로 뭔가를 로드할 때 특별한 주석에 참조된 파일들을 삽입(보간)하고 싶습니다. 이를 위해 자바스크립트 프로그램의 라이프사이클을 이해해야 합니다. 파일을 요청하면 Node는 텍스트를 읽고 실행 가능한 명령으로 변환한 다음 그 명령을 실행합니다. eval

---

1 https://eslint.org/

이라는 함수를 사용해서 언제든지 두 번째와 세 번째 단계를 수행할 수 있는데, 이 함수는 문자열을 입력으로 받아 프로그램의 일부인 것처럼 실행합니다(그림 12.2).

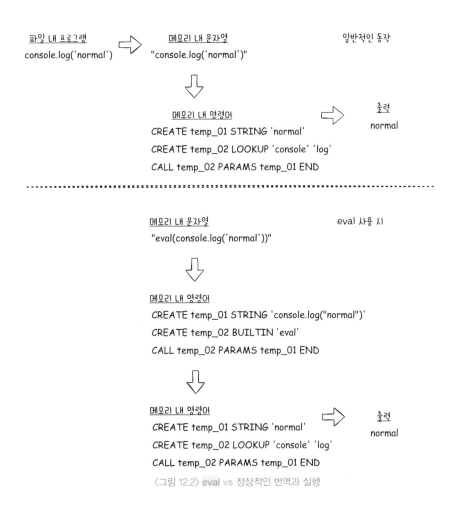

〈그림 12.2〉 eval vs 정상적인 번역과 실행

NOTE **좋은 생각은 아닙니다**

eval은 보안 위협입니다. 임의의 코드는 임의의 작업을 수행할 수 있으므로 사용자가 입력한 문자열을 어떤 검사도 없이 실행하면 전 세계의 나쁜 의도를 가진 이들에게 책갈피 목록을 이메일로 보낼 수 있고, 하드 드라이브를 지울 수 있거나 코드가 할 수 있는 무엇이든 다른 어떤 작업이든(사실 거의 모든 작업) 수행할 수 있습니다. 브라우저는 안전을 위해 코드를 샌드박스에서 실행하려 노력하지만, Node는 그렇지 않으므로 (매우)신중해야 합니다.

eval을 확인해 보기 위해 식을 평가해 보겠습니다.

```
console.log(eval('2 + 2'))
```

```
4
```

eval에 전달된 입력이 2 + 2가 아니라 문자 2, 공백, 덧셈 기호, 또 다른 공백, 그리고 또 다른 2가 들어 있는 문자열임을 주목하세요. eval을 호출하면 이 문자열이 우리 프로그램에 사용되는 것과 정확히 같은 파서를 사용해서 즉시 실행됩니다.

이 예제를 조금 더 흥미롭게 만들 수 있습니다. 문자열을 동적으로 구성해 보겠습니다.

```
const x = 1;
const y = 3;
const z = 5;
for (const name of ["x", "y", "z", "oops"]) {
    const expr = `${name} + 1`;
    console.log(name, "+ 1 =", eval(expr));
}
```

```
x + 1 = 2
y + 1 = 4
z + 1 = 6
undefined :1
oops + 1
^

ReferenceError : oops is not defined
    at eval ( eval at <anonymous > \
    (/u/ stjs /file - interpolator /eval - loop .js :7:30) , <anonymous >:1:1)
    at /u/ stjs /file - interpolator /eval - loop .js :7:30
    at ModuleJob . run ( internal / modules / esm / module_job .js :152:23)
    at async Loader . import ( internal / modules /esm / loader .js :166:24)
    at async Object . loadESM ( internal / process / esm_loader .js :68:5)
```

루프가 처음 실행될 때 문자열은 'x + 1'입니다. 현재 범위에 x라는 변수가 있으므로 eval은 덧셈을 수행하고 결과를 출력합니다. 변수 y와 z에 대해서도 동일한 일이 발생하지만 'oops + 1'이라는 문자열을 평가하려고 하면 범위에 oops라는 변수가 없기 때문에 에러가 발생합니다.

eval은 호출될 때 현재 범위에 있는 변수를 사용할 수 있지만, eval이 정의하는 변수는 어떻게 되는 걸까요? 다음 예제에서는 x라는 변수를 생성하고 console.log를 실행해서 출력하지만, 출력 결과에서 볼 수 있듯이 함수 내에서 생성된 변수는 해당 함수 호출 중에만 존재하는 것처럼 x는 eval 호출 내에서만 지역 변수로 존재합니다.

```
const code = `
    const x = 'hello'
    console.log('x in eval is', x)
`

eval(code)
console.log("typeof x after eval", typeof x)
```

```
x in eval is hello
typeof x after eval undefined
```

그러나 eval은 함수가 전역 변수를 수정할 수 있는 것과 같은 방식으로, 평가 중인 텍스트 외부에 정의된 변수를 수정할 수 있습니다.

```
let x = 'original'
eval('x = "modified"')
console.log('x after eval is', x)
```

```
x after eval is modified
```

만약 eval에 전달한 텍스트가 텍스트 외부에서 정의된 구조를 변경한다면, 해당 변경은 eval 호출을 벗어나서도 계속 유지됩니다.

```
const seen = {};

for (const name of ["x", "y", "z"]) {
    const expr = `seen["${name}"] = "${name.toUpperCase()}"`;
    eval(expr);
}

console.log(seen);
```

```
{ x: 'X', y: 'Y', z: 'Z' }
```

지금까지의 예제는 모두 프로그램 내에 삽입된 문자열을 평가했지만, eval은 입력이 어디서 오는지 신경 쓰지 않습니다. 수정 작업을 하는 코드를 to-be-loaded.js로 옮겨봅시다.

```
// 로드하는 사람이 정의한 전역 구조를 수정합니다.
Seen.from_loaded_file = 'from loaded file'
```

이 코드는 그 자체로 동작하지 않습니다. Seen이 정의되지 않았기 때문입니다.

```
/u/stjs/file-interpolator/to-be-loaded.js :3
Seen.from_loaded_file = 'from loaded file '
^

ReferenceError : Seen is not defined
at /u/stjs/file-interpolator/to-be-loaded.js :3:1
at ModuleJob.run ( internal/modules/esm/module_job.js :152:23)
at async Loader.import ( internal/modules/esm/loader.js :166:24)
at async Object.loadESM ( internal/process/esm_loader.js :68:5)
```

하지만 Seen을 정의한 후 파일을 읽고 텍스트를 평가하면 원하는 대로 작동합니다.

```
import fs from "fs";

const Seen = {};

const filename = process.argv[2];
const content = fs.readFileSync(filename, "utf-8");
console.log("before eval, Seen is", Seen);
eval(content);
console.log("after eval, Seen is", Seen);
```

```
node does-the-loading.js to-be-loaded.js
```

```
before eval, Seen is {}
after eval, Seen is { from_loaded_file: 'from loaded file' }
```

이 책의 소스 파일은 반복해서 읽을 경우를 걱정할 정도로 크지 않기 때문에 괜찮지만, 큰 시스템이나 네트워크 지연이 발생할 수 있는 상황에서는 불필요한 반복 읽기를 피하려고 합니다. 이때 일반적인 접근 방식은 우리가 처음으로 4장에서 만났던 싱글톤 패턴을 사용하여 캐시를 생성하는 방식입니다. 파일을 읽고 싶을 때마다 캐시에 이미 존재하는지 확인합니다(그림 12.3). 이미 있다면 해당 사본을 사용하고, 그렇지 않으면 파일을 읽어 파일 경로를 조회 키로 사용하여 캐시에 추가합니다.

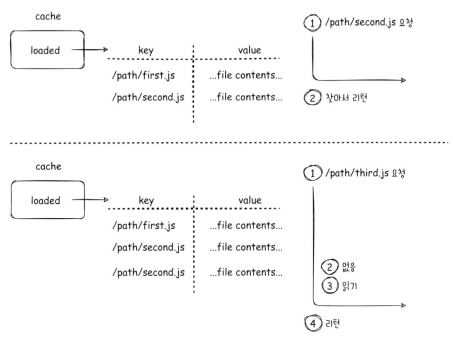

〈그림 12.3〉 싱글톤 패턴을 사용한 로드된 파일의 캐시 구현

여기서는 몇 줄의 간단한 코드로 간단한 캐시를 작성할 수 있습니다.

```
import fs from "fs"

class Cache {
    constructor() {
        this.loaded = new Map()
    }

    need(name) {
        if (this.loaded.has(name)) {
```

```
        console.log(`returning cached value for ${name}`)
        return this.loaded.get(name)
    }
    console.log(`loading ${name}`)
    const content = fs.readFileSync(name, "utf-8")
    const result = eval(content)
    this.loaded.set(name, result)
    return result;
  }
}

const cache = new Cache()

export default (name) => {
    return cache.need(name)
};
```

하지만 eval을 사용하기 때문에 프로그램의 나머지 부분에서 사용할 수 있도록 export를 쓰면 안됩니다. 대신 eval 호출의 결과가 마지막으로 평가된 표현식의 값이라는 사실을 활용합니다. 변수 이름 자체가 변수의 값으로 평가되기 때문에 함수를 만들고 나서 그 이름을 사용하여 평가된 파일에서 "내보낼" 수 있습니다.

```
// Define.
const report = (message) => {
    console.log(`report in import-01.js with message "${message}"`)
}

// Export.
report
```

프로그램을 테스트하기 위해, import를 사용해서 캐시의 구현을 로드한 다음, 이를 사용해 다른 파일을 로드하고 평가합니다. 다음 예제는 "다른 파일"에서 함수를 정의하고 있다고 보고, 그 함수를 호출하여 모든 것이 제대로 작동하는지를 봅니다.

```
import need from "./need-simple.js"

const imported = need("./import-simple.js")
imported("called from test-simple.js")
```

```
node test-simple.js
```

12.3 파일은 어떻게 찾나요?

예제에 포함된 각 파일은 그것을 포함하는 파일과 동일한 디렉터리에 있습니다. 그러나 C/C++이나 페이지 템플릿 시스템에서는 특정 파일을 여러 곳에서 포함할 수 있습니다. 모든 파일을 하나의 디렉터리에 넣고 싶지 않기 때문에 포함되는 파일을 찾을 위치를 지정하는 방법이 필요합니다.

하나의 옵션은 상대 경로를 사용하는 것이지만, 다른 옵션은 프로그램에 찾을 디렉터리 목록을 제공하는 것입니다. 이를 검색 경로search path라고 하고, 많은 프로그램이 사용하며 Node 자체도 사용합니다. 관례적으로 검색 경로는 Unix에서는 콜론으로 구분된 디렉터리 목록으로 작성되며, Windows에서는 세미콜론을 사용합니다. 포함된 파일의 경로가 ./로 시작하면 해당 파일을 현재 디렉터리에서 찾습니다. 그렇지 않으면 이름이 일치하는 파일을 찾을 때까지 검색 경로의 디렉터리를 순서대로 살펴봅니다(그림 12.4).

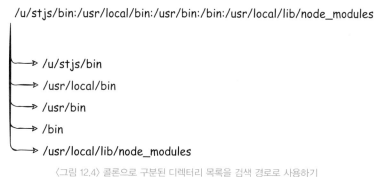

〈그림 12.4〉 콜론으로 구분된 디렉터리 목록을 검색 경로로 사용하기

NOTE **원래 그런 겁니다**

앞서 언급한 검색 경로에 관한 규칙은 관례입니다. 누군가가 예전에 이렇게 했고 (거의)모든 사람들이 그대로 따라왔습니다. 다른 방식으로 검색 경로를 구현할 수도 있지만, 설정 파일 형식, 변수 명명 규칙 및 여러 가지 다른 것들과 마찬가지로 어떤 때는 안정성과 일관성을 유지하는 것은 중요합니다.

캐시는 파일 찾기를 담당하므로 검색 경로도 처리해야 합니다. 클래스의 개요는 동일하게 유지됩니다.

```javascript
import fs from "fs"
import path from "path"

class Cache {
    constructor() {
        this.loaded = new Map()
        this.constructSearchPath()
    }

    need(fileSpec) {
        if (this.loaded.has(fileSpec)) {
            console.log(`returning cached value for ${fileSpec}`)
            return this.loaded.get(fileSpec)
        }
        console.log(`loading value for ${fileSpec}`)
        const filePath = this.find(fileSpec)
        const content = fs.readFileSync(filePath, "utf-8")
        const result = eval(content)
        this.loaded.set(fileSpec, result)
        return result
    }
}

const cache = new Cache()

export default (fileSpec) => {
    return cache.need(fileSpec)
}
```

검색 경로를 얻기 위해 NEED_PATH라는 셸 변수^{shell variable}를 찾습니다(셸 변수의 이름을 대문자로 작성하는 것은 또 다른 관례입니다). NEED_PATH가 존재하면 콜론으로 분리해서 디렉터리 목록을 생성합니다.

```javascript
constructSearchPath() {
        this.searchPath = []
        if ("NEED_PATH" in process.env) {
            this.searchPath = process.env.NEED_PATH
.split(":")
.filter(x => x.length > 0 )
        }
    }
```

파일을 찾아야 할 때, 먼저 경로가 현재 경로인지 확인합니다. 만약 현재 경로가 아니라면, 검색 경로의 디렉터리를 순서대로 시도합니다.

이를 테스트하기 위해 가져올 파일을 modules라는 하위 디렉터리에 넣습니다.

```
// Define.
const report = (message) => {
    console.log(`in LEFT with message "${message}"`)
}
// Export.
report
```

그런 다음 현재 디렉터리에 가져오는 파일을 넣습니다.

```
import need from './need-path.js'
const imported = need('imported-left.js')
imported('called from test-import-left.js')
```

이제 변수 NEED_PATH를 설정해야 합니다. 셸에서 설정하는 방법은 여러 가지가 있습니다. 변수가 하나의 명령을 위해 존재해야 하는 경우, 가장 간단한 방법은 명령 바로 앞(동일한 줄)에 다음과 같이 작성하는 것입니다.

```
NAME=value command
```

다음은 현재 작업 디렉터리를 얻기 위해 $PWD를 사용해서 테스트 케이스를 실행하는 셸 명령입니다.

```
NEED_PATH=$PWD/modules/ node test-import-left.js
```

```
loading value for imported-left.js
trying /u/stjs/file-interpolator/modules/imported-left.js for \
imported-left.js
in LEFT with message "called from test-import-left.js"
```

이제 modules 디렉터리에 두 번째로 가져올 수 있는 파일을 생성해 봅시다.

```
// Define.
const report = (message) => {
    console.log(`in RIGHT with message "${message}"`)
}
// Export.
report
```

캐싱이 제대로 작동하는지 확인하기 위해 이 파일을 두 번 로드합니다.

```
import need from "./need-path.js"

const imported = need("imported-right.js")
imported("called from test-import-right.js")

const alsoImported = need("imported-right.js")
alsoImported("called from test-import-right.js")
```

```
loading value for imported-right.js
trying /u/stjs/file-interpolator/modules/imported-right.js for \
imported-right.js
in RIGHT with message "called from test-import-right.js" returning cached value for
imported-right.js
in RIGHT with message "called from test-import-right.js"
```

12.4 코드 조각은 어떻게 삽입할까요?

코드 조각을 삽입하는 것은 다음 기능이 준비되면 간단합니다. Cache.find를 수정해서 디렉터리와 파일 경로를 반환하도록 하고, 특수 주석을 대체하는 interpolate 메서드를 추가합니다.

```
class Cache {
    // ...
    interpolate(fileDir, outer) {
        return outer.replace(
            Cache.INTERPOLATE_PAT,
```

```
            (match, comment, filename) => {
                filename = filename.trim()
                const filePath = path.join(fileDir, filename)
                if (!fs.existsSync(filePath)) {
                    throw new Error(`Cannot find ${filePath}`)
                }
                const inner = fs.readFileSync(filePath, "utf-8")
                return inner
            }
        )
    }

    // ...
}


Cache.INTERPOLATE_PAT = /\/\*\+).+?)\+).+?)\+\*\//g
```

이제 다음과 같은 파일을 만들 수 있습니다.

```
class Example {
    constructor(msg) {
        this.constructorMessage = msg
    }
    /*+ top method + import-interpolate-topmethod.js +*/
    /*+ bottom method + import-interpolate-bottommethod.js +*/
}

Example
```

하위 파일은 다음과 같고,

```
topMethod (msg) {
    this.bottomMethod(`(topMethod ${msg})`)
}
```

다음과 같습니다.

```
bottomMethod (msg) {
    console.log(`(bottomMethod ${msg})`)
}
```

테스트해 봅시다.

```
node test-import-interpolate.js
```

```
(bottomMethod (topMethod called from test-import-interpolate.js))
```

이 프로그램이 실행될 때, 그 라이프 사이클은 다음과 같습니다.

1. Node가 test-import-interpolate.js를 실행합니다.
2. need-interpolate를 import하는 것을 보고 해당 코드를 읽고 평가합니다.
3. 이로써 싱글톤 캐시 객체가 생성됩니다.
4. 프로그램은 need('./import-interpolate.js')를 호출합니다.
5. 이는 캐시를 확인하나 아직 없습니다.
6. 그래서 import-interpolate.js를 로드합니다.
7. 텍스트에서 두 개의 특수 형식의 주석을 찾습니다.
8. 각 주석이 설명하는 파일을 로드하고 주석 자리에 텍스트를 삽입합니다.
9. 이제 전체 텍스트가 준비되었으므로 eval을 호출합니다.
10. eval의 결과인 클래스를 캐시에 저장합니다.
11. 또한 그 클래스를 반환합니다.
12. 그런 다음 해당 클래스의 인스턴스를 만들고 해당 메서드를 호출합니다.

이것은 작동하지만 소개에서 언급한 대로 다른 도구들과 호환되지 않아 사용하지 않기로 결정했습니다. 소프트웨어는 고립되어 존재하지 않습니다. 디자인을 평가할 때 항상 우리가 가지고 있는 모든 것과 어떻게 조화롭게 어우러지는지를 고려해야 합니다.

12.5 삽입 외의 방법은 없을까요?

파일 조각을 삽입하는 대신 아래에 표시된 ⟨fragment⟩...⟨/fragment⟩ 쌍과 같은 특수한 형식의 주석을 기반으로 일반 자바스크립트 파일의 일부를 추출하거나 지웁니다.

```
class Example {
    constructor (name) {
        this.name = name
    }

    // <fragment>
    fragment (message) {
        console.log(`${name}: ${message}`)
    }
    // </fragment>
}
```

우리가 보여주고 싶은, 해당 파일의 일부를 선택하는 코드는 페이지 템플릿 시스템의 일부입니다. 이 시스템은 웹사이트의 새로운 버전이 빌드될 때마다 코드를 다시 추출해서 표시하기 때문에, 항상 예제의 현재 버전에 있는 내용을 보여줄 수 있습니다. 그러나 이 시스템은 코드의 설명을 자동으로 업데이트하지 않습니다. 우리가 "X로 수정한다"라고 쓰고 코드를 Y로 수정하면 설명의 일관성이 없을 수 있습니다. 문서화 프로그래밍은 이를 방지하려고 고안되었지만, 아쉽게도 대부분의 "문서화"라고 자칭하는 프로그래밍 시스템은 도널드 크누트[Donald Knuth2]의 원래 비전의 일부만을 구현하고 있습니다.

2   https://www-cs-faculty.stanford.edu/ knuth/

12.6 연습

▎보안 관련

1. 파일을 읽어서 실행하고 결과를 반환하는 함수인 loadAndRun을 작성하세요.

2. trust-me.js라는 파일을 만들고, 해당 파일이 실행될 때 "nothing happening here"를 출력하고 target이라는 디렉터리의 모든 것을 삭제하도록 만드세요.

3. mock-fs를 사용하여 이에 대한 테스트를 작성하세요.

4. 이 연습을 진행할 때 주의하시기 바랍니다.

▎함수 로드

다음과 같이 단일 인자 함수가 포함된 파일을 읽는 함수를 작성합니다.

```
addOne: (x) => x + 1
halve: (x) => x / 2
array: (x) => Array(x).fill(0)
```

그리고 작성된 함수가 호출 가능한 함수를 포함한 객체를 반환하도록 만드세요.

▎함수 등록하기

다음과 같이 함수 정의가 포함된 파일을 하나 이상 로드하고 로드된 모든 함수가 포함된 목록을 반환하는 함수를 작성하세요.

```
const double = (x) => {
    return 2 * x
}

EXPORTS.append(double)
```

▎삽입 구문 들여쓰기

파일 삽입inclusion 시스템을 수정해서 삽입되는 파일이 삽입하는 주석과 동일한 양만큼 들여쓰기되도록 만들어 보세요. 예를 들어, 포함한 파일이 다음과 같고,

```
const withLogging = (args) => {
```

```
    /*+ logging call + logging.js +*/
}

withLogging
```

포함되는 파일이 다음과 같은 경우,

```
console.log ('first message')
console.log ('second message')
```

결과는 다음과 같습니다.

```
const withLogging = (args) => {
    console.log('first message')
console.log('second message')
}

withLogging
```

즉, 포함되는 모든 줄이 첫 번째 줄과 일치하도록 들여쓰기가 되어야 합니다.

| 하위 디렉터리에서 보간하기

파일 보간기^{interpolator}를 수정해서 상대 경로를 사용하여 하위 디렉터리에서 코드 조각을 포함할 수 있도록 만들어 보세요.

| 삽입을 위한 재귀적 검색

1. 검색 경로에 있는 디렉터리의 모든 하위 디렉터리를 재귀적으로 검색해서 삽입 항목을 찾을 수 있도록 파일 보간기를 수정해 보세요.

2. 이것이 좋지 않은 이유를 설명하세요.

| 변수 정의하기

사용자가 이름,−값 쌍이 포함된 맵을 전달하고 이를 로드되는 파일의 텍스트에 보간할 수 있도록 파일 삽입 시스템을 수정합니다. 값을 보간하려면 포함된 파일에 @@이름@@을 사용해야 합니다.

| 마커 지정하기

사용자가 삽입 코멘트 마커를 재정의할 수 있도록 파일 삽입 시스템을 수정합니다. 예를 들어, 사용자가 /*! 및 !*/를 사용해서 삽입을 표시하도록 지정할 수 있어야 합니다(이 기능은 삽입 마커를 해석하지 않고 표시해야 하는 튜토리얼에서 자주 사용됩니다).

| 재귀적 삽입

파일 보간기를 수정해서 재귀적으로 삽입을 지원하도록 만들어 보세요. 즉, 삽입되는 파일에서 삽입 주석을 처리할 수 있어야 합니다. 무한 삽입에 대한 조치도 취해야 합니다.

| 파일 슬라이스

다음과 같이 특수한 형식의 주석이 포함된 자바스크립트 소스 파일을 읽고 지정된 섹션을 추출하는 함수를 작성하세요.

```javascript
const toBeLeftOut = ( args ) => {
    console . log (' this should not appear ')
}

// <keepThis >
const toBeKept = ( args ) => {
    console . log (' only this function should appear ')
}
// </ keepThis >
```

이 함수는 자바스크립트 소스 파일을 읽어 특정 태그로 둘러싸인 섹션을 찾아 배열로 반환합니다. 사용자는 추출하려는 임의의 태그를 지정할 수 있으며 해당 태그가 여러 번 나타나면 해당 태그로 표시된 모든 섹션을 유지해야 합니다(이 책에서는 파일 보간 대신 이 접근 방식을 사용했습니다).

모듈 로더

절대 경로absolute path

순환 종속성circular dependency

유향 그래프directed graph

내장 함수inner function

최근 사용 우선 캐시Least Recently Used cache

즉시 실행 함수 표현immediately-invoked function expression

네임스페이스

별칭alias

클로저closure

캡슐화encapsulate

플러그인 아키텍처

12장에서는 eval을 사용해서 코드를 동적으로 로드하는 방법을 보여주었습니다. 이를 사용하여 자바스크립트의 require 함수의 커스텀 버전을 만들 수 있습니다. 만들어진 함수는 소스 파일의 이름을 인수로 받고 해당 파일이 내보내는 것을 반환할 것입니다. 그리고 이러한 함수에는 실수로 덮어쓰기를 피해야 합니다. 우리가 코드를 eval하고 그 코드가 프로그램에서 x라는 변수를 할당한다면, 기존에 프로그램에 있던 x가 덮어쓰일 수 있습니다. 따라서 로드하는 내용을 **캡슐화**하는 방법이 필요합니다. 우리의 접근 방식은 많은 유용한 정보가 포함되어 있는 [Casciaro2020]에 기반하고 있습니다.

13.1 네임스페이스는 어떻게 구현할까요?

네임스페이스는 프로그램 내에서 다른 네임스페이스와 격리된 이름들의 모음입니다. 대부분의 현대 언어는 프로그래머들이 실수로 서로의 작업에 방해되지 않도록 네임스페이스를 내장 기능으로 제공합니다. 그러나 자바스크립트는 그렇지 않기 때문에 우리 스스로 네임스페이스를 구현해야 합니다.

이를 위해 클로저closure를 사용할 수 있습니다. 모든 함수는 네임스페이스이기에 함수 내부에 정의된 변수는 함수 외부에 정의된 변수와 구별됩니다(그림 13.1). 우리가 관리하려는 변수를 함수 내에서 생성한 다음 첫 번째 함수 내에 다른 함수를 정의하고 해당 내부 함수를 반환하면, 그 내부 함수만이 해당 변수에 대한 참조를 가지게 됩니다. 이것은 클로저라고 불리는 개념입니다.

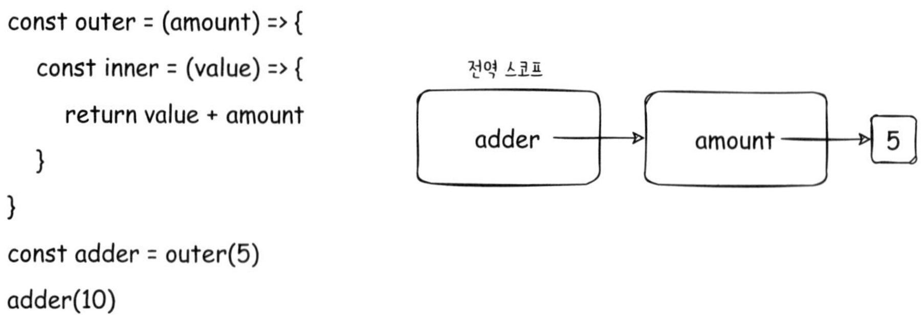

```
const outer = (amount) => {
    const inner = (value) => {
        return value + amount
    }
}
const adder = outer(5)
adder(10)
```

〈그림 13.1〉 클로저를 사용해서 private 변수 생성하기

예를 들어 인수에 항상 동일한 문자열을 추가하는 함수를 만들어 보겠습니다.

```
const createAppender = (suffix) => {
    const appender = (text) => {
        return text + suffix
    }

    return appender
}

const exampleFunction = createAppender(" and that")
console.log(exampleFunction("this"))
console.log("suffix is", suffix)
```

실행하면 매개변수 'suffix'에 할당된 값은 여전히 존재하지만 내부 함수에서만 접근할 수 있게 됩니다.

```
this and that
/u/stjs/module-loader/manual-namespacing.js:10
console.log ('suffix is',suffix )
ReferenceError:suffix is not defined
    at /u/stjs/module - loader/manual - namespacing.js:10:26
    at ModuleJob.run (internal/modules/esm/module_job.js:152:23)
    at async Loader.import(internal/modules/esm/loader.js:166:24)
    at async Object.loadESM(internal/process/esm_loader.js:68:5)
```

사용자가 호출할 수 있도록, 각 모듈에서 이와 같은 설정 함수를 정의하도록 요구할 수도 있지만 eval 덕분에 파일 내용을 함수로 래핑하고 자동으로 호출할 수 있습니다. 이를 위해 우리는 '즉시 실행 함수 표현[IIFE]'라고 하는 것을 만들 것입니다. () => {...} 구문은 함수를 정의합니다. 정의를 괄호 안에 넣고 그 바로 뒤에 다른 쌍의 괄호를 놓으면

```
(() => {...})()
```

인자가 없는 함수를 정의하고 즉시 호출하는 코드를 갖게 됩니다. 이 트릭을 사용해서 이전 예제와 동일
한 효과를 한 번에 얻을 수 있습니다.

```
const contents = (() => {
    const privateValue = "private value"
    const publicValue = "public value"
    return { publicValue }
})()

console.log(`contents.publicValue is ${contents.publicValue}`)
console.log(`contents.privateValue is ${contents.privateValue}`)
```

```
contents.publicValue is public value
contents.privateValue is undefined
```

NOTE **파서의 혼동 방지**

원래 정의 주위에 추가된 괄호는 파서가 올바른 순서로 평가하도록 강제합니다. 만약 우리가 다음과 같
이 작성한다면,

```
() => {...}()
```

자바스크립트는 이를 방금 정의한 함수에 대한 즉시 호출이 아니라 함수 정의 뒤의 빈 표현식으로 해석
합니다.

13.2 모듈은 어떻게 로드하나요?

로드 중인 모듈이 require처럼 module.exports에 이름을 내보내도록 하려면, module이라는 객체를 제공하고 IIFE(즉시 실행 함수 표현)를 생성해야 합니다(모듈이 다른 모듈을 로드하는 문제는 나중에 다루겠습니다). loadModule 함수는 파일 이름을 가져와서 새로운 모듈 객체를 생성해서 반환합니다. 우리가 작성하고 빌드하고 eval하는 함수의 매개변수는 module로 지정해야 module.exports에 값을 할당할 수 있습니다. 명확성을 위해 loadModule에서 전달하는 객체를 result로 부르겠습니다.

```
import fs from "fs"

const loadModule = (filename) => {
    const source = fs.readFileSync(filename, "utf-8")
    const result = {}
    const fullText = `((module) => {${source}})(result)`
    console.log(`full text for eval:\n${fullText}\n`)
    eval(fullText)
    return result.exports
}

export default loadModule
```

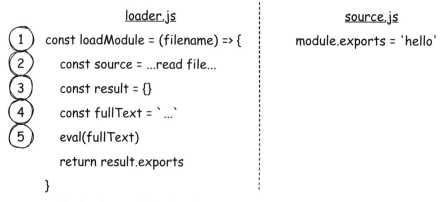

〈그림 13.2〉 IIFE를 사용하여 모듈을 캡슐화하고 그 내보내기를 얻는 방법(파트 1)

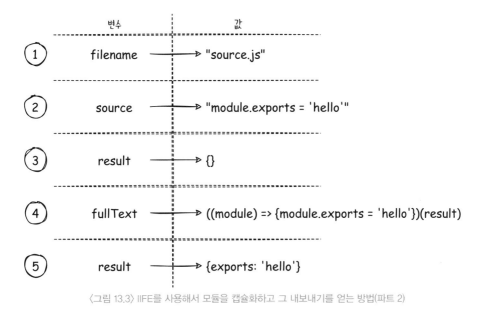

변수	값
① filename	⟶ "source.js"
② source	⟶ "module.exports = 'hello'"
③ result	⟶ {}
④ fullText	⟶ ((module) => {module.exports = 'hello'})(result)
⑤ result	⟶ {exports: 'hello'}

〈그림 13.3〉 IIFE를 사용해서 모듈을 캡슐화하고 그 내보내기를 얻는 방법(파트 2)

그림 13.2와 그림 13.3은 지금까지의 로더 구조를 보여줍니다. 다음 코드를 테스트로 사용할 수 있습니다.

```
const publicValue = "public value"
const privateValue = "private value"

const publicFunction = (caller) => {
    return `publicFunction called from ${caller}`
}

module.exports = { publicValue, publicFunction }
```

그리고 다음과 같은 짧은 프로그램을 사용해서 테스트를 로드하고 그 내보내기를 확인합니다.

```
import loadModule from './load-module-only.js'

const result = loadModule(process.argv[2])
console.log(`result.publicValue is ${result.publicValue}`)
console.log(`result.privateValue is ${result.privateValue}`)
console.log(result.publicFunction('main'))
```

```
node test-load-module-only.js small-module.js
```

```
full text for eval:
((module) => {const publicValue = 'public value'

const privateValue = 'private value'

const publicFunction = (caller) => {
    return `publicFunction called from ${caller}`
}

module.exports = { publicValue, publicFunction }
})(result)

result.publicValue is public value
result.privateValue is undefined
publicFunction called from main
```

13.3 순환 종속성을 처리해야 하나요?

로드 중인 코드가 다른 코드를 로드하면 어떻게 될까요? 누군가가 다른 누군가를 필요로 하는 관계는 **유향 그래프**^{directed graph}로 시각화할 수 있습니다. X가 Y를 필요로 하는 경우 X에서 Y로 화살표를 그리면 됩니다. 하지만 10장에서 살펴본 유향 비순환 그래프와 달리 이 그래프는 순환을 포함할 수 있습니다. X가 Y에 의존 하고 Y가 X에 직접 또는 간접적으로 의존하는 경우 **순환 종속성**이 존재한다고 할 수 있습니다. 이는 말도 안 되는 것처럼 보일 수 있지만 **플러그인 아키텍처**에서 쉽게 발생할 수 있습니다. 메인 프로그램이 포함된 파일이 확장 프로그램을 로드하고 확장 프로그램이 메인 프로그램이 포함된 파일에 정의된 유틸리티 함수를 호출하는 경우입니다.

대부분의 컴파일 언어는 순환 종속성을 쉽게 처리할 수 있습니다. 각 모듈을 저수준 명령으로 컴파일한 다음, 의존성을 해결하기 위해 링크하여 실행하기 전에 해결합니다(그림 13.4 참조). 그러나 인터프리터 언어는 일반적으로 코드를 로드하면서 실행하기 때문에 X가 Y를 로드하는 중이고 Y가 X를 호출하려고 할 때, X가 (완전히)존재하지 않을 수 있습니다.

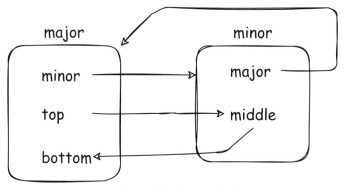

〈그림 13.4〉 순환적인 가져오기 테스트

순환 종속성은 파이썬에서 작동하지만 완전하지는 않습니다. major.py와 minor.py라는 두 개의 파일을 만들어 봅시다.

```python
# major.py
import minor

def top():
    print("top")
    minor.middle()


def bottom():
    print("bottom")
    top()



# minor.py
import major

def middle():
    print("middle")
    major.bottom()
```

명령줄에서 major.py를 실행하면 로드가 실패합니다.

```
top
Traceback (most recent call last):
File "major.py", line 3, in <module>
    import minor
File "/u/stjs/module-loader/checking/minor.py", line 3, in <module>
    import major
File "/u/stjs/module-loader/checking/major.py", line 12, in <module>
    top()
File "/u/stjs/module-loader/checking/major.py", line 7, in top
    minor.middle()
AttributeError: module 'minor' has no attribute 'middle'
```

하지만 대화형 인터프리터에서는 작동합니다.

```
$ python
>>> import major
top
middle
bottom
```

다음과 같이 자바스크립트의 동일한 테스트를 위한 두 개의 파일이 있습니다.

```
// major.js
const { middle } = require("./minor")

const top = () => {
    console.log("top")
    middle()
}
const bottom = () => {
    console.log("bottom")
}

top()

module.exports = { top, bottom }
```

```
// minor .js
const { bottom } = require("./ major ")

const middle = () => {
    console.log(" middle ")
    bottom()
}

module.exports = { middle }
```

동작하려 하면 명령 줄에서 실패합니다.

```
top
middle
/u/ stjs / module - loader / checking / minor .js :6
bottom ()
^

TypeError : bottom is not a function
    at middle (/u/ stjs / module - loader / checking / minor .js :6:3)
    at top (/u/ stjs / module - loader / checking / major .js :6:3)
    at Object .< anonymous > (/u/ stjs / module - loader / checking / major .js :13:1)
    at Module . _compile ( internal / modules / cjs/ loader .js :1063:30)
    at Object . Module . _extensions .. js \
    ( internal / modules / cjs / loader .js :1092:10)
    at Module . load ( internal / modules / cjs/ loader .js :928:32)
    at Function . Module . _load ( internal / modules / cjs / loader .js :769:14)
    at Function . executeUserEntryPoint [as runMain ] \
    ( internal / modules / run_main .js :72:12)
    at internal / main / run_main_module .js :17:47
```

그리고 대화형 인터프리터에서도 실패합니다(더 일관성이 있습니다).

```
$ node
> require('./major')
top middle
/u/stjs/module-loader/checking/minor.js:6
bottom()
^

TypeError: bottom is not a function
    at middle (/u/stjs/module-loader/checking/minor.js:6:3)
```

```
at top (/u/stjs/module-loader/checking/major.js:6:3)
at Object.<anonymous> (/u/stjs/module-loader/checking/major.js:13:1)
at Module._compile (internal/modules/cjs/loader.js:1063:30)
at Object.Module._extensions..js \
(internal/modules/cjs/loader.js:1092:10)
at Module.load (internal/modules/cjs/loader.js:928:32)
at Function.Module._load (internal/modules/cjs/loader.js:769:14)
at Module.require (internal/modules/cjs/loader.js:952:19)
at require (internal/modules/cjs/helpers.js:88:18)
at [stdin]:1:1
```

따라서 우리는 순환 종속성을 처리하려고 시도하지 않겠습니다. 그러나 순환 종속성을 감지는 하여 합리적인 에러 메시지를 생성하겠습니다.

NOTE   import vs require

자바스크립트의 import 구문에서는 순환 의존성이 작동하는 이유는 파일을 분석하여 무엇이 필요한지를 결정하고 모든 것을 메모리에 로드한 다음 의존성을 해결할 수 있기 때문입니다. 그러나 require 기반의 코드에서는 이를 수행하기 어렵습니다. 왜냐하면 누군가가 별칭을 만들고 그를 통해 require를 호출하거나, require 호출을 가지고 있는 문자열을 eval할 수 있기 때문입니다(물론 이러한 작업은 import의 함수 버전을 사용하여 수행할 수도 있습니다).

13.4 모듈이 다른 모듈을 어떻게 로드할까요?

순환 종속성을 처리하지는 않겠지만, 모듈은 다른 모듈을 로드할 수 있어야 합니다. 이를 가능하게 하려면 모듈이 로드되는 동안 호출할 수 있는 require라는 함수를 제공해야 합니다. 12장에서와 마찬가지로 이 함수는 요청된 파일이 이미 로드되었는지를 확인하기 위해 캐시를 확인합니다. 그렇지 않으면 파일을 로드하고 저장하며, 어느 쪽이든 결과를 반환합니다.

캐시는 다른 이름을 사용하는 중복된 로드 시도를 감지할 수 있도록 파일을 식별하는 방법에 주의를 기울여야 합니다. 예를 들어, major.js가 subdir/first.js와 subdir/second.js를 로드한다고 가정해 보겠습니다. subdir/second.js가 ./first.js를 로드할 때 시스템은 경로가 다르게 보이더라도 이미 해당 파일이 캐시에

256 예제로 배우는 소프트웨어 디자인

존재한다는 것을 인식해야 합니다.

여기서는 모든 파일이 고유하고 예측 가능한 키를 갖도록 하기 위해 **절대 경로**를 캐시 키로 사용하겠습니다.

혼란을 줄이기 위해 require 대신 need라는 함수로 이름을 짓겠습니다. 모듈이 로드되는 동안 캐시를 사용할 수 있도록 하기 위해 need의 속성으로 만들 것입니다(함수는 자바스크립트에서 또 다른 종류의 객체일 뿐이며, 모든 함수는 자동으로 여러 속성을 가지며 언제든지 더 추가할 수 있습니다). 내장된 Map 클래스를 캐시로 사용하고 있으므로 need의 전체 구현은 15줄에 불과합니다.

```
import path from "path"
import loadModule from "./load-module.js"

const need = (name) => {
    const absPath = path.resolve(name)

    if (!need.cache.has(absPath)) {
        const contents = loadModule(absPath, need)
        need.cache.set(absPath, contents)
    }

    return need.cache.get(absPath)
}

need.cache = new Map()

export default need
```

이제 need 함수를 매개변수로 받도록 loadModule을 수정해야 합니다(다시 말하지만, 명확성을 위해 모듈에서 require('something') 대신 need('something.js')를 호출하도록 만들겠습니다). 아무 것도 필요로 하지 않는 동일한 작은 모듈로 테스트해서 문제가 없는지 확인해 보겠습니다.

```
import need from './need.js'

const small = need('small-module.js')
console.log(`small.publicValue is ${small.publicValue}`)
console.log(`small.privateValue is ${small.privateValue}`)
console.log(small.publicFunction('main'))
```

```
full text for eval:
((module, need) => {
const publicValue = 'public value'
const privateValue = 'private value'
const publicFunction = (caller) => {
    return `publicFunction called from ${caller}`
}
module.exports = { publicValue, publicFunction }
})(result, need)

small.publicValue is public value
small.privateValue is undefined
publicFunction called from main
```

다른 것을 로드할 필요가 있는 모듈로 테스트하면 어떨까요?

```
import need from "./need"

const small = need("small-module.js")

const large = (caller) => {
    console.log(`large from ${caller}`)
    small.publicFunction(`${caller} to large`)
}

export default large
```

```
import need from './need.js'

const large = need('large-module.js')
console.log(large.large('main'))
```

```
full text for eval:
((module, need) => {
import need from './need'

const small = need('small-module.js')

const large = (caller) => {
console.log(`large from ${caller}`)
```

```
small.publicFunction(`${caller} to large`)
}

export default large

})(result, need)

undefined:2
import need from './need'
^^^^^^

SyntaxError: Cannot use import statement outside a module
at loadModule (/u/stjs/module-loader/load-module.js:8:8)
at need (/u/stjs/module-loader/need.js:8:22)
at /u/stjs/module-loader/test-need-large-module.js:3:15
at ModuleJob.run (internal/modules/esm/module_job.js:152:23)
at async Loader.import (internal/modules/esm/loader.js:166:24)
at async Object.loadESM (internal/process/esm_loader.js:68:5)
```

이 모듈은 작동하지 않습니다. 왜냐하면 import문은 프로그램의 최상위 레벨에서만 작동하며 함수 내부에서는 작동하지 않기 때문입니다. 그래서 우리 시스템은 need를 사용해야만 로드된 모듈을 실행할 수 있습니다.

```
const small = need("small-module.js")

const large = (caller) => {
    return small.publicFunction(`large called from ${caller}`)
}
module.exports = large



import need from "./need.js"

const large = need("large-needless.js")
console.log(large("main"))
```

```
full text for eval:
((module, need) => {
const small = need('small-module.js')

const large = (caller) => {
return small.publicFunction(`large called from ${caller}`)
}
module.exports = large

})(result, need)

full text for eval:
((module, need) => { const publicValue = 'public value'
const privateValue = 'private value'

const publicFunction = (caller) => {
return `publicFunction called from ${caller}`
}

module.exports = { publicValue, publicFunction }

})(result, need)

publicFunction called from large called from main
```

NOTE **너무 추상적이어서 난해하게 느껴질 수 있습니다**

이 장에서 작성한 프로그램들은 이전 장의 대부분의 프로그램보다 이해하기 어렵습니다. 왜냐하면 이 프로그램들은 매우 추상적이기 때문입니다. 이 코드들을 읽다 보면 모든 것이 어딘가 다른 곳에서 일어나고 있는 것처럼 느껴질 수 있습니다. 프로그래머의 도구들은 종종 이런 식으로 동작합니다. 프로그램 내의 코드와 프로그램이 다루는 대상을 혼동할 위험이 항상 존재합니다. 데이터 구조를 그림으로 그려보거나 클로저(프로그래밍에서 가장 강력한 아이디어)로 연습하는 것이 도움이 될 수 있지만, 많은 어려운 부분들은 불가피하므로 이해하는데 시간이 걸리더라도 너무 걱정하지 마세요.

클로저를 이용해 카운트하기

0부터 시작해서 호출될 때마다 다음 정수를 생성하는 함수를 반환하는 makeCounter 함수를 작성하십시오. makeCounter에 의해 반환된 각 함수는 독립적으로 계산되어야 하므로 다음 코드는

```
left = makeCounter()
right = makeCounter()
console.log(`left ${left()}`)
console.log(`right ${right()}`)
console.log(`left ${left()}`)
console.log(`right ${right()}`)
```

다음과 같은 결과를 내야 합니다.

```
left 0
right 0
left 1
right 1
```

객체와 네임스페이스

자바스크립트 객체는 키-값 쌍을 저장하며, 한 객체의 키는 다른 객체의 키와 별개입니다. 이것이 클로저와 동일한 수준의 안전성을 제공하지 않는 이유는 무엇일까요?

로드 모듈 테스트하기

Mocha와 mock-fs를 사용하여 need.js에 대한 테스트를 작성하세요.

이름으로 모듈 사용하기

loadModule에서 변수 module을 정의해서 eval이 호출될 때 변수 result를 만들지 않고 이 변수를 스코프 내에 정의하면 어떤 일이 일어날까요?

```
const loadModule = (filename) => {
const source = fs.readFileSync(filename, 'utf-8')
const module = {}
const fullText = `(() => {${source}})()`
```

```
eval(fullText)
return module.exports
}
```

검색 경로 구현하기

need.js에 검색 경로를 추가해서 모듈이 로컬에서 찾을 수 없는 경우 검색 경로의 각 디렉터리에서 차례로 찾도록 합니다.

설정 함수 사용하기

모듈 로더를 다시 작성해서 모든 모듈에 module.exports를 사용하는 대신 모듈을 로드한 후 내보내기를 생성하기 위해 호출해야 하는 setup이라는 함수를 가지도록 만듭니다.

로드 중 에러 처리하기

1. 모듈이 로드되는 동안 예외가 발생하면 이를 인식하고 적절히 처리되도록 need.js를 수정하세요.

2. Mocha를 사용한 유닛 테스트를 작성하세요.

순환 참조 리팩토링

main.js에는 다음과 같은 내용이 포함되어 있고,

```
const PLUGINS = []
const plugin = require('./plugin')

const main = () => {
PLUGINS.forEach(p => p())
}

const loadPlugin = (plugin) => {
PLUGINS.push(plugin)
}

module.exports = {
main,
loadPlugin
}
```

plugin.js가 다음과 같은 내용을 가지고 있다고 가정합니다.

```
const { loadPlugin } = require('./main')

const printMessage = () => {
console.log('running plugin')
}

loadPlugin(printMessage)
```

이 코드를 리팩토링해서 import 대신 require를 사용하면서도 올바르게 작동하도록 합니다.

LRU 캐시

최근 사용 우선(LRU) 캐시는 가장 최근에 사용된 N개의 항목을 추적해서 사용되는 메모리 양을 제한하면서, 액세스 시간을 단축합니다. 예를 들어 캐시 크기가 3이고 첫 번째 열에 표시된 순서대로 객체에 액세스한 경우 캐시의 내용은 두 번째 열에 표시된 것과 같게 됩니다.

항목	동작	액세스 후 캐시 상태
A	A 읽기	[A]
A	캐시에서 A 획득	[A]
B	B 읽기	[B, A]
A	캐시에서 A 획득	[A, B]
C	C 읽기	[C, A, B]
D	D 읽기	[D, C, A]
B	B 읽기	[B, D, C]

1. 캐시에 저장할 항목 수를 인수로 받고 캐시된 파일을 읽거나 캐시된 복사본을 반환하는 데에 LRU 캐시를 사용하는 함수인 cachedRead 함수를 구현하세요.

2. cachedRead 함수를 수정하여 캐시 내의 항목 수를 파일의 개수가 아닌 그들의 파일 크기의 합에 의해 결정하도록 하세요.

함수 이름을 안전하게 바꾸기

need 구현에서 우리는 캐시를 함수 자체의 속성으로 구현했습니다.

1. 이것이 어떤 문제를 일으킬 수 있을까요(힌트: 별칭에 대해 생각해 보세요)?

2. 이 문제를 해결하기 위해 클로저를 사용해서 구현을 수정하세요.

14 CHAPTER | 스타일 체커

추상 구문 트리abstract syntax tree
열 우선 저장소column-major storage
제너레이터 함수generator function
이터레이터 패턴iterator pattern
마크다운Markdown
트리 순회walk

어댑터 패턴Adapter pattern
동적 조회dynamic lookup
내재적 복잡성intrinsic complexity
린터linter
행 우선 저장소row-major storage

프로그래머들은 프로그램 형식을 지정하는 가장 좋은 방법에 대해 끝없이 논쟁하지만, 가장 중요한 점은 일관성을 유지하는 것이라는 점에는 모두가 동의합니다[Binkley2012; Johnson2019]. 수작업으로 규칙을 확인하는 작업은 지루하기 때문에 대부분의 프로그래머는 코드를 다양한 규칙과 비교하고 위반 사항을 보고하는 도구를 사용합니다. 이 작업을 수행하는 프로그램을 린터(linters)라고 부르는데, 이는 소스 코드에서 보풀을 찾는다는 의미에서 린트lint라는 C언어의 초기 버전 중 하나의 이름을 따서 붙여진 이름입니다.

이 장에서는 이 책에서 코드를 검사하는 데 사용하는 ESLint[1]에서 영감을 얻은 간단한 린터를 직접 만들어 보겠습니다. 이 도구는 소스 코드를 파싱해서 데이터 구조를 만든 다음, 해당 데이터 구조를 통해 프로그램의 각 부분에 규칙을 적용할 것입니다. 또한 이 책의 핵심 아이디어 중 하나인 소스 코드도 일종의 데이터일 뿐이라는 점을 소개합니다.

NOTE **자신만의 스타일을 정의하지 마세요**

세상에 더 많은 파일 형식이 필요하지 않은 것처럼(8장), 더 많은 프로그래밍 스타일이나 중괄호 앞에 공백이 있어야 하는지에 대한 프로그래머들 간의 논쟁도 필요하지 않습니다. StandardJS[2]가 모든 것을 정확히 원하는 대로 수행하지는 않을 수 있지만, 이를 채택함으로써 다른 프로그래머가 여러분의 코드를 한눈에 읽을 수 있는 가능성을 높일 수 있습니다.

---

1   https://eslint.org/

2   https://standardjs.com/

산술이나 JSON과 같이 간단한 언어에 대한 파서는 비교적 쉽게 작성할 수 있습니다. 그러나 자바스크립트와 같이 복잡한 언어에 대한 파서는 훨씬 더 많은 작업이 필요하므로 우리는 Acorn[3]이라는 파서를 사용할 것입니다. Acorn은 소스 코드를 포함한 문자열을 입력으로 받아 프로그램에 대한 정보를 저장하는 **추상 구문 트리**[AST]를 생성합니다(그림 14.1). AST는 프로그램에 있어서 HTML의 DOM과 같이 소프트웨어가 조회하고 조작하기 쉬운 메모리에서의 표현입니다.

예를 들어, 하나의 상수 선언에 대한 AST의 JSON 표현은 84줄에 달할 정도로 매우 복잡할 수 있습니다.

```javascript
import acorn from 'acorn'
const ast = acorn.parse ('const x = 0', { locations : true })
console.log ( JSON.stringify (ast , null , 2))
```

```json
{
    "type":"Program",
    "start":0,
    "end":11,
    "loc":{
        "start":{
            "line":1,
            "column":0
        },
        "end":{
...
                        "value":0,
                        "raw":"0"
                    }
                }
            ],
            "kind":"const"
        }
    ],
    "sourceType":"script"
}
```

---

3   https://github.com/acornjs/acorn

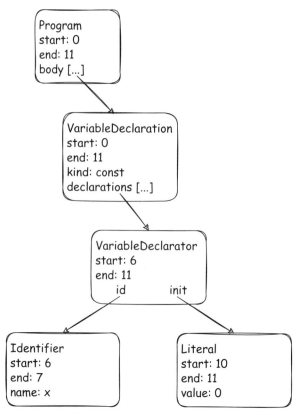

〈그림 14.1〉 간단한 프로그램의 파싱 트리

Acorn의 출력은 Esprima[4] 형식입니다(이는 원래 해당 이름의 도구로 정의되었기 때문에 그렇게 불립니다). 이 형식의 명세는 매우 자세하지만, 모든 세부 사항을 다 이해할 필요 없이, 그 형식을 직접 살펴보면서 필요한 정보의 대부분을 알아낼 수 있습니다. 예를 들어, 여기에 15줄짜리 프로그램에 대한 출력이 있습니다.

```
import acorn from 'acorn'

const program = `const value = 2
    const double = (x) => {
        const y = 2 * x return y
    }

    const result = double(value)
```

---

4   https://esprima.org/

```
    console.log(result)
`

const ast = acorn.parse(program, { locations: true })
console.log(JSON.stringify(ast, null, 2))
{
    "type":"Program",
    "start":0,
    "end":122,
    "loc":{
        "start":{
            "line":1,
            "column":0
        },
        "end":{
...
            "line":1,
            "column":0
        },
        "end":{
            "line":1,
            "column":15
        }
    },
    "declarations":[
...480줄 이상 ...
```

그렇습니다. 실제로 거의 500줄이나 되는군요.

14.2   AST에서 무언가를 찾으려면 어떻게 해야 하나요?

AST에서 함수, 변수 또는 기타 항목을 찾고 싶다면 트리를 순회해야 합니다. 다시 말해 각 노드를 차례로 방문해야 합니다. acorn-walk 라이브러리는 이를 수행해 주며, 우리가 이 장에서 처음 본 방문자Visitor 디자인 패턴을 사용합니다. 만약 우리가 Identifier 타입의 노드에 대해 작동하는 함수를 제공하면, acorn-walk는 Idetifier를 찾을 때마다 해당 함수를 호출합니다. 노드의 위치(즉, 줄 번호)를 기록하고 onComment라는 배열에 주석을 수집하려면 다른 옵션을 사용할 수도 있습니다. 이런 함수들은 우리가 원하는 모든 작업을 수행할 수 있습니다. 여기서는 데모용으로 state라는 배열에 노드를 추가하여 모두 출력해 보겠습니다(그림 14.2).

```
import acorn from "acorn"
import walk from "acorn-walk"

const program = `// Constant
const value = 2
// Function
const double = (x) => {
    const y = 2 * x
    return y
}
// Main body
const result = double ( value )
console.log ( result )
`

const options = {
    locations : true ,
    onComment : []
}
const ast = acorn.parse ( program , options )
const state = []
walk.simple (ast , {
    Identifier : (node , state ) => {
        state.push ( node )
    }
}, null , state )
state.forEach ( node => console.log (
    `identifier ${ node.name } on line ${ node.loc.start.line }`
))
const comments = options.onComment.map(
    node => node.loc.start.line
).join (', ')
console.log (` comments on lines ${ comments }`)
```

```
identifier x on line 6
identifier y on line 7
identifier double on line 11
identifier value on line 11
identifier console on line 12
identifier result on line 12
comments on lines 1, 4, 10
```

어떤 일을 하는 데는 하나 이상의 방법이 있습니다

walk.simple은 네 가지 인수를 받습니다.

1. 시작점으로 사용되는 AST의 루트 노드
2. 다양한 종류의 노드를 처리하는 콜백 함수를 포함한 객체
3. 어떤 알고리즘을 사용할지 지정하는 다른 객체. 여기서는 노드가 처리되는 순서에 특별히 관심이 없으므로 기본값인 null로 설정했습니다.
4. 각 노드 핸들러에 전달하고 싶은 것. 우리의 코드에서는 state 배열입니다. 노드 처리 함수가 호출 간에 추가 데이터를 필요로 하지 않는다면 이 인자를 생략할 수 있습니다. 하지만 호출 간에 정보를 누적하고 싶다면, 이 인자는 방문자(Visitor)의 메모리 역할을 합니다.

방문자 패턴의 모든 범용 구현에는 이 네 가지가 필요한데, 아래에서 살펴보겠지만 다양한 방식으로 구현할 수 있습니다.

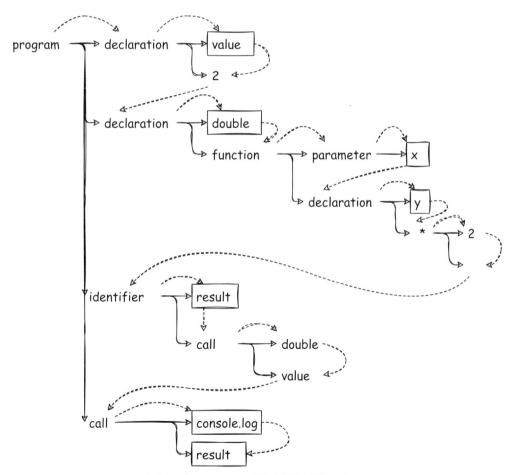

〈그림 14.2〉 각 노드에서 작업을 수행하기 위한 트리 순회

노드를 수집하는 것뿐만 아니라 그들의 속성을 일련의 규칙들과 비교해서 검사하고 싶습니다. 이를 수행하는 한 가지 방법은 각 규칙에 대해 walk.simple을 호출하고 해당 규칙을 확인하는 함수를 전달하는 것입니다. 다른 방법 중 하나는 우리가 사용할 방법으로 규칙을 확인하고 그 규칙을 만족시키지 못한 노드를 기록하는 일반적인 함수를 작성한 다음, 이 함수를 각 규칙 내부의 Identifier 핸들러에서 호출하는 것입니다. 이것은 추가 작업처럼 보일 수 있지만, 모든 규칙 체커가 결과를 동일한 방식으로 저장하도록 보장하므로 하나의 보고 함수를 작성하고 모든 것을 처리할 수 있게 됩니다.

applyCheck 함수는 현재 상태(규칙 위반이 누적되는 곳), 이 규칙을 식별하는 레이블(이를 위반하는 경우 함께 저장할 수 있도록), 노드 및 노드가 테스트를 통과했는지를 나타내는 논리값을 인자로 받습니다. 노드가 테스트를 통과하지 못한 경우 state에 적절한 레이블을 가진 목록이 있는지 확인하고 없다면 생성한 후, 해당 목록에 이 노드를 추가합니다. "필요에 따라 저장 공간을 생성하는"create storage space on demand 이 패턴은 널리 사용되지만 잘 알려진 이름은 없습니다.

```
const applyCheck = (state, label, node, passes) => {
    if (!passes) {
        if (!(label in state)) {
            state[label] = []
        }
        state[label].push(node)
    }
}
```

이제 Identifier 핸들러 내부에서 applyCheck을 호출할 수 있습니다.

```
const ast = acorn.parse(program, { locations: true })
const state = {}

walk.simple(
    ast,
    {
        Identifier: (node, state) => {
            applyCheck(state, "name_length", node, node.name.length >= 4)
        },
    },
    null,
    state
```

```
    )
    state.name_length.forEach((node) =>
        console.log(`${node.name} at line ${node.loc.start.line}`)
    )
```

applyCheck을 직접 Identifier의 핸들러로 사용할 수 없습니다. 왜냐하면 walk.simple이 이를 호출하는 방법을 모르기 때문입니다. 이는 (매우 간단한)어댑터 디자인 패턴의 예입니다. 호출하려는 코드를 이미 작성된 코드에 연결하기 위해 함수나 클래스를 작성합니다.

이전과 동일한 샘플 프로그램의 출력은 다음과 같습니다.

```
  x at line 6
  y at line 7
```

연습에서는 변수의 이름이 최소 4자 이상이어야 한다는 규칙을 위반한 매개변수 x가 왜 규칙 위반으로 표시되지 않는지 묻습니다.

14.4 AST 워커는 어떻게 작동할까요?

AST 워커는 방문자^{Visitor} 패턴을 사용하지만, 실제로는 어떻게 동작할까요? 우리는 트리를 순회하면서 노드 종류에 따라 특정 작업을 수행한 후 해당 노드의 자식 노드를 순회하는 메서드가 있는 클래스를 가진 클래스를 직접 만들어 정의할 수 있습니다. 그런 다음 사용자는 이로부터 자신만의 클래스를 파생해서 관심 있는 작업 메서드 집합을 재정의할 수 있습니다.

우리의 구현과 acorn-walk의 구현 사이의 차이점 중 하나는 메서드가 속한 객체에 status가 포함되어 있기 때문에 status를 매개변수로 받을 필요가 없다는 점입니다. 이렇게 하면 매개변수가 하나 줄어들어 메서드가 단순해지지만, 우리의 방문자를 사용하려면 클래스를 파생해야 하므로 함수를 작성하는 것보다 조금 더 복잡해집니다. 이 절충안은 상태를 관리하는 것이 문제의 내재적 복잡성의 일부임을 나타내는 것입니다. 우리는 이를 이동시킬 수 있지만 없앨 수는 없습니다.

우리의 방문자와 acorn-walk 간의 다른 차이점은 우리 클래스가 동적 조회(내부 검사의 한 형태)를 사용해서 객체에서 노드 타입과 동일한 이름의 메서드를 조회한다는 것입니다. 보통 객체의 특정 메서드를 object.method을 사용하여 참조하지만, 다른 객체에서 속성을 조회하는 방식과 동일하게 object[name]을 사용해 조회할 수도 있습니다. 우리의 완성된 클래스는 다음과 같습니다.

```
class Walker {

    // 새로운 AST 트리 워커를 생성
    constructor(ast) {
        this.ast = ast
    }

    // 트리를 순회
    walk(accumulator) {
        this.stack = []
        this._walk(this.ast, accumulator)
        return accumulator
    }

    // 노드에 대해 작업을 수행한 후 자식에 대해 작업을 수행
    _walk(node, accumulator) {
        if (node && typeof node === "object" && "type" in node) {
            this._doNode(node, accumulator)
            this._doChildren(node, accumulator)
        }
    }

    // 조회로 단일 노드를 처리
    _doNode(node, accumulator) {
        if (node.type in this) {
            this[node.type](node, accumulator)
        }
    }

    // 노드 내에 흥미로운 것이 있으면 재귀 호출합니다.
    _doChildren(node, accumulator) {
        this.stack.push(node)
        for (const key in node) {
            if (Array.isArray(node[key])) {
                node[key].forEach((child) => {
                    this._walk(child, accumulator)
                })
            } else if (typeof node[key] === "object") {
                this._walk(node[key], accumulator)
            }
        }
        this.stack.pop(node)
```

```
    }
    // 현재 노드가 다른 유형의 노드의 자식인가요?
    _childOf(nodeTypes) {
        return this.stack && nodeTypes.includes(this.stack.slice(-1)[0].type)
    }

}
```

이것을 사용하기 위해 필요한 코드는 다음과 같습니다.

```
import acorn from "acorn"

// 변수와 매개변수 정의를 누적하기 위해 트리를 순회
class VariableWalker extends Walker {
    Identifier(node, accumulator) {
        if (
            this._childOf(["ArrowFunctionExpression", "VariableDeclarator"])
        ) {
            accumulator.push(node.name)
        }
    }
}

// Test.
const program = `const value = 2
    const double = (x) => {
        const y = 2 * x
        return y
    }
    const result = double(value)
    console.log(result)
`

const ast = acorn.parse(program, {locations:true})
const walker = new VariableWalker(ast)
const accumulator = []

walker.walk(accumulator)
console.log("definitions are", accumulator)
```

그리고 출력은 다음과 같습니다.

```
definitions are [ 'value', 'double', 'x', 'y', 'result' ]
```

방문자 패턴을 구현하는 이 접근 방식이 콜백에 의존하는 방식보다 이해하고 확장하기 쉽다고 생각하지만, 이는 우리의 배경과 경험에 의한 것일 수 있습니다. 코드 스타일과 마찬가지로 가장 중요한 것은 일관성입니다. 한 곳에서 클래스를 사용해서 방문자를 구현했다면 모든 곳에서 같은 방식으로 구현해야 합니다.

14.5 AST 워커가 작동하는 다른 방식은 무엇일까요?

이 문제에 대한 세 번째 접근 방식은 이터레이터^{Iterator} 디자인 패턴을 사용합니다. 이터레이터는 계산을 노드로 가져가는 대신 처리를 위해 구조체의 엘리먼트를 반환합니다(그림 14.3). 이를 생각하는 한 가지 방법은 방문자^{Visitor}가 재귀를 캡슐화하는 반면 이터레이터는 모든 것을 루프로 전환한다고 생각하는 방법입니다.

자바스크립트에서는 제너레이터 함수를 사용하여 이터레이터 패턴을 구현할 수 있습니다. function 대신 function *(별표 포함)를 사용해서 함수를 선언하면 yield 키워드를 사용하여 값을 반환하고 처리를 일시 중단하여 나중에 재개할 수 있습니다. yield의 결과는 값과 처리 완료 여부를 나타내는 플래그가 있는 두 부분으로 구성된 구조입니다.

```
function* threeWords() {
    yield "first"
    yield "second"
    yield "third"
}

const gen = threeWords()

console.log(gen.next())
console.log(gen.next())
console.log(gen.next())
console.log(gen.next())
```

```
{ value: 'first', done: false }
{ value: 'second', done: false }
{ value: 'third', done: false }
{ value: undefined, done: true }
```

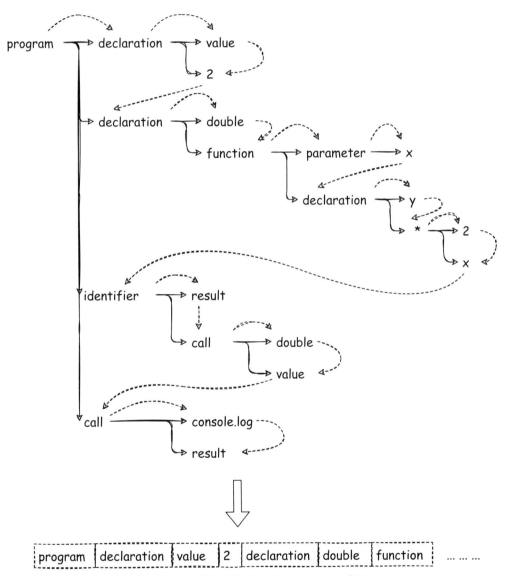

〈그림 14.3〉 이터레이터 패턴을 사용해 트리에서 노드 찾기

또 다른 예로, 이 제너레이터는 문자열을 가져와 모음을 하나씩 생성합니다.

```
function* getVowels(text) {
    for (const char of text) {
        if ("AEIOUaeiou".includes(char)) {
            yield char
        }
    }
}

const test = "this is a test"
const gen = getVowels(test)

let current = gen.next()
while (!current.done) {
    console.log(current.value)
    current = gen.next()
}
```

```
I
I
a
e
```

제너레이터 함수는 실제로 아무것도 생성하지 않고 객체를 생성한 다음 값을 반복 요청할 수 있습니다. 이를 통해 여러 개의 제너레이터를 동시에 사용할 수 있습니다.

while 루프 대신에 제너레이터를 사용하는 방법을 알고 있는 for...of를 사용하는 것이 훨씬 더 일반적입니다.

```
for (const vowel of getVowels(test)) {
    console.log(vowel)
}
```

마지막으로, function *이 "이 함수는 제너레이터입니다"라고 말하는 것처럼, yield *는 "중첩된 제너레이터에서 값을 하나씩 반환합니다"라고 말합니다. 이를 사용해 중첩된 배열과 같은 비정형 구조를 순회할 수 있습니다.

```
function* getNodes(here) {
    if (typeof here === "string") {
        yield here
    } else if (Array.isArray(here)) {
        for (const child of here) {
            yield* getNodes(child)
        }
    } else {
        throw new Error(`unknown type "${typeof here}"`)
    }
}

const nested = ["first", ["second", "third"]]
for (const value of getNodes(nested)) {
    console.log(value)
}
```

제너레이터를 사용해서, 프로그램에서 다양한 유형의 표현식 수를 세는 함수를 만들어 보겠습니다. 각 노드를 방문하는 제너레이터 함수는 다음과 같습니다.

```
function* getNodes(node) {
    if (node && typeof node === "object" && "type" in node) {
        yield node
        for (const key in node) {
            if (Array.isArray(node[key])) {
                for (const child of node[key]) {
                    yield* getNodes(child)
                }
            } else if (typeof node[key] === "object") {
                yield* getNodes(node[key])
            }
        }
    }
}
```

그리고 이것을 사용하는 프로그램은 다음과 같습니다.

```
const ast = acorn.parse(program, { locations: true })
const result = {}
for (const node of getNodes(ast)) {
    if (node.type === "BinaryExpression") {
        if (node.operator in result) {
            result[node.operator] += 1
        } else {
            result[node.operator] = 1
        }
    }
}
console.log("counts are", result)
```

일반적인 테스트 프로그램을 입력으로 실행할 때, 다음과 같은 결과를 얻습니다.

```
counts are { '*': 2, '+': 1 }
```

제너레이터는 여러 가지 어려운 문제에 대한 깔끔한 해결책이지만, 클래스 기반 방문자 접근 방식보다 변수 식별자를 확인하는 것이 더 어려울 수 있습니다. 이는 나중에 보고할 위반 사항을 누적하려는 우리의 의도와 관련이 있습니다. 다시 말하지만, 이것은 본질적인 문제라기보다는 우리에게 익숙한 것이 반영된 결과일 수 있습니다. 코딩 스타일과 마찬가지로 가장 중요한 것은 일관성을 유지하는 것입니다.

14.6 할 수 있는 다른 종류의 분석은 무엇일까요?

마지막 예로, 깊게 중첩된 클래스 계층 구조에서 어떤 메서드가 어디에 정의되어 있는지 추적하는 문제를 고려해 보겠습니다(이런 접근 방식을 사용할 경우, 기존 클래스를 여러 단계로 확장하다 보면 어떤 클래스에서 어떤 메서드가 정의되었는지 파악하기 어려운 경우가 생깁니다). 메서드 정의 테이블을 만들려면 먼저 계층 구조의 마지막 클래스의 조상을 찾아야 합니다.

```
import assert from "assert";
import acorn from "acorn";
import fs from "fs";
import path from "path";
import walk from "acorn-walk";

class FindAncestors {
    find(dirname, filename, className) {
        return this.traceAncestry(dirname, filename, className, []);
    }

    traceAncestry(dirname, filename, className, accum) {
        const fullPath = path.join(dirname, filename);
        const program = fs.readFileSync(fullPath, "utf-8");
        const options = { locations: true, sourceType: "module" };
        const ast = acorn.parse(program, options);
        const classDef = this.findClassDef(filename, ast, className);
        accum.push({ filename, className, classDef });

        const ancestorName = this.getAncestor(classDef);
        if (ancestorName === null) {
            return accum;
        }
        const ancestorFile = this.findImport(filename, ast, ancestorName);

        return this.traceAncestry(dirname, ancestorFile, ancestorName, accum);
    }
}

export default FindAncestors;
```

클래스 정의 탐색은 우리가 앞에서 수행한 작업을 직관적으로 확장한 것입니다.

```
findClassDef(filename, ast, className) {
        const state = [];
        walk.simple(
            ast,
            {
                ClassDeclaration: (node, state) => {
                    if (
                        node.id.type === "Identifier" &&
                        node.id.name === className
                    ) {
```

```
                    state.push(node);
                }
            },
        },
        null,
        state
    );
    assert(
        state.length === 1,
        `No definition for ${className} in ${filename}`
    );
    return state[0];
}
```

이 코드를 테스트하기 위해 다음 세 개의 짧은 파일 중 마지막 파일부터 시작하겠습니다.

```
class Upper {
    constructor() {
        this.name = "upper"
    }

    report() {
        console.log(this.modify(this.name))
    }

    modify(text) {
        return text.toUpperCase()
    }
}

module.exports = Upper
```

```
import Upper from "./upper.js"

class Middle extends Upper {
    constructor() {
        super()
        this.range = "middle"
    }

    modify(text) {
```

```
        return `** ${super.modify(text)} **`
    }
}

export default Middle
```

```
import Middle from "./middle.js"
class Lower extends Middle {
    report() {
        console.log(this.additional())
    }

    additional() {
        return "lower"
    }
}

export default Lower
```

```
Lower in lower.js
Middle in ./middle.js
Upper in ./upper.js
```

좋습니다. 상속 체인을 복구할 수 있습니다. 메서드 정의를 찾는 것도 간단합니다.

```
import FindAncestors from "./find-ancestors.js"

class FindMethods extends FindAncestors {
    find(dirname, filename, className) {
        const classes = super.find(dirname, filename, className)
        classes.forEach((record) => {
            record.methods = this.findMethods(record.classDef)
        })
        return classes
    }

    findMethods(classDef) {
        return classDef.body.body
            .filter((item) => item.type === "MethodDefinition")
```

```
        .map((item) => {
            if (item.kind === "constructor") {
                return "constructor"
            } else if (item.kind === "method") {
                return item.key.name
            } else {
                return null
            }
        })
        .filter((item) => item !== null)
    }
}

export default FindMethods
```

마지막으로, 마크다운 형식의 테이블을 출력해서 어떤 클래스에서 어떤 메서드가 정의되었는지 표시할 수 있습니다.

```
| method     | Upper | Middle | Lower |
|  ----      | ----  | ----   | ----  |
| additional | . | .     |    X   |
| constructor| X |   X    |   .    |
| modify     | X |   X    |   .    |
| report     | X |   .    |   X    |
```

출력은 다음과 같습니다.

method	Upper	Middle	Lower
additional	.	.	X
constructor	X	X	.
modify	X	X	.
report	X	.	X

이것은 단순한 예제에서는 다소 무의미해 보일 수 있지만, 19장에서 빌드할 가상 머신과 같이 좀 더 복잡한 메서드 정의 테이블이 있는 경우라면 그 가치가 입증될 것입니다.

method	Base	Interactive	Test	Exit
clear	.	X	.	.
constructor	X	X	X	.
exit	.	X	.	X
getCommand	.	X	.	.
handle	.	X	.	.
help	.	X	.	.
input	.	X	X	.
interact	.	X	.	.
list	.	X	.	.
message	X	.	X	.
next	.	X	.	.
print	.	X	.	.
run	.	X	.	.
setTester	.	.	X	.
setVM	X	.	.	.
stop	.	X	.	.
variable	.	X	.	.

함수 길이

Walker에서 파생된 클래스를 작성해서 코드에서 정의된 각 함수의 줄 수를 보고합니다.

표현식의 깊이

Walker에서 파생된 클래스를 작성해서 소스 코드의 각 최상위 표현식의 깊이를 보고합니다. 예를 들어, 1 + 2 * 3의 깊이는 2이고, max(1 + 2 + 3)의 깊이는 3입니다(함수 호출을 위한 레벨 하나, 첫 번째 덧셈을 위한 레벨 하나, 그리고 중첩된 덧셈을 위한 레벨 하나).

하향과 상향

Walker를 수정해서 사용자가 트리를 내려가는 동안 노드에서 수행할 작업과 올라가는 동안에 수행할 작업을 따로 지정할 수 있도록 합니다(힌트: 사용자에게 클래스에서 Nodename_downward 및/또는 Nodename_upward 메서드를 지정하도록 요구하고, 트리를 통해 이동하는 동안 메서드 이름을 문자열 연결을 사용하여 구성합니다).

파일간 집계

sniff.js라는 커맨드라인 프로그램을 작성해서 여러 소스 파일에서 스타일 위반을 확인합니다. sniff.js의 첫 번째 커맨드라인 인수는 사용자가 원하는 검사를 구현한 Walker에서 파생된 클래스인 Check를 내보내는 자바스크립트 소스 파일이어야 합니다. 다른 명령줄 인수는 검사하려는 자바스크립트 소스 파일의 이름이어야 합니다.

```
node sniff.js my-check.js source-1.js source-2.js
```

어써션 찾기

assert 또는 assert.something에 대한 모든 호출을 찾아서 어써션 메시지(있는 경우)를 인쇄하는 find-assertions.js 프로그램을 작성하세요.

누락된 매개변수 찾기

1. 이름 길이를 검사하는 예제에서 매개변수 x가 규칙 위반으로 표시되지 않는 이유는 무엇인가요?

2. 예제를 수정하여 x 매개변수가 규칙 위반이 나타나도록 하세요.

┃ 중첩된 인덱스 찾기

프로그램에 arr[table[i]]와 같은 표현식이 포함된 경우, 중첩된 인덱스가 사용된 위치를 찾는 도구를 작성하세요.

┃ 동적 조회

1. object, 메서드 이름, 0개 이상의 매개변수를 인수로 받아 해당 객체에서 해당 메서드를 호출하는 dynamicExecution 함수를 작성하세요.

```
dynamicExecution(obj, 'meth', 1, 'a')
// same as obj.meth(1, 'a')
```

2. 어떤 때 작동하지 않을까요?

┃ 제너레이터와 배열

1. 배열의 배열로 표현된 2차원 테이블을 받아 열 우선 순서로 값을 반환하는 제너레이터를 작성합니다.

2. 비슷한 테이블을 가지고 행 우선 순서로 값을 반환하는 또 다른 제너레이터를 작성합니다.

┃ 제너레이터 및 식별자

제너레이터를 사용해서 식별자 길이를 확인하도록 도구를 다시 작성합니다.

코드 제너레이터

사용하는 용어

바이트 코드^{byte code}

코드 커버리지^{code coverage}

매크로^{macro}

컴퓨터 과학의 두가지 난제^{two hard problems in computer science}

컴파일러^{compiler}

데코레이터 패턴^{Decorator pattern}

중첩 함수^{nested function}

4장부터 테스트를 작성해 왔지만 실제로 테스트가 코드의 얼마나 많은 부분을 검사할까요? 이를 알아보는 한 가지 방법은 이스탄불[1]과 같은 코드 커버리지 도구를 사용하는 것입니다. 이 도구는 프로그램을 실행하는 동안 각 라인이 실행되었는지를 추적하여 기록합니다. 각 라인이 적어도 한 번은 테스트되었다는 것이 코드에 버그가 없음을 보장하지는 않지만, 실행되지 않은 코드는 신뢰해서는 안 됩니다.

코드 커버리지 도구는 어떤 함수가 호출되고 호출되지 않았는지 추적합니다. 이를 추적하기 위해 Node를 다시 작성하는 대신 Acorn으로 코드를 파싱하고 필요한 명령을 AST에 삽입한 다음 AST를 다시 코드로 변환하여 함수 자체를 수정할 것입니다.

NOTE **간단한 것은 보통 그렇지 않다**

언뜻 보기에는 정규식을 사용해 함수 정의의 시작 부분처럼 보이는 모든 줄을 찾아서 각 줄 바로 뒤에 원하는 정보를 기록하는 것이 훨씬 간단할 것 같습니다. 물론, 많은 매개변수를 가진 경우 함수 헤더를 여러 줄로 나누는 사람들도 있고, 주석이나 문자열에 포함된 것처럼 함수 정의처럼 보이는 것들도 있을 수 있습니다. 우리가 만든 간단한 솔루션이 다른 사람이 이해하지 못하는 자바스크립트 하위 집합들을 위한 형편없는 파서로 변하는 데는 그리 오래 걸리지 않습니다. 잘 구현된 파서를 사용하고 AST와 함께 작업하는 것이 항상 작업량이 적습니다.

---

1   https://istanbul.js.org/

가장 먼저 필요한 것은 임의의 함수 호출을 마무리하는 방법입니다. 자바스크립트에서 ...args와 같은 매개변수로 함수를 선언하면 정규 매개변수와 일치하지 않는 "추가적인"[extra] 인수들은 args 변수에 담깁니다 (그림 15.1 참조). 또한 변수에 값을 넣고 func(...var)를 사용해서 이 값을 펼쳐서 함수를 호출할 수 있습니다. args와 var라는 이름에 특별한 것은 없습니다. 중요한 것은 마침표 세 개[ellipsis]입니다.

...args를 사용하면 함수 호출에 대한 모든 인수를 캡처해서 다른 함수로 전달할 수 있습니다. 우선 완료되거나 예외를 발생시키는 다양한 매개변수를 가진 함수들을 생성하고, 이들을 실행하여 우리가 원하는 동작을 확인하는 것으로 시작해 보겠습니다.

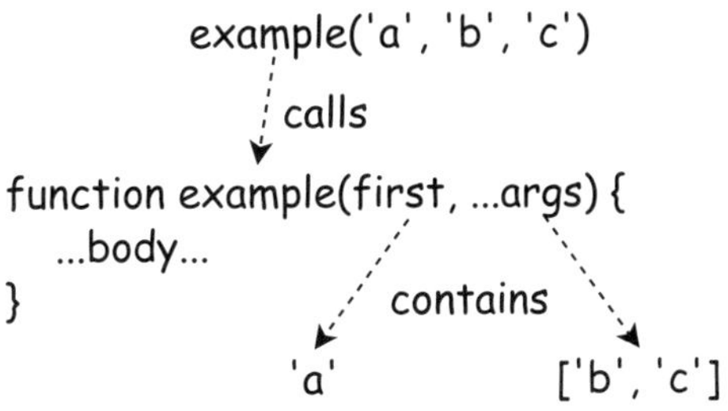

```
example('a', 'b', 'c')
          calls
function example(first, ...args) {
    ...body...
}                    contains
         'a'                 ['b', 'c']
```

〈그림 15.1〉 ...args를 사용하여 매개변수 캡처 및 전개하기

```javascript
let zero = () => console.log("zero")
let one = (first) => console.log(`one(${first})`)
let two = (first, second) => console.log(`two(${first}, ${second})`)

let error = () => {
    console.log("error")
    throw new Error("from error")
    console.log("should not reach this")
}

const runAll = (title) => {
    console.log(title)
    zero()
    one(1)
    two(1, 2)
    try {
        error()
    } catch (error) {
```

```
            console.log(`caught ${error} as expected`)
        }
        console.log()
    }
}

runAll("first time")
```

이제 함수를 입력으로 받고 원래 함수의 모든 에러를 처리하는 새로운 함수를 생성하는 함수를 작성할
수 있습니다.

```
const replace = (func) => {
    return (...args) => {
        console.log("before")
        try {
            const result = func(...args)
            console.log("after")
            return result
        } catch (error) {
            console.log("error")
            throw error
        }
    }
}

zero = replace(zero)
one = replace(one)
two = replace(two)
error = replace(error)
runAll("second time")
```

한번 실행해 봅시다.

```
first time
zero
one(1)
two(1, 2)
error
caught Error: from error as expected

second time
```

```
before
zero
after
before
one(1)
after
before
two(1, 2)
after
before
error
error
caught
Error: from error as expected
```

이것은 데코레이터 디자인 패턴의 예시입니다. 데코레이터는 일반적인 방식으로 다른 함수의 동작을 수정하는 역할을 하는 함수입니다. 데코레이터는 파이썬과 같은 일부 언어에 내장되어 있으며, 여기서 한것처럼 대부분의 다른 언어에 추가할 수 있습니다.

15.2 자바스크립트 코드를 어떻게 생성할 수 있을까요?

데코레이터를 사용해서 프로그램의 모든 함수를 호출 여부를 추적하는 함수로 대체할 수 있지만, 모든 함수에 데코레이터를 일일이 적용하는 것은 번거로운 일입니다. 우리가 정말로 원하는 것은 모든 함수에 이 작업을 자동으로 수행하는 방법이며, 이를 위해서는 코드를 파싱하고 생성해야 합니다.

NOTE **다른 방법들**

우리가 원하는 것을 얻을 수 있는 세 번째 방법은 시스템이 코드를 실행 가능한 명령으로 변환한 다음 그 명령을 수정하도록 하는 방법입니다. 이 접근 방식은 자바와 같은 컴파일된 언어에서 자주 사용되며, 컴파일러에서 생성된 바이트 코드는 실행을 위해 파일에 저장됩니다. 그러나 Node는 코드를 컴파일하고 실행하는 하나의 단계로 이루어지기 때문에 여기서는 이를 수행할 수 없습니다.

우리의 도구는 자바스크립트를 Acorn으로 파싱해서 AST를 생성하고, AST를 수정한 다음 AST를 다시 자바스크립트로 변환하기 위해 Escodegen6라는 라이브러리를 사용할 것입니다. 시작하기 전에 간단한 함수 정의에 대한 AST를 살펴보겠습니다. 75줄 분량으로 보기 좋게 JSON으로 출력됩니다.

```
import acorn from "acorn"

const text = `const func = (param) => {
    return param + 1
    }`

const ast = acorn.parse(text, { sourceType: "module" })
console.log(JSON.stringify(ast, null, 2))
```

```json
{
    "type": "Program",
    "start": 0,
    "end": 46,
    "body": [
        {
            "type": "VariableDeclaration",
            "start": 0,
            "end": 46,
            "declarations": [
                {
                    "type": "VariableDeclarator",
                    "start": 6,
                    "end": 46,
                    "id": {
                        "type": "Identifier",
                        "start": 6,
                        "end": 10,
                        "name": "func"
                    },
                    "init": {
                        "type": "ArrowFunctionExpression",
                        "start": 13,
                        "end": 46,
                        "id": null,
                        "expression": false,
                        "generator": false,
```

```
                    "async": false,
                    "params": [
                        {
                            "type": "Identifier",
                            "start": 14,
                            "end": 19,
                            "name": "param"
                        }
                    ],
                    "body": {
                        "type": "BlockStatement",
                        "start": 24,
                        "end": 46,
                        "body": [
                            {
                                "type": "ReturnStatement",
                                "start": 28,
                                "end": 44,
                                "argument": {
                                    "type": "BinaryExpression",
                                    "start": 35,
                                    "end": 44,
                                    "left": {
                                        "type": "Identifier",
                                        "start": 35,
                                        "end": 40,
                                        "name": "param"
                                    },
                                    "operator": "+",
                                    "right": {
                                        "type": "Literal",
                                        "start": 43,
                                        "end": 44,
                                        "value": 1,
                                        "raw": "1"
                                    }
                                }
                            }
                        ]
                    }
                }
            }
        }
    ],
    "kind": "const"
```

```
      }
    ],
    "sourceType": "module"
  }
```

몇 가지 노드를 검사한 후 자체 노드를 생성해서 코드로 전환할 수 있습니다. 예를 들어, 다음은 표현식 40+2에 대한 JSON 표현입니다.

```
import escodegen from "escodegen"

const result = escodegen.generate({
    type: "BinaryExpression",
    operator: "+",
    left: { type: "Literal", value: 40 },
    right: { type: "Literal", value: 2 },
})

console.log(result)
```

```
40 + 2
```

15.3 함수가 실행되는 빈도는 어떻게 측정할까요?

우리의 도구는 프로그램에서 모든 함수 선언 노드를 찾아 __counters라는 전역 변수의 항목을 증가시키는 노드를 삽입할 것입니다(이름 앞에 언더스코어 두 개를 붙여도 사용자 프로그램에서 같은 이름의 변수를 실수로 덮어쓰지 않을 것을 막지는 않지만, 그럴 확률을 줄일 것입니다). 우리의 테스트 케이스는 다음과 같습니다.

```
const TEXT = `
const funcOuter = (param) => {
    return param + 1
}
const funcInner = (param) => {
    return param + 1
```

```
    }
    for (const i of [1, 3, 5]) {
        funcOuter(funcInner(i) + funcInner(i))
    } `
```

프로그램의 주요 함수는 다음과 같습니다.

```
const main = () => {
    const ast = acorn.parse(TEXT, { sourceType: "module" })

    const allNodes = []
    walk.simple(
        ast,
        {
            VariableDeclarator: (node, state) => {
                if (node.init && node.init.type === "ArrowFunctionExpression") {
                    state.push(node)
                }
            },
        },
        null,
        allNodes
    )

    const names = {}
    allNodes.forEach((node) => insertCounter(names, node))
    console.log(initializeCounters(names))
    console.log(escodegen.generate(ast))
    console.log(reportCounters())
}
```

카운터를 삽입하려면 함수의 이름을 기록하고 노드를 수정하기 위해 insertCounter를 호출합니다.

```
const insertCounter = (names, node) => {
    const name = node.id.name
    names[name] = 0

    const body = node.init.body.body
    const increment = acorn.parse(`__counters['${name}'] += 1`, {
        sourceType: "module",
    })
```

```
    body.unshift(increment)
  }
```

노드를 직접 만들지 않고 필요한 문자열을 생성한 다음 Acorn을 사용해서 구문을 분석하고 그 결과를 사용하는 방식에 주목하세요. 이렇게 하면 프로그램에 여러 줄의 JSON을 삽입하지 않아도 되고, 최신 버전의 Acorn이 다른 AST를 생성하기로 결정하더라도 프로그램이 자동으로 올바른 작업을 수행할 수 있습니다.

마지막으로 몇 가지 헬퍼 함수를 추가해야 합니다.

```
const initializeCounters = (names) => {
    const body = Object.keys(names)
        .map((n) => `'${n}': 0`)
        .join(",\n")
    return "const __counters = {\n" + body + "\n}"
}

const reportCounters = () => {
    return "console.log(__counters)"
}
```

그리고 실행해서 모든 것이 제대로 작동하는지 확인합니다.

```
const __counters = {
    funcOuter: 0,
    funcInner: 0,
};
const funcOuter = (param) => {
    __counters["funcOuter"] += 1;
    return param + 1;
};
const funcInner = (param) => {
    __counters["funcInner"] += 1;
    return param + 1;
};
for (const i of [1, 3, 5]) {
    funcOuter(funcInner(i) + funcInner(i));
}
console.log(__counters)
```

만약 함수가 모듈이나 중첩 함수를 사용하는 경우, 우리의 간단한 카운터 명명 접근 방식은 작동하지 않습니다. 하나의 해결책은 함수의 이름과 소스 코드의 줄 번호에서 레이블을 만드는 방법이고, 또 다른 해결책은 어떤 함수가 어떤 함수에 중첩되어 있는지를 추적하고 그 이름을 연결하여 고유한 키를 생성하는 방법입니다. 이런 문제들이 사람들이 '이름 짓기'가 컴퓨터 과학의 두 가지 난제 중 하나라고 말하는 이유입니다.

15.4 함수 실행 시간을 어떻게 측정할 수 있을까요?

이제 함수에 코드를 삽입하는 방법이 생겼으므로 이를 사용하여 여러 가지 작업을 수행할 수 있습니다. 예를 들어 각 호출의 시작 및 종료 시간을 기록하는 코드로 감싼 함수를 실행하는 방식으로 함수가 실행되는 데 얼마나 오래 걸리는지 알아볼 수 있습니다. 이전과 마찬가지로 관심 있는 노드를 찾아 장식한 다음 결과를 약간의 기록 작업과 함께 결합합니다.

```
const timeFunc = (text) => {
    const ast = acorn.parse(text, { sourceType: "module" })
    const allNodes = gatherNodes(ast)
    allNodes.forEach((node) => wrapFuncDef(node))

    return [
        initializeCounters(allNodes),
        escodegen.generate(ast),
        reportCounters(),
    ].join("\n")
}
```

노드 수집은 간단합니다.

```
const gatherNodes = (ast) => {
    const allNodes = []
    walk.simple(
        ast,
        {
            VariableDeclarator: (node, state) => {
```

```
            if (node.init && node.init.type === "ArrowFunctionExpression") {
                state.push(node)
            }
        },
    },
    null,
    allNodes
    )
    return allNodes
}
```

함수 정의를 감쌀 때도 간단합니다.

```
const wrapFuncDef = (originalAst) => {
    const name = originalAst.id.name
    const wrapperAst = makeWrapperAst(name)
    wrapperAst.init.body.body[0].declarations[0].init = originalAst.init
    originalAst.init = wrapperAst.init
}
```

유일한 큰 차이점은 래퍼 함수를 만드는 방식입니다. 원래 함수에 대한 플레이스홀더를 사용해서 래퍼 함수를 만들어 AST에 실제 코드를 삽입할 수 있는 자리를 확보합니다.

```
const timeFunc = (text) => {
    const ast = acorn.parse(text, { sourceType: "module" })
    const allNodes = gatherNodes(ast)
    allNodes.forEach((node) => wrapFuncDef(node))
    return [
        initializeCounters(allNodes),
        escodegen.generate(ast),
        reportCounters(),
    ].join("\n")
}
```

마지막으로 테스트 하나를 실행해 봅시다.

```
const __counters = {
    "assignment ": 0,
    "readFile ": 0,
};
```

```
const assignment = (...originalArgs) => {
    const originalFunc = (range) => {
        let j = 0;
        for (let i = 0; i < range; i += 1) {
            j = i;
        }
    };
    const startTime = Date.now();
    try {
        const result = originalFunc)...originalArgs);
        const endTime = Date.now();
        __counters[" assignment "] += endTime - startTime;
        return result;
    } catch (error) {
        const endTime = Date.now();
        __counters[" assignment "] += endTime - startTime;
        throw error;
    }
};
const readFile = (...originalArgs) => {
    const originalFunc = (range, filename) => {
        for (let i = 0; i < range; i += 1) {
            fs.readFileSync(filename, "utf -8 ");
        }
    };
    const startTime = Date.now();
    try {
        const result = originalFunc(...originalArgs);
        const endTime = Date.now();
        __counters[" readFile "] += endTime - startTime;
        return result;
    } catch (error) {
        const endTime = Date.now();
        __counters[" readFile "] += endTime - startTime;
        throw error;
    }
};
const numLoops = 100000;
assignment(numLoops);
readFile(numLoops, "index .md ");
console.log(__counters);
OUTPUT
{ assignment : 1, readFile : 3879 }
```

소스에서 소스로의 변환은 자바스크립트에서 널리 사용됩니다. 바벨과 같은 도구는 async 및 await(3장)와 같은 최신 기능을 이전 브라우저에서 이해할 수 있는 코드로 변환하는 데 사용합니다. 이 기술은 스킴Scheme과 같은 언어에 내장되어 있어, 프로그래머가 매크로를 정의해서 언어에 새로운 구문을 추가할 수 있도록 합니다. 얼마나 신중하게 사용되느냐에 따라 매크로는 프로그램을 우아하게 만들 수도, 이해하기 어렵게 만들 수도 있으며, 둘 다에 해당되게 만들 수도 있습니다.

JSON to JavaScript

Escodegen을 사용하여 JSON으로 작성된 간단한 표현식을 실행 가능한 자바스크립트로 번역하는 도구를 작성하세요. 예를 들어, 해당 도구는 다음을

```
['+', 3, ['*', 5, 'a']]
```

다음과 같이 번역해야 합니다.

```
3 + (5 * a)
```

JavaScript to HTML

중첩된 자바스크립트 함수 호출을 받아 HTML을 생성하는 함수를 작성합니다. 다음은

```
div(h1('title'), p('explanation'))
```

다음과 같은 HTML로 변환합니다.

```
<div><h1>title</h1><p>explanation</p></div>
```

모듈 처리하기

함수가 호출되는 횟수를 계산하는 코드를 수정하여 다른 모듈에서 같은 이름의 함수를 처리할 수 있도록 만드세요.

호출 추적하기

함수를 인수로 받고 동일한 방식으로 동작하는 새로운 함수를 반환하는 데코레이터를 작성하세요. 다만 호출된 함수를 추적합니다.

1. 프로그램에는 데코레이트된 함수가 호출될 때마다 이름을 푸시하고 팝하는 스택이 있습니다.

2. 함수가 호출될 때마다 레코드를 추가해서 해당 함수의 이름과 스택의 맨 위에 있는 이름(즉, 가장 최근에 호출된 데코레이트된 함수)을 기록합니다.

| 전통적인 함수 정의 카운트하기

function 키워드를 사용하여 선언된 함수뿐만 아니라 =>를 사용하여 선언된 함수도 처리하도록 코드 생성기를 수정하세요.

| 입력 파일의 크기 기록하기

1. fs.readFileSync에 대한 모든 호출을 readFileSyncCount에 대한 호출로 대체하는 프로그램을 작성하세요.

2. fs.readFileSync를 사용해서 파일을 읽고 반환하는 동시에 파일의 이름과 크기를 바이트 단위로 기록하는 readFileSyncCount 함수를 작성하세요.

3. 읽은 파일과 파일의 크기를 보고하는 세 번째 함수 reportInputFileSizes를 작성하세요.

4. 이런 함수들에 대해 Mocha와 mock-fs를 사용하여 테스트를 작성하세요.

| 인수 타입 확인하기

함수 인수의 타입을 실행 시간에 확인하는 도구를 작성하세요.

1. 각 함수는 해당 함수의 이름과 함께 모든 인수를 checkArgs에 전달한 다음 함수의 원래 작업을 계속하는 함수로 대체되어야 합니다.

2. 특정 함수에 대한 첫 번째 checkArgs 호출 시 인수의 실제 타입을 기록해야 합니다.

3. 이후의 호출에서는 첫 번째 호출의 인수 타입과 일치하는지 확인하고, 일치하지 않으면 예외를 throw해야 합니다.

| 2차원 배열

make2D 함수는 행 길이와 하나 이상의 일련의 값들을 받아 해당 값들로 2차원 배열을 만듭니다.

```
make2D(2, 'a', 'b', 'c', 'd')
// 결과 [['a', 'b'], ['c', 'd']]
```

코드를 검색해서 make2D에 대한 호출을 찾아 인라인 배열의 배열로 교체하는 함수를 작성합니다. 이 함수는 행 길이가 고정된 호출에 대해서만 작동하면 됩니다. 즉, make2D(N, 'a', 'b')와 같은 경우는 처리할 필요가 없습니다.

| require에서 import로

코드에서 require에 대한 간단한 호출을 검색하고 이를 import에 대한 호출로 대체하는 함수를 작성하세요. 이 함수는 가장 간단한 경우에만 작동하면 됩니다. 예를 들어 입력이 다음과 같은 경우,

```
const name = require('module')
```

출력은 다음과 같습니다.

```
import name from 'module'
```

| 빈 생성자 제거하기

클래스 정의에서 빈 생성자를 제거하는 함수를 작성합니다. 예를 들어 입력이 다음과 같으면,

```
class Example {
    constructor() {}
    someMethod() {
        console.log("some method")
    }
}
```

출력은 다음과 같아야 합니다.

```
class Example {
    someMethod() {
        console.log("some method")
    }
}
```

문서 생성기

16 CHAPTER

사용하는 용어

누산기 accumulator	블록 주석 block comment
폐기 deprecation	문서 주석 doc comment
행 주석 line comment	슬러그 slug

많은 프로그래머들은 문서가 코드에 가까울수록 문서를 최신으로 유지할 가능성이 더 높다고 믿습니다. 특별하게 서식이 지정된 주석을 추출해서 이를 문서로 변환하는 도구는 적어도 1980년대부터 존재해왔으며, JSDoc 및 ESDoc을 비롯한 많은 도구가 자바스크립트에서 사용됩니다. 이 장에서는 15장에서 배운 내용을 사용해서 간단한 문서 생성기를 만들 것입니다.

16.1 문서 주석을 추출하려면 어떻게 해야 할까요?

다시 한번 Acorn[1]을 사용해서 소스 파일을 파싱하겠습니다. 이번에는 파서의 onComment 옵션을 사용해서 주석을 배열에 채우겠습니다. 지금은 주석에만 관심이 있기 때문에 파싱으로 생성된 AST를 변수에 할당하지 않겠습니다.

```
import fs from "fs"
import acorn from "acorn"

const text = fs.readFileSync(process.argv[2], "utf-8")
const options = {
    sourceType: "module",
    locations: true,
```

---

[1]   https://github.com/acornjs/acorn

```
        onComment: [],
}

acorn.parse(text, options)
console.log(JSON.stringify(options.onComment, null, 2))
```

```
// 줄 주석
/* 블록 주석 */
```

```
[
    {
        "type": "Line",
        "value": " double-slash comment",
        "start": 0,
        "end": 23,
        "loc": {
            "start": {
                "line": 1,
                "column": 0
            },
            "end": {
                "line": 1,
                "column": 23
            }
        }
    },
    {
        "type": "Block",
        "value": " slash-star comment ",
        "start": 24,
        "end": 48,
        "loc": {
            "start": {
                "line": 2,
                "column": 0
            },
            "end": {
                "line": 2,
                "column": 24
```

```
            }
        }
    }
]
```

여기에는 필요한 정보보다 더 많은 정보가 있으므로 추출하는 JSON을 간소화해 보겠습니다.

```javascript
import fs from "fs"
import acorn from "acorn"

const text = fs.readFileSync(process.argv[2], "utf-8")
const options = { sourceType: "module", locations: true, onComment: [] }
acorn.parse(text, options)
const subset = options.onComment.map((entry) => {
    return {
        type: entry.type,
        value: entry.value,
        start: entry.loc.start.line,
        end: entry.loc.end.line,
    }
})
console.log(JSON.stringify(subset, null, 2))
```

```
node extract-comments-subset.js two-kinds-of-comment.js
```

```json
[
    {
        "type": "Line",
        "value": " double-slash comment",
        "start": 1,
        "end": 1
    },
    {
        "type": "Block",
        "value": " slash-star comment ",
        "start": 2,
        "end": 2
    }
]
```

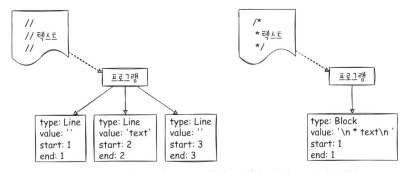

〈그림 16.1〉 줄 주석^{line comment}과 블록 주석^{block comment}이 구분되고 표시되는 방식

Acorn은 두 가지 종류의 주석을 구분합니다(그림 16.1). 줄 주석은 여러 줄에 걸쳐 있을 수 없으며, 하나의 줄 주석이 다른 줄 주석 바로 뒤에 나오면 Acorn은 두 개의 주석을 보고합니다.

```
//
// multi-line double-slash comment
//
```

```
node extract-comments-subset.js multi-line-double-slash-comment.js
```

```json
[
    {
        "type": "Line",
        "value": "",
        "start": 1,
        "end": 1
    },
    {
        "type": "Line",
        "value": " multi-line double-slash comment",
        "start": 2,
        "end": 2
    },
    {
        "type": "Line",
        "value": "", "start": 3,
        "end": 3
    }
]
```

반면에 블록 주석은 여러 줄로 작성할 수 있습니다. 각 줄 앞에 *를 붙일 필요는 없지만 대부분의 사람들은 가독성을 위해 *를 붙입니다.

```
/*
 * multi-line slash-star comment
 */
```

```
node extract-comments-subset.js multi-line-slash-star-comment.js
```

```
[
    {
        "type": "Block",
        "value": "\n * multi-line slash-star comment\n ",
        "start": 1,
        "end": 3
    }
]
```

관례적으로, 문서에는 /**로 시작하는 블록 주석을 사용합니다. 첫 두 문자는 파서에 의해 '주석 시작'으로 인식되므로, 추출된 텍스트의 첫 문자는 *입니다.

```
/**
 * doc comment
 */
```

```
[
    {
        "type": "Block",
        "value": "*\n * doc comment\n ",
        "start": 1,
        "end": 3
    }
]
```

문서화를 위해 Markdown[2]을 사용하겠습니다. 함수 정의에 대한 문서 주석은 다음과 같습니다.

```
/**
 * # Demonstrate documentation generator.
 */

import util from "./util-plain"

/**
 * ## `main`: Main driver.
 */
const main = () => {
    // Parse arguments.
    // Process input stream.
}

/**
 * ## `parseArgs`: Parse command line.
 * - `args` (`string[]`): arguments to parse.
 * - `defaults` (`Object`): default values.
 *
 *
 * Returns: program configuration object.
 */
const parseArgs = (args, defaults) => {
    // body would go here
}

/**
 * ## `process`: Transform data.
 * - `input` (`stream`): where to read.
 * - `output` (`stream`): where to write.
 * - `op` (`class`): what to do.
 * Use @BaseProcessor unless told otherwise.
 */
const process = (input, output, op = util.BaseProcessor) => {
    // body would go here
}
```

---

2 https://en.wikipedia.org/wiki/Markdown

반면 클래스 정의는 다음과 같습니다.

```
/**
 *  # Utilities to demonstrate doc generator.
 */
/**
 *  ## `BaseProcessor`: General outline.
 */
class BaseProcessor { /**
    *    ### `constructor`: Build processor.
    */
    constructor () {
        // body would go here
    }
    /**
    *    ### `run`: Pass input to output.
    *    - `input` (`stream`): where to read.
    *    - `output` (`stream`): where to write.
    */
    run (input, output) {
        // body would go here
    }
}

export default BaseProcessor
```

문서 주석은 코드의 함수와 메서드 이름이 반복되고, 제목을 직접 만들어야 하며, 코드 서식을 지정할 때 역따옴표^{back-quotes}를 사용해야 하는 등 현재로서는 불편합니다. 기본 도구가 실행되고 나면 이런 문제들 중 일부는 해결될 것입니다.

다음 단계는 마크다운을 HTML로 번역하는 것입니다. 자바스크립트에는 많은 마크다운 파서가 있습니다. 몇 가지 실험 후에 우리는 markdown-it[3]과 markdown-it-anchor[4] 확장을 사용하기로 결정했습니다. 이 확장은 제목에 대한 HTML 앵커를 생성합니다.

메인 프로그램은 모든 입력 파일에서 모든 문서 주석을 가져와서 마크다운을 HTML로 변환하고 이를 표시합니다.

---

3   https://markdown-it.github.io/

4   https://www.npmjs.com/package/markdown-it-anchor

```
const STYLE = "width: 40rem padding-left: 0.5rem border: solid"
const HEAD = `<html><body style="${STYLE}">`
const FOOT = "</body></html>"

const main = () => {
    const allComments = getAllComments(process.argv.slice(2))
    const md = new MarkdownIt({ html: true }).use(MarkdownAnchor, {
        level: 1,
        slugify: slugify,
    })

    const html = md.render(allComments)
    console.log(HEAD)
    console.log(html)
    console.log(FOOT)
}
```

모든 주석을 얻기 위해 모든 파일에서 주석을 추출하고, 문서의 일부가 아닌 선행되는 * 문자를 제거한 다음, 불필요한 공백을 제거한 결과를 결합합니다.

```
const getAllComments = (allFilenames) => {
    return allFilenames
        .map((filename) => {
            const comments = extractComments(filename)
            return { filename, comments }
        })
        .map(({ filename, comments }) => {
            comments = comments.map((comment) => removePrefix(comment))
            return { filename, comments }
        })
        .map(({ filename, comments }) => {
            const combined = comments
                .map((comment) => comment.stripped)
                .join("\n\n")
            return `# ${filename}\n\n${combined}`
        })
        .join("\n\n")
}
```

단일 파일에서 주석을 추출하는 코드는 다음과 같습니다.

```
const extractComments = (filename) => {
    const text = fs.readFileSync(filename, "utf-8")
    const options = { sourceType: "module", locations: true, onComment: [] }
    acorn.parse(text, options)
    const subset = options.onComment
        .filter((entry) => entry.type === "Block")
        .map((entry) => {
            return {
                type: entry.type,
                value: entry.value,
                start: entry.start,
                end: entry.end,
            }
        })
    return subset
}
```

접두사 문자 *를 제거하려면 텍스트를 줄로 나누고 앞의 공백과 별표를 제거한 다음 줄을 다시 합치면 됩니다.

```
const removePrefix = ( comment ) => {
    comment.stripped = comment.value
        . split ('\n ')
        . slice (0, -1)
        . map ( line => line.replace (/^ *\/?\* */, ''))
        . map ( line => line.replace ('*/', ''))
        . join ('\n ')
        . trim ()
    return comment
}
```

이 파일에 없는 것 중 하나는 (이후 버전에서 사용할 예정이므로) slugify 함수입니다. 슬러그는 헤더나 웹 페이지를 식별하는 짧은 문자열로, 신문 시대에는 기사가 제작 중일 때 이를 식별하기 위해 슬러그라는 짧은 이름을 사용했던 데서 유래한 이름입니다. 슬러그 기능은 제목에서 불필요한 문자를 제거하고 하이픈을 추가하여 일반적으로 URL에서 볼 수 있는 제목으로 만들어 줍니다.

이 생성기를 실행해서 생성되는 결과를 확인해 보겠습니다(그림 16.2 및 그림 16.3).

```
node process-plain.js example-plain.js util-plain.js
```

```html
<html>
    <body style="width: 40rem; padding-left: 0.5rem; border: solid">
        <h1 id="exampleplain">example-plain.js</h1>
        <h1 id="demonstrate">Demonstrate documentation generator.</h1>
        <h2 id="main"><code>main</code>: Main driver.</h2>
        <h2 id="parseargs"><code>parseArgs</code>: Parse command line.</h2>
        <ul>
            <li>
                <code>args</code> (<code>string[]</code>): arguments to parse.
            </li>
            <li>
                <code>defaults</code> (<code>Object</code>): default values.
            </li>
        </ul>
        <p>Returns: program configuration object.</p>
        <h2 id="process"><code>process</code>: Transform data.</h2>
        <ul>
            <li><code>input</code> (<code>stream</code>): where to read.</li>
            <li><code>output</code> (<code>stream</code>): where to write.</li>
            <li>
                <code>op</code> (<code>class</code>): what to do. Use
                @BaseProcessor unless told otherwise.
            </li>
        </ul>
        <h1 id="utilplain">util-plain.js</h1>
        <h1 id="utilities">Utilities to demonstrate doc generator.</h1>
        <h2 id="baseprocessor"><code>BaseProcessor</code>: General outline.</h2>
        <h3 id="constructor"><code>constructor</code>: Build processor.</h3>
        <h3 id="run"><code>run</code>: Pass input to output.</h3>
        <ul>
            <li><code>input</code> (<code>stream</code>): where to read.</li>
            <li><code>output</code> (<code>stream</code>): where to write.</li>
        </ul>
    </body>
</html>
```

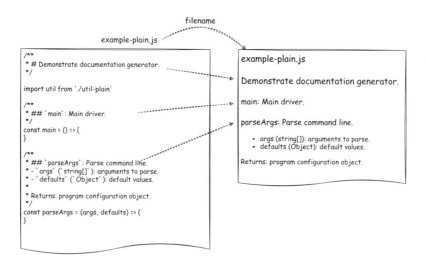

filename

example-plain.js

```
/**
 * # Demonstrate documentation generator.
 */

import util from './util-plain'

/**
 * ## `main`: Main driver.
 */
const main = () => {
}

/**
 * ## `parseArgs`: Parse command line.
 * - `args` (`string[]`): arguments to parse.
 * - `defaults` (`Object`): default values.
 *
 * Returns: program configuration object.
 */
const parseArgs = (args, defaults) => {
}
```

example-plain.js

Demonstrate documentation generator.

main: Main driver.

parseArgs: Parse command line.

- args (string[]): arguments to parse.
- defaults (Object): default values.

Returns: program configuration object.

〈그림 16.2〉 코드의 주석이 HTML 문서에 매핑되는 방식

example-plain.js

Demonstrate documentation generator.

main: Main driver.

parseArgs: Parse command line.

- args (string[]): arguments to parse.
- defaults (Object): default values.

Returns: program configuration object.

process: Transform data.

- input (stream): where to read.
- output (stream): where to write.
- op (class): what to do. Use @BaseProcessor unless told otherwise.

util-plain.js

Utilities to demonstrate doc generator.

BaseProcessor: General outline.

constructor: Build processor.

run: Pass input to output.

- input (stream): where to read.
- output (stream): where to write.

〈그림 16.3〉 문서 생성기로 생성된 페이지

작동은 하지만 각 파일(파일 이름과 제목 주석)마다 이중 H1 헤더가 있고, 앵커 ID가 읽기 어려우며 상호 참조가 없는 등의 문제가 있습니다. 시각적인 문제 중 일부는 CSS로 해결할 수 있으며, 처리를 쉽게 만드는 것과 동시에 작성도 쉽게 만들도록 입력 형식을 변경할 수 있습니다. 하지만 두 번 작성된 글은 결국 어느 한 곳에서 에러가 발생할 것이므로 중복을 제거하는 것이 최우선 과제입니다.

16.3 이름 중복을 피하려면 어떻게 해야 할까요?

주석이 파일의 첫 번째 항목인 경우 이를 제목 텍스트로 사용해서 명시적으로 1단계 제목을 주석으로 작성하는 번거로움을 피하고자 합니다. 다른 주석에 대해서는 해당 문서 주석 바로 다음 줄에 있는 노드에서 함수나 메서드의 이름을 추출할 수 있습니다. 이로써 훨씬 깔끔한 주석을 작성할 수 있습니다.

```
/**
 * Overall file header.
 */

/**
 * Double the input.
 */
const double = (x) => 2 * x;

/**
 * Triple the input.
 */
function triple(x) {
    return 3 * x;
}

/**
 * Define a class.
 */
class Example {
    /**
     *  Method description.
     */
    someMethod() {}
}
```

문서 주석 바로 뒤에 있는 노드에서 정보를 추출하고 표시하려면 모든 블록 주석을 찾아 각 주석의 마지막 줄을 기록한 다음, 해당 주석의 마지막 줄 바로 다음에 있는 노드를 찾기 위해 AST를 검색해야 합니다(일단은 주석과 클래스 또는 함수 시작 사이에 빈 줄이 없다고 가정하겠습니다). 메인 프로그램은 평소처럼 주석을 찾고, 찾고자 하는 줄 번호가 포함된 집합을 만든 다음 원하는 노드를 검색합니다.

```javascript
const main = () => {
    const options = {
        sourceType: "module ",
        locations: true,
        onComment: [],
    }

    const text = fs.readFileSync(process.argv[2], "utf -8 ")
    const ast = acorn.parse(text, options)
    const comments = options.onComment
        .filter((entry) => entry.type === "Block ")
        .map((entry) => {
            return {
                value: entry.value,
                start: entry.loc.start.line,
                end: entry.loc.end.line,
            }
        })
    const targets = new Set(comments.map((comment) => comment.end + 1))
    const nodes = []
    findFollowing(ast, targets, nodes)
    console.log(nodes.map((node) => condense(node)))
}
```

재귀적인 검색도 간단합니다. 우리는 일치하는 항목을 찾을 때마다 대상 집합에서 줄 번호를 삭제하고 누산기[accumulator]에 노드를 추가합니다.

```javascript
const findFollowing = (node, targets, accum) => {
    if (!node || typeof node !== "object" || !("type" in node)) {
        return;
    }

    if (targets.has(node.loc.start.line)) {
        accum.push(node);
        targets.delete(node.loc.start.line);
    }
```

```
    for (const key in node) {
        if (Array.isArray(node[key])) {
            node[key].forEach((child) => findFollowing(child, targets, accum));
        } else if (typeof node[key] === "object") {
            findFollowing(node[key], targets, accum);
        }
    }
};
```

마지막으로, AST에서 원하는 이름을 얻기 위해 condense라는 함수를 사용합니다.

```
const condense = (node) => {
    const result = { type: node.type, start: node.loc.start.line };
    switch (node.type) {
        case "VariableDeclaration":
            result.name = node.declarations[0].id.name;
            break;
        case "FunctionDeclaration":
            result.name = node.id.name;
            break;
        case "ClassDeclaration":
            result.name = node.id.name;
            break;
        case "MethodDefinition":
            result.name = node.key.name;
            break;
        default:
            assert.fail(`Unknown node type ${node.type}`);
            break;
    }
    return result;
};
```

이 기능이 필요한 이유는 다음과 같은 경우,

```
const name = function() => { }
```

다음과 같이 다른 구조를 갖기 때문입니다.

```
function name() {
}
```

이 테스트 케이스를 실행하면 다음과 같은 결과가 나타납니다.

```
[
    { type: 'VariableDeclaration', start: 8, name: 'double' },
    { type: 'FunctionDeclaration', start: 13, name: 'triple' },
    { type: 'ClassDeclaration', start: 20, name: 'Example' },
    { type: 'MethodDefinition', start: 24, name: 'someMethod' }
]
```

이를 사용하여 더 나은 결과물을 만들 수 있습니다(그림 16.4).

```
import MarkdownIt from "markdown-it"
import MarkdownAnchor from "markdown-it-anchor"
import getComments from "./get-comments.js"
import getDefinitions from "./get-definitions.js"
import fillIn from "./fill-in.js"
import slugify from "./slugify.js"

const STYLE = "width: 40rem padding-left: 0.5rem border: solid"
const HEAD = `<html><body style="${STYLE}">`
const FOOT = "</body></html>"

const main = () => {
    const filenames = process.argv.slice(2)
    const allComments = getComments(filenames)
    const allDefinitions = getDefinitions(filenames)
    const combined = []
    for (const [filename, comments] of allComments) {
        const definitions = allDefinitions.get(filename)
        const text = fillIn(filename, comments, definitions)
        combined.push(text)
    }
    const md = new MarkdownIt({ html: true }).use(MarkdownAnchor, {
        level: 1,
        slugify: slugify,
    })
```

```
    const html = md.render(combined.join("\n\n"))
    console.log(HEAD)
    console.log(html)
    console.log(FOOT)
}


main()
```

```html
<html>
    <body style="width: 40 rem; padding-left: 0.5 rem; border: solid">
        <h1 id=" fillinheadersinput ">fill -in - headers - input .js</h1>
        <p>Demonstrate documentation generator .</p>
        <h2 id=" main ">main</h2>
        <p>Main driver .</p>
        <h2 id=" parseargs ">parseArgs</h2>
        <p>Parse command - line arguments .</p>
        <ul>
            <li>
                <code>args </code> (<code> string [] </code>): arguments to
                parse .
            </li>
            <li>
                <code> defaults </code> (<code> Object </code>): default values
                .
            </li>
        </ul>
        <blockquote>
            <p>Program configuration object .</p>
        </blockquote>
        <h2 id=" baseprocessor ">BaseProcessor</h2>
        <p>Default processing class .</p>
        <h3 id=" constructor ">constructor</h3>
        <p>Build base processor .</p>
        <h3 id=" run ">run</h3>
        <p>Pass input to output .</p>
        <ul>
            <li><code>input </code> (<code>stream </code>): where to read .</li>
            <li>
                <code>output </code> (<code> stream </code>): where to write .
            </li>
        </ul>
```

```
    </body>
</html>
```

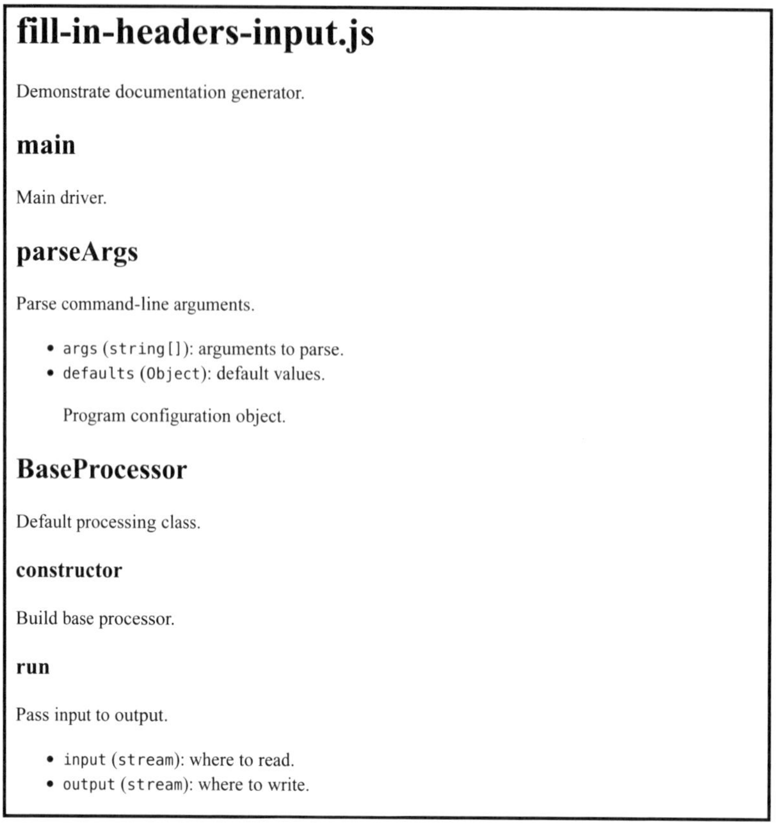

fill-in-headers-input.js

Demonstrate documentation generator.

main

Main driver.

parseArgs

Parse command-line arguments.

- args (`string[]`): arguments to parse.
- defaults (`Object`): default values.

  Program configuration object.

BaseProcessor

Default processing class.

constructor

Build base processor.

run

Pass input to output.

- input (`stream`): where to read.
- output (`stream`): where to write.

〈그림 16.4〉 문서 생성 시 헤더를 채우는 예시

16.4 코드는 데이터다

한동안 이 점을 명시적으로 언급하지 않았기 때문에 여기서 다시 한번 말씀드리겠습니다. 코드는 또 다른 종류의 데이터이며, 다른 데이터를 처리하는 것처럼 처리할 수 있습니다. 코드를 파싱해서 AST를 생성하는 것은 HTML을 파싱하여 DOM을 생성하는 것과 다르지 않으며, 두 경우 모두 사람이 작성하기 쉬운 텍스트 표현을 프로그램이 조작하기 쉬운 데이터 구조로 변환하는 것일 뿐입니다. 이러한 데이터에서 무언가를 추출해서 보고서를 작성하는 것은 병원 데이터베이스에서 숫자를 추출하여 월별 예방 접종

률을 보고하는 것과 다르지 않습니다.

코드를 데이터로 취급하면 일상적인 프로그래밍 작업을 명령 하나로 수행할 수 있게 되어 아직 자동화할 수 없는 작업에 대해 더 많은 시간을 할애할 수 있습니다. 수학자 알프레드 노스 화이트헤드가 "문명은 생각하지 않고도 수행할 수 있는 중요한 작업의 수를 늘림으로써 발전한다"고 말한 것처럼, 이런 사고방식은 도구 기반 소프트웨어 공학 접근법의 기초입니다.

색인 만들기

문서 생성기를 수정해서 찾은 모든 클래스와 메서드의 알파벳 순 색인을 생성하세요. 색인 항목은 해당 항목에 대한 문서로 연결되는 하이퍼링크여야 합니다.

예외 문서화

문서 생성기를 확장하여 함수가 throw하는 예외를 문서화할 수 있도록 만드세요.

폐기 경고

문서 생성기에 기능을 추가하여 작성자가 함수와 메서드를 폐기^{Deprecation}로 표시할 수 있도록 만드세요 (즉, 아직 존재하지만 단계적으로 폐기되고 있으므로 사용해서는 안 된다는 것을 표시).

사용 예시

문서 주석에 ---이 나타나면 다음 텍스트가 사용 예시로 서식이 지정되도록 문서 생성기를 개선하세요(문서 주석에는 여러 사용 예가 포함될 수 있습니다).

유닛 테스트

Mocha를 사용하여 문서 생성기에 대한 유닛 테스트를 작성하세요.

함수 요약

함수 내에서 //*를 사용하는 줄 주석이 해당 함수에 대한 문서에서 글머리 기호 목록 형식으로 표시되도록 문서 생성기를 수정하세요.

교차 참조

한 클래스 또는 함수에 대한 문서에 다른 클래스 또는 함수에 대한 마크다운 링크를 포함할 수 있도록 문서 생성기를 수정하세요.

데이터 타입

문서 생성기를 수정해서 작성자가 JSDoc[5]과 동일한 방식으로 새로운 데이터 타입을 정의할 수 있도록 만드세요.

---

5   https://jsdoc.app/

인라인 매개변수 문서화

일부 문서 생성기는 매개변수에 대한 문서를 매개변수와 같은 줄에 배치합니다.

```
/**
 * Transform data.
 */
function process(
    input,       /*- {stream} where to read */
    output, /*- {stream} where to write */
    op    /*- {Operation} what to do */
){
    // body would go here
}
```

이를 처리하도록 문서 생성기를 수정하세요.

문서로서의 테스트

파이썬의 doctest 라이브러리는 프로그래머가 프로그램에 유닛 테스트를 문서로 포함시킬 수 있도록 합니다. 다음을 수행하는 도구를 작성하세요.

1. 블록 주석으로 시작하는 함수를 찾습니다.

2. 해당 블록 주석에서 코드 및 출력을 추출하고 이를 어써션으로 변환합니다.

예를 들어 다음 입력이 주어지면.

```
const findIncreasing = ( values ) => {
    /**
     * > findIncreasing ([])
     * []
     * > findIncreasing ([1])
     * [1]
     * > findIncreasing ([1 , 2])
     * [1, 2]
     * > findIncreasing ([2 , 1])
     * [2]
     */
}
```

도구는 다음을 생성합니다.

```
assert.deepStrictEqual(findIncreasing([]), [])
assert.deepStrictEqual(findIncreasing([1]), [1])
assert.deepStrictEqual(findIncreasing([1, 2]), [1, 2])
assert.deepStrictEqual(findIncreasing([2, 1]), [2])
```

17 모듈 번들러
CHAPTER

사용하는 용어

진입점entry point   모듈 번들러module bundler
전이적 폐쇄transitive closure

25년 전에 자바스크립트는 웹 페이지를 인터랙티브하게 만들기 위해 급하게 설계되었습니다. 아무도 자바스크립트가 이렇게 인기를 얻을 것으로 예상하지 않았기 때문에, 큰 프로그램이 필요로 하는 것들을 지원하지 않았습니다. 그 중 하나는 브라우저가 필요한 것을 한번의 요청으로 로드할 수 있도록, 여러 소스 파일을 하나의 파일로 변환하는 방법이었습니다.

모듈 번들러는 애플리케이션이 의존하는 모든 파일을 찾아서 이를 하나의 로드 가능한 파일로 결합합니다(그림 17.1). 바이트 수는 동일하지만 네트워크 요청이 한 번뿐이어서 이 파일을 로드하는 것이 훨씬 효율적입니다(이것이 중요한 이유는 표 2.1을 참조하세요). 또한 파일을 번들링할 때 의존성이 실제로 해결되는지 테스트하므로 최소한 응용 프로그램이 실행될 수 있는 가능성을 확보합니다.

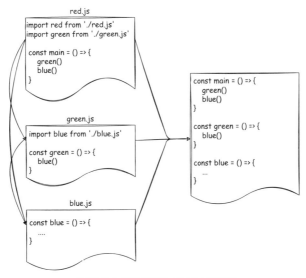

〈그림 17.1〉 여러 모듈을 하나로 결합하기

번들링에는 진입점, 즉 종속성 검색을 시작할 위치가 필요합니다. 그런 다음 모든 종속성을 찾아서 하나의 파일로 결합하고 로드한 후 서로를 올바르게 찾을 수 있도록 합니다. 이러한 단계를 하나씩 살펴보겠습니다.

17.1 어떤 테스트 케이스를 사용하나요?

첫 번째 테스트 케이스는 아무것도 필요하지 않은 하나의 파일입니다.

```
const main = () => {
    console.log("in main")
}

module.exports = main
```

```
in main
```

우리의 두 번째 테스트에서는 main.js가 other.js를 필요로 합니다.

```
const other = require("./other")
const main = () => {
    console.log(other("main"))
}

module.exports = main
```

그리고 other.js는 아무것도 필요로 하지 않습니다.

```
const other = (caller) => {
    return `other called from ${caller}`
}

module.exports = other
```

예상 출력은 다음과 같습니다.

```
other called from main
```

NOTE **왜 require를 사용하는 걸까요?**

우리의 테스트 케이스는 예전 스타일의 require 함수를 사용하며, 모듈의 외부에서 보이기를 원하는 것들을 module.exports에 할당합니다. import 및 export를 사용하는 대신에 이러한 선택을 했습니다. import와 export를 사용해서 이 장을 작성해 보았지만, Node의 모듈 로더에서의 import와 우리가 작성 중인 import 사이에서 혼란스러움에 부딪혔었습니다. 프로그래밍 도구를 개발할 때 이러한 혼란은 흔한 일이며, 우리가 한 것과 같은 용어 분리가 도움이 될 것으로 기대합니다.

세 번째 테스트 케이스는 그림 17.2에 나와있는 것처럼, 여러 디렉터리에 여러 개의 포함 관계가 있습니다.

- ./main은 아래의 네 파일을 모두 필요로 합니다.
- ./top-left은 아무 것도 필요로 하지 않습니다.
- ./top-right는 top-left와 bottom-right를 필요로 합니다.
- ./subdir/bottom-left도 top-left와 bottom-right를 필요로 합니다.
- ./subdir/bottom-right는 아무 것도 필요로 하지 않습니다.

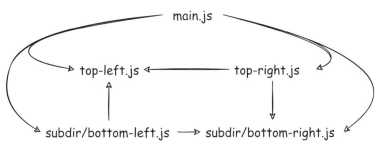

〈그림 17.2〉 큰 모듈 번들러 테스트 케이스에서의 의존성

메인 프로그램은 다음과 같습니다.

```
// main.js
const topLeft = require("./top-left")
const topRight = require("./top-right")
const bottomLeft = require("./subdir/bottom-left")
const bottomRight = require("./subdir/bottom-right")
const main = () => {
    const functions = [topLeft, topRight, bottomLeft, bottomRight]
    functions.forEach((func) => {
        console.log(`${func("main")}`)
    })
}

module.exports = main
```

나머지 네 개의 파일은 require와 module.exports를 사용하여 필요한 것을 가져옵니다. 예상되는 출력은 다음과 같습니다.

```
topLeft from main
topRight from main with topLeft from topRight and bottomRight from \
topRight
bottomLeft from main with topLeft from bottomLeft and bottomRight from \
bottomLeft
bottomRight from main
```

우리는 순환 종속성을 다루지 않습니다. 왜냐하면 require 자체가 다루지 않기 때문입니다(13장).

17.2 어떻게 종속성을 찾을 수 있을까요?

하나의 소스 파일에 대한 모든 종속성을 얻기 위해 해당 파일을 파싱하고 모든 require 호출을 추출하겠습니다. 이 작업을 수행하는 코드는 Acorn[1]에 대해 알고 있는 내용을 생각해보면 비교적 간단합니다.

---

1   https://github.com/acornjs/acorn

326 예제로 배우는 소프트웨어 디자인

```
import acorn from "acorn"
import fs from "fs"
import walk from "acorn-walk"

const getRequires = (filename) => {
    const entryPointFile = filename
    const text = fs.readFileSync(entryPointFile, "utf-8")
    const ast = acorn.parse(text)
    const requires = []
    walk.simple(
        ast,
        {
            CallExpression: (node, state) => {
                if (
                    node.callee.type === "Identifier" &&
                    node.callee.name === "require"
                ) {
                    state.push(node.arguments[0].value)
                }
            },
        },
        null,
        requires
    )
    return requires
}

export default getRequires
```

```
import getRequires from './get-requires.js'
const result = getRequires(process.argv[2]) console.log(result)
```

```
node test-get-requires.js simple/main.js
```

```
[ './other' ]
```

앞서 소개한 종속성 찾기 도구는 합리적인 자바스크립트 프로그램을 기준으로는 올바른 답을 제공하지만, 모든 자바스크립트 코드가 합리적이지는 않습니다. 가령, require에 대한 별칭을 생성하고 이를 사용하여 다른 파일을 로드하는 경우를 생각해 보겠습니다.

```
const req = require
const weWillMissThis = req('./other-file')
```

우리는 변수 할당을 추적해서 이런 경우를 감지하려고 노력할 수 있지만, 누군가는 여전히 다음과 같이 작성해서 우리를 속일 수 있습니다.

```
const clever = eval(`require`)
const weWillMissThisToo = clever('./other-file')
```

이 문제에 대한 일반적인 해결책은 코드를 실행해서 그 결과를 확인하는 것 외에는 없습니다. 이것이 왜 안 되는지를 이해하고 컴퓨팅 역사에서 중요한 순간에 대해 배우고 싶다면 [Petzold2008]을 적극 추천합니다.

번들에 필요한 모든 종속성을 얻으려면 진입점에 대한 종속성의 **전이적 폐쇄**^(transitive closure)를 찾아야 합니다. 즉, 요구사항의 요구사항 등을 재귀적으로 찾아야 합니다. 이를 위한 알고리즘은 아직 살펴보지 않은 항목을 담는 pending과 이미 살펴본 항목이 있는 seen, 이렇게 두 개의 집합^(set)을 사용합니다(그림 17.3). 처음에 pending에는 진입점 파일이 포함되어 있고, seen은 비어 있습니다. pending이 비워질 때까지 항목을 계속 가져옵니다. 현재 항목이 이미 seen에 있으면 아무 작업도 하지 않고, 그렇지 않으면 종속성을 가져와서 seen 또는 pending에 추가합니다.

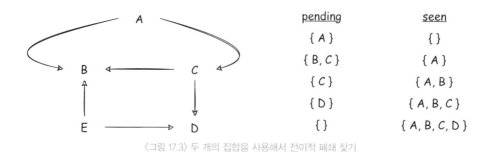

〈그림 17.3〉 두 개의 집합을 사용해서 전이적 폐쇄 찾기

종속성을 찾는 작업은 main에서는 ./subdir/bottom−left라는 이름으로 로드하지만, ./subdir/bottom−right에서는 ./bottom−left로 로드하는 등 다른 이름으로 로드할 수 있다는 사실 때문에 복잡합니다. 13장의 모듈 로더와 마찬가지로 절대 경로를 고유 식별자로 사용합니다. 또한 자바스크립트의 Set 클래스에는 Array.pop과 동등한 동작이 없기 때문에 pending 항목의 "집합"을 리스트로 유지할 것입니다. 결과 코드는 다음과 같습니다.

```
import path from "path"
import getRequires from "./get-requires.js"

const transitiveClosure = (entryPointPath) => {
    const pending = [path.resolve(entryPointPath)]
    const filenames = new Set()
    while (pending.length > 0) {
        const candidate = path.resolve(pending.pop())
        if (filenames.has(candidate)) {
            continue
        }
        filenames.add(candidate)
        const candidateDir = path.dirname(candidate)
        getRequires(candidate)
            .map((raw) => path.resolve(path.join(candidateDir, `${raw}.js`)))
            .filter((cooked) => !filenames.has(cooked))
            .forEach((cooked) => pending.push(cooked))
    }
    return [...filenames]
}

export default transitiveClosure
```

```
import transitiveClosure from './transitive-closure-only.js'
const result = transitiveClosure(process.argv[2])
console.log(JSON.stringify(result, null, 2))
```

```
node test-transitive-closure-only.js full/main.js
```

```
[
    "/u/stjs/module-bundler/full/main.js",
    "/u/stjs/module-bundler/full/subdir/bottom-right.js",
    "/u/stjs/module-bundler/full/subdir/bottom-left.js",
```

```
    "/u/stjs/module-bundler/full/top-left.js",
    "/u/stjs/module-bundler/full/top-right.js"
]
```

이 코드는 동작하지만 파일 내에서 필요로 하는 파일의 이름과 해당 파일의 절대 경로 간의 매핑을 추적하고 있지 않아, 번들 내의 파일 중 하나가 무언가에 액세스하려고 할 때 어떤 것을 찾고 있는지 모를 수 있습니다.

```javascript
import path from "path"
import getRequires from "./get-requires.js"

const transitiveClosure = (entryPointPath) => {
    const mapping = {}
    const pending = [path.resolve(entryPointPath)]
    const filenames = new Set()
    while (pending.length > 0) {
        const candidate = path.resolve(pending.pop())
        if (filenames.has(candidate)) {
            continue
        }
        filenames.add(candidate)
        mapping[candidate] = {}
        const candidateDir = path.dirname(candidate)
        getRequires(candidate)
            .map((raw) => {
                mapping[candidate][raw] = path.resolve(
                    path.join(candidateDir, `${raw}.js`)
                )
                return mapping[candidate][raw]
            })
            .filter((cooked) => cooked !== null)
            .forEach((cooked) => pending.push(cooked))
    }
    return mapping
}

export default transitiveClosure
```

해결 방법은 전이적 폐쇄 알고리즘을 수정해서 2단계 구조를 만들어 반환하는 것입니다. 기본 키는 필요한 파일의 절대 경로이고, 하위 키는 항목을 로드할 때 참조하는 상대 경로입니다(그림 17.4).

이것을 추가하면 전이적 폐쇄(transitiveClosure)를 찾는 코드가 23줄에서 28줄로 늘어납니다.

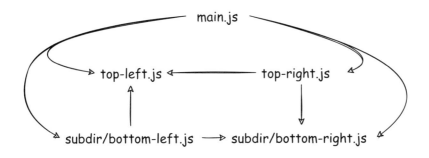

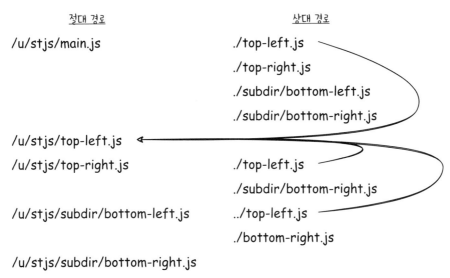

〈그림 17.4〉 이름을 절대 경로에 매핑하는 데 사용되는 데이터 구조

```
import transitiveClosure from './transitive-closure.js'
const result = transitiveClosure(process.argv[2])
console.log(JSON.stringify(result, null, 2))
```

```
node test-transitive-closure.js full/main.js
```

```
{
    "/u/stjs/module-bundler/full/main.js":{
        "./top-left":"/u/stjs/module-bundler/full/top-left.js",
        "./top-right":"/u/stjs/module-bundler/full/top-right.js",
        "./subdir/bottom-left":"/u/stjs/module-bundler/full/subdir/bottom-left.js",
        "./subdir/bottom-right":"/u/stjs/module-bundler/full/subdir/bottom-right.js"
    },
    "/u/stjs/module-bundler/full/subdir/bottom-right.js":{},
    "/u/stjs/module-bundler/full/subdir/bottom-left.js":{
        "../top-left":"/u/stjs/module-bundler/full/top-left.js",
        "./bottom-right":"/u/stjs/module-bundler/full/subdir/bottom-right.js"
    },
    "/u/stjs/module-bundler/full/top-left.js":{},
    "/u/stjs/module-bundler/full/top-right.js":{
        "./top-left":"/u/stjs/module-bundler/full/top-left.js",
        "./subdir/bottom-right":"/u/stjs/module-bundler/full/subdir/bottom-right.js"
    }
}
```

하지만 문제는 데이터 구조가 더 복잡해진다는 점입니다. 제대로 이해하려면 몇 번의 시도가 필요한데, 이는 원래보다 이해하기 어렵고 유지 보수하기 어려울 것입니다. 소스 코드에 직접 다이어그램을 그릴 수 있다면 이해와 유지 보수가 조금 더 쉬워지겠지만, 프로그램을 펀치카드 호환 형식(즉, 텍스트 줄로) 으로 저장해야 하는 한, 그와 같은 것은 꿈에 불과합니다.

17.3 어떻게 여러 파일을 안전하게 하나로 결합할까요?

이제 이제 우리는 찾은 파일들을 각자의 네임스페이스를 유지하면서을 하나로 합쳐야 합니다. 이를 위해 우리는 13장에서 사용한 것과 동일한 방법을 사용합니다. 소스 코드를 IIFE[Immediately Invoked Function Expression]로 래핑하고, 해당 IIFE에 module 객체를 제공하여 내용을 채우고, 번들 내에서 종속성을 해결할 수 있도록 require 함수를 구현합니다. 예를 들어, 다음과 같은 파일이 있다고 가정해 봅시다.

```
const main = () => {
    console.log("in main");
};

module.exports = main;
```

래핑된 버전은 다음과 같아 보일 것입니다.

```
const wrapper = (module, require) => {
    const main = () => {
        console.log("in main");
    };

    module.exports = main;
};
```

그리고 다음과 같이 테스트할 수 있습니다.

```
const wrapper = (module, require) => {
    const main = () => {
        console.log("in main");
    };
    module.exports = main;
};

const _require = (name) => null;
const temp = {};
wrapper(temp, _require);
temp.exports();
```

```
in main
```

여러 파일에 이 작업을 수행해야 하므로 파일의 절대 경로를 키로 사용하는 조회 테이블에 이러한 IIFE를 넣을 것입니다. 또한 누군가 다른 사람의 것을 실수로 건드리지 않도록 로드 부분을 함수로 래핑합니다.

```
import fs from "fs"
import path from "path"

const HEAD = `const initialize = (creators) => {
`
const TAIL = `
}
`
const combineFiles = (allFilenames) => {
    const body = allFilenames
        .map((filename) => {
            const key = path.resolve(filename)
            const source = fs.readFileSync(filename, "utf-8")
            const func = `(module, require) => {${source}}`
            const entry = `creators.set('${key}',\n${func})`
            return `// ${key}\n${entry}\n`
        })
        .join("\n")
    const func = `${HEAD}\n${body}\n${TAIL}`
    return func
}

export default combineFiles
```

이를 분석해보면, HEAD의 코드는 인수가 없는 함수를 생성하고 TAIL의 코드는 해당 함수에서 조회 테이블을 반환합니다. 이 두 코드 사이에 conbineFiles 함수는 각 파일에 대한 엔트리를 조회 테이블에 추가합니다(그림 17.5). 두 개의 파일이 있는 예를 가지고 이것이 작동하는지 테스트해 볼 수 있습니다.

```
import combineFiles from './combine-files.js'

console.log(combineFiles(process.argv.slice(2)))
```

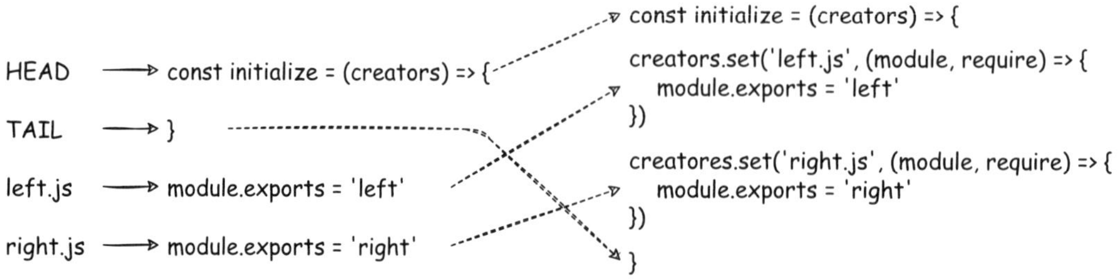

〈그림 17.5〉 조각과 모듈을 조립해서 번들 생성하기

```
const initialize = (creators) => {
    // /u/stjs/stjs/module-bundler/simple/main.js
    creators.set(
        "/u/stjs/stjs/module-bundler/simple/main.js",
        (module, require) => {
            const other = require("./other")

            const main = () => {
                console.log(other("main"))
            }
            module.exports = main
        }
    )

    // /u/stjs/stjs/module-bundler/simple/other.js
    creators.set(
        "/u/stjs/stjs/module-bundler/simple/other.js",
        (module, require) => {
            const other = (caller) => {
                return `other called from ${caller}`
            }
            module.exports = other
        }
    )
}
```

그런 다음 결과를 로드하고 initialize를 호출합니다.

```
Map(2) {
    '/u/stjs/module-bundler/simple/main.js' => [Function (anonymous)],
    '/u/stjs/module-bundler/simple/other.js' => [Function (anonymous)]
}
```

지금까지 작성한 코드는 우리가 사용할 내보내기^{exports}를 직접 생성하지 않았고, 대신 우리가 요청한 것을 생성할 수 있는 함수들의 조회 테이블을 만들었습니다. 좀 더 구체적으로 설명하자면,

- 모듈 내보내기^{module exports}를 생성하는 함수를 절대 경로의 파일 이름으로 조회^{lookup} 하는 테이블
- 임포터^{importer}의 절대 경로별로 필요한 파일의 이름과 해당 파일의 절대 파일명을 저장하는 쌍으로 이루어진 조회 테이블
- 진입점^{entry point}

이를 원하는 대로 바꾸려면 진입점에 연결된 함수를 찾아, 빈 module 객체와 아래에서 설명할 require 함수를 전달해서 실행한 다음, 해당 module 객체에 추가된 exports를 가져와야 합니다. require를 대체하는 함수는 인수를 하나만 받을 수 있습니다(자바스크립트의 require는 인수를 하나만 받기 때문입니다). 그러나 실제로는 사용자의 require 호출에 대한 인수, 호출을 수행하는 파일의 절대 경로, 앞에서 설명한 두 개의 조회 테이블까지 네 가지가 필요합니다. 이 두 테이블은 이름 충돌 가능성 때문에 전역 변수가 될 수 없습니다. 우리가 뭐라고 부르든 사용자는 동일한 이름을 가진 변수를 사용할 수 있기 때문입니다.

13장에서와 마찬가지로 클로저를 사용해서 이 문제를 해결합니다. 이 코드는 추상화 수준이 높기 때문에 이 책에서 가장 이해하기 어려운 코드일 것입니다. 먼저, 우리는 두 개의 테이블(데이터 집합)을 입력으로 받는 함수를 만듭니다. 이 함수는 또 다른 함수를 반환하는데, 그 함수는 어떤 모듈을 가리키는 절대 경로를 받습니다. 그리고 그 함수가 실행되면, 모듈 안의 특정 부분을 가리키는 "로컬 경로"를 입력으로 받고, 그에 해당하는 export(내보낼 데이터나 기능)를 반환하는 또 다른 함수를 만들어 줍니다. 이러한 래핑 레이어는 각각 더 많은 정보를 기억하지만(그림 17.6), 추적이 쉽다고 할 수는 없습니다.

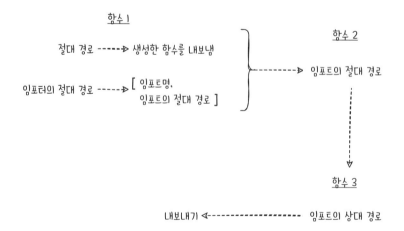

〈그림 17.6〉 함수를 반환하는 함수를 반환하는 함수

또한 세 번째 구조, 즉 이미 로드한 모듈을 위한 캐시가 필요합니다. 이 모든 것을 종합하면 다음과 같습니다:

```
import fs from "fs"
import path from "path"
import transitiveClosure from "./transitive-closure.js"
const HEAD = `const creators = new Map()
    const cache = new Map()
    const makeRequire = (absPath) => {
        return (localPath) => {
            const actualKey = translate[absPath][localPath]
            if (!cache.has(actualKey)) {
                const m = {}
                creators.get(actualKey)(m)
                cache.set(actualKey, m.exports)
            }
            return cache.get(actualKey)
        }
    }
    const initialize = (creators) => {
`

const TAIL = `
    }
    initialize(creators)
`

const makeProof = (
    entryPoint
) => ` const start = creators.get('${entryPoint}') const m = {}
    start(m)
    m.exports() `

const createBundle = (entryPoint) => {
    entryPoint = path.resolve(entryPoint)
    const table = transitiveClosure(entryPoint)
    const translate = `const translate = ${JSON.stringify(table, null, 2)}`
    const creators = Object.keys(table).map((filename) =>
        makeCreator(filename)
    )
    const proof = makeProof(entryPoint)
    return [translate, HEAD, ...creators, TAIL, proof].join("\n")
}
```

```
const makeCreator = (filename) => {
    const key = path.resolve(filename)
    const source = fs.readFileSync(filename, "utf-8")
    const func = `(module, require = makeRequire('${key}')) =>\n${source}}`
    const entry = `creators.set('${key}',\n${func})`
    return `// ${key}\n${entry}\n`
}


export default createBundle
```

이 코드는 어떤 내용이 출력되고 어떤 내용이 실행되는 것인지를 구분하며 읽어야 하는데다가 변수를 안전하게 보관하는 데 필요한 중첩 수준 때문에 읽기 어렵습니다. 이것을 제대로 구현하는 데는 3장의 프로미스^{promise}를 제외하고 지금까지 살펴본 어떤 것보다 완성된 코드 한 줄당 훨씬 더 많은 시간이 걸립니다. 그러나 이는 모두 본질적인 복잡성입니다. **require**가 하는 일도 동일하게 복잡할 것입니다.

코드가 작동한다는 것을 증명하기 위해 첫 번째 파일에서 **main** 함수를 찾아서 호출해 보겠습니다(브라우저에서 로드하는 경우 나중에 사용할 수 있도록 내보내기^{exports}를 변수에 저장합니다). 먼저 번들 파일을 생성합니다.

```
echo '
node test-create-bundle.js single/main.js >> bundle-single.js
```

```
const translate = {
    "/u/stjs/stjs/module-bundler/single/main.js": {},
}


const creators = new Map()
const cache = new Map()


const makeRequire = (absPath) => {
    return (localPath) => {
        const actualKey = translate[absPath][localPath]
        if (!cache.has(actualKey)) {
            const m = {}
            creators.get(actualKey)(m)
            cache.set(actualKey, m.exports)
        }
        return cache.get(actualKey)
```

```
        }
}

const initialize = (creators) => {
    // /u/ stjs / stjs / module - bundler / single / main .js
    creators.set(
        "/u/ stjs / stjs /module - bundler / single / main .js ",
        (
            module,
            require = makeRequire(
                "/u/ stjs / stjs /module - bundler / single / main .js "
            )
        ) => {
            const main = () => {
                console.log("in main ")
            }
            module.exports = main
        }
    )
}

initialize(creators)

const start = creators.get(
    "/u/ stjs / stjs /module - bundler / single / main .js "
)
const m = {}
start(m)
m.exports()
```

그리고 실행합니다.

```
in main
```

하나의 줄을 출력하기 위해, 많은 작업이 필요했지만, 다른 파일에도 작동해야 합니다.

main과 other를 사용한 두 파일의 경우에는 다음과 같이 작동합니다.

```
const translate = {
    "/u/ stjs / stjs /module - bundler / simple / main .js ": {
        "./ other ": "/u/ stjs / stjs / module - bundler / simple / other .js",
    },
    "/u/ stjs / stjs /module - bundler / simple / other .js ": {},
}

const creators = new Map()
const cache = new Map()

const makeRequire = (absPath) => {
    return (localPath) => {
        const actualKey = translate[absPath][localPath]
        if (!cache.has(actualKey)) {
            const m = {}
            creators.get(actualKey)(m)
            cache.set(actualKey, m.exports)
        }
        return cache.get(actualKey)
    }
}

const initialize = (creators) => {
    // /u/ stjs / stjs / module - bundler / simple / main .js
    creators.set(
        "/u/ stjs / stjs /module - bundler / simple / main .js ",
        (
            module,
            require = makeRequire(
                "/u/ stjs / stjs /module - bundler / simple / main .js "
            )
        ) => {
            const other = require("./ other ")
            const main = () => {
                console.log(other("main "))
            }
            module.exports = main
        }
    )
```

```
        // /u/ stjs / stjs / module - bundler / simple / other .js
        creators.set(
            "/u/ stjs / stjs /module - bundler / simple / other .js ",
            (
                module,
                require = makeRequire(
                    "/u/ stjs / stjs /module - bundler / simple / other .js "
                )
            ) => {
                const other = (caller) => {
                    return `other called from ${caller}`
                }
                module.exports = other
            }
        )
}

initialize(creators)

const start = creators.get(
    "/u/ stjs / stjs /module - bundler / simple / main .js "
)
const m = {}
start(m)
m.exports()
```

```
other called from main
```

그리고 main 파일과 4개의 다른 파일이 있는 가장 복잡한 테스트에서도 마찬가지입니다.

```
topLeft from main
topRight from main with topLeft from topRight and bottomRight from \
topRight
 bottomLeft from main with topLeft from bottomLeft and bottomRight from \
bottomLeft
 bottomRight from main
```

| 테스트 주도 개발

5장의 파일 백업 시스템에서 저장 중인 파일을 그대로 복사하는 대신 압축하고 싶다고 가정해 봅시다. 이 기능이 구현된 후 제대로 작동하는지 확인하기 위해 이 기능을 추가하기 전에 어떤 테스트를 작성해 볼건가요?

| Import 종속성 찾기

종속성 찾기를 require 호출 대신 import 문으로 작동하도록 수정하세요.

| 해시를 사용해서 파일 추적하기

종속성 찾기가 경로 대신 해시를 사용하여 파일을 추적하도록 수정해서 서로 다른 두 위치에서 정확히 동일한 파일이 필요한 경우 하나의 사본만 로드되도록 하세요.

| 비동기 파일 작업 사용하기

종속성 찾기가 동기식 파일 작업 대신 async 및 await 방식을 사용하도록 수정하세요.

| 전이적 폐쇄 유닛 테스트하기

Mocha 및 mock-fs를 사용해서 필요한 파일의 전이적 폐쇄를 찾는 도구에 대한 유닛 테스트를 작성하세요(모의 파일 시스템에서 자바스크립트 파일을 파싱하는 대신 각 파일에는 의존하는 파일의 이름 목록만 포함하도록 합니다).

| 여러 함수 내보내기

파일이 둘 이상의 함수를 내보내는 모듈 번들러에 대한 테스트 케이스를 생성하고 모듈 번들러에서 발견된 모든 버그를 수정하세요.

| 무결성 확인

전이적 폐쇄 루틴이 반환하는 데이터 구조의 무결성을 검사하는 함수, 즉 모든 상호 참조가 올바르게 해결되는지 확인하는 함수를 작성하세요.

| 로깅 모듈 로드

1. 모듈 이름을 인수로 받아서 모듈이 로드되었다는 메시지를 console.error를 사용하여 출력하는 logLoad라는 함수를 작성합니다.

2. 번들 생성기를 수정해서 이 함수에 대한 호출을 삽입하여 모듈이 실제로 로드될 때 보고하도록 합니다.

실행 추적

전체 번들의 main 함수가 호출될 때 호출되는 모든 함수의 실행을 추적합니다.

가독성 높은 번들 만들기

주석과 들여쓰기 등을 추가해서 출력을 더 읽기 쉽게 만들도록 번들 생성자를 수정합니다(이는 컴퓨터에게는 중요하지 않지만 디버깅에 도움이 될 수 있습니다).

패키지 매니저

소프트웨어를 설치할 수 없다면 소프트웨어를 만들어도 소용이 없습니다. CTAN^{Comprehensive TeX Archive Network}[1]에서 영감을 받아, 이제 대부분의 언어에는 개발자가 패키지를 다운로드할 수 있는 온라인 아카이브가 있습니다. 각 패키지에는 일반적으로 이름과 하나 이상의 버전이 있으며, 각 버전에는 종속성 목록이 있을 수 있고, 패키지는 각 종속성에 대한 버전 또는 버전 범위를 지정할 수 있습니다.

파일을 다운로드하려면 이 책에서 다루지 않는 일부 웹 프로그래밍이 필요하지만, 파일을 올바른 위치에 설치하려면 2장의 시스템 프로그래밍 기술을 사용해야 합니다. 우리가 놓치고 있는 부분은 일관된 설정을 만들기 위해 설치해야 할 서로 다른 패키지의 버전을 정확히 파악하는 방법입니다. 패키지 A와 B가 서로 다른 버전의 C를 필요로 한다면, A와 B를 함께 사용하는 것이 불가능할 수도 있습니다. 반면에 각각이 C의 버전 범위를 요구하고 그 범위가 겹치는 경우, 적어도 다른, D와 E 패키지를 설치하려고 시도할 때까지는 작동하는 조합을 찾을 수 있을 것입니다.

모든 패키지의 종속성을 개별적으로 설치하면 디스크 공간은 큰 문제가 되지 않더라도 동일한 패키지의 복사본 수십 개를 브라우저에 로드하면 애플리케이션 속도가 느려질 수 있습니다. 따라서 이 장에서는 작동 가능한 설치를 찾거나 그런 것이 필요 없음을 증명하는 방법에 대해 탐구합니다. 이 장은 부분적으로 마엘 니송^{Maël Nison}[2]의 이 튜토리얼[3]을 기반으로 합니다.

---

1   https://www.ctan.org/

2   https://arcanis.github.io/

3   https://classic.yarnpkg.com/blog/2017/07/11/lets-dev-a-package-manager/

충족 가능성^{Satisfiability}

우리가 하려는 것은 각 패키지에 대해 "P가 모든 의존성과 호환 가능하다"는 주장을 만족시키는 버전을 찾는 것입니다. 이를 위한 일반적인 도구들은 SAT 솔버[4]라고 불립니다. 왜냐하면 이 도구들은 주장을 만족하는 값을 할당할 수 있는지 여부를 결정하기 때문입니다 (즉, 주장을 참으로 만드는 값을 찾아내는 도구입니다). 일반적인 경우에는 솔루션을 찾는 것이 극도로 어려울 수 있으므로 대부분의 SAT 솔버는 일을 줄이기 위해 휴리스틱을 사용합니다.

18.1 시맨틱 버전 관리란 무엇인가요?

대부분의 소프트웨어 프로젝트는 소프트웨어 릴리스에 시맨틱 버전 관리를 사용합니다. 각 버전 번호는 X.Y.Z의 세 개의 정수로 구성되며, 여기서 X는 주 버전, Y는 부 버전, Z는 패치 번호입니다(전체 사양에서는 더 많은 필드를 허용하지만 이 책에서는 무시하겠습니다).

패키지 작성자는 패키지가 이전 버전과 호환되지 않는 방식으로 변경될 때마다 주 버전 번호를 증가시킵니다. 예를 들어 함수에 필수 매개변수를 추가하면 이전 버전용으로 작성된 코드가 새 버전에서 실패하거나 예상치 못한 동작을 하게 됩니다. 부 버전 번호는 새로운 기능이 **이전 버전과 호환**되는 경우(즉, 기존 코드를 손상시키지 않는 경우) 증가하며, 패치 번호는 새로운 기능을 추가하지 않는 이전 버전과 호환되는 버그 수정의 경우 변경됩니다.

프로젝트의 종속성을 지정하는 표기법은 산술과 매우 유사합니다: >= 1.2.3은 "1.2.3 이후의 모든 버전", < 4는 "4.X 이전의 모든 버전", 1.0 − 3.1은 "지정된 범위의 모든 버전(패치 포함)"을 의미합니다. 버전 2.1이 버전 1.99보다 크다는 점에 유의하세요. 부 버전 번호가 아무리 커지더라도 분이 쌓여 시간으로 넘어가거나 달이 쌓여 년으로 넘어가는 것처럼 주 버전 번호로 넘어가지 않습니다.

시맨틱 버전 식별자에 대한 몇 가지 간단한 비교를 작성하는 일은 어렵지 않지만, 모든 다양한 경우를 올바르게 처리하는 것은 날짜와 시간을 올바르게 처리하는 것만큼 까다롭습니다. 따라서 우리는 semver[5] 모듈을 사용하겠습니다. semver.valid('1.2.3')은 1.2.3이 유효한 버전 식별자인지 확인하며, semver.satisfies('2.2', '1.0 − 3.1')은 첫 번째 인자가 두 번째에서 지정한 범위와 호환되는지 확인합니다.

---

4 역주 일반적으로 SAT 솔버는 Boolean 변수들에 대한 모든 가능한 할당을 탐색하며, 주어진 Boolean 식이 만족될 수 있는지를 결정합니다.

5 https://www.npmjs.com/package/semver

필요한 각 패키지가 다차원 그리드에 축으로 표시되고 각 축에는 버전이 눈금으로 표시되어 있다고 상상해 봅시다(그림 18.1). 그리드의 각 점은 패키지 버전의 가능한 조합입니다. 패키지 버전에 대한 제약 조건을 사용해서 그리드의 특정한 영역을 차단할 수 있는데 이 작업을 완료했을 때 남은 점들은 정상적인 패키지 버전의 조합을 나타냅니다.

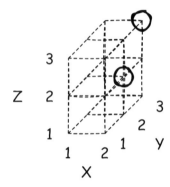

〈그림 18.1〉 허용되는 패키지 버전 조합 찾기

예를 들어 표 18.1에 표시된 요구 사항 집합이 있다고 가정해 보겠습니다. 가능한 구성은 2(X) × 3(Y) × 3(Z)로 총 18개가 있지만, 다양한 호환성 문제로 인해 16개가 제외됩니다. 남은 두 가지 가능성 중 X/2 + Y/3 + Z/3은 엄밀히 말해 X/2 + Y/2 + Z/2보다 크므로 전자를 선택할 것입니다(표 18.2). A/1 + B/2와 A/2 + B/1 와 같이 A와 B 패키지의 버전 조합이 다를 때, 어떤 조합을 선택할지 결정하기 위해 추가적인 비교 규칙이 필요합니다.

패키지	요구 사항
X/1	Y/1-2
X/1	Z/1
X/2	Y/2-3
X/2	Z/1-2
Y/1	Z/2
Y/2	Z/2-3
Y/3	Z/3
Z/1	
Z/2	
Z/3	

〈표 18.1〉 패키지 종속성 예시

X	Y	Z	제외된 점
1	1	1	Y/1–Z/1
1	1	2	X/1–Z/2
1	1	3	X/1–Z/3
1	2	1	Y/2–Z/1
1	2	2	X/1–Z/2
1	2	3	X/1–Y/3
1	3	1	X/1–Y/3
1	3	2	X/1–Y/3
1	3	3	X/2–Y/1
2	1	1	X/2–Y/1
2	1	2	X/2–Y/1
2	1	3	X/2–Y/1
2	2	1	Y/2–Z/1
2	2	2	
2	2	3	X/2–Z/3
2	3	1	Y/3–Z/1
2	3	2	Y/3–Z/2
2	3	3	X/2–Z/3

〈표 18.2〉 패키지 종속성 예시에 대한 결과

NOTE **재현성**

어떤 종류의 소프트웨어를 개발하더라도 주어진 입력 세트는 항상 동일한 출력을 생성해야 합니다. 그렇지 않으면 테스트가 훨씬 어려워지거나(또는 불가능해집니다)[Taschuk2017], 상호 호환되는 패키지 집합 중 하나를 다른 것보다 선호할 강력한 이유가 없을 수 있지만, 패키지 관리자는 항상 동일한 방식으로 모호성을 해결해야 합니다. 모두가 원하는 것이 아닐 수 있지만, 적어도 모든 이들은 어디서나 동일한 이유로 불만을 표현할 것이기 때문입니다. 이것이 NPM이 `package.json`과 `package-lock.json` 파일을 모두 가지고 있는 이유입니다. 전자는 사용자가 작성하고 원하는 것을 지정하며, 후자는 패키지 관리자가 생성하고 정확히 어떤 것을 얻었는지를 지정합니다. 디버깅 목적으로 다른 사람의 설정을 재현하려면 후자 파일에 기술된 것을 설치해야 합니다.

표 18.1을 구성하기 위해 모든 패키지의 전이적 폐쇄와 모든 종속성을 찾습니다. 그런 다음 두 개의 패키지를 선택하고 유효한 쌍의 목록을 만듭니다. 세 번째 패키지를 선택하면 만족할 수 없는 쌍을 제거하여 세 개의 합리적인 조합을 남깁니다. 모든 패키지가 테이블에 포함될 때까지 이 과정을 반복합니다.

최악의 경우 이 절차는 가능한 조합을 폭발적으로 증가시킬 수 있습니다. 스마트한 알고리즘은 각 단계에서 새로운 가능성의 수를 최소화하는 순서로 패키지를 추가하거나, 쌍을 생성한 다음 이를 결합하여 쌍의 쌍을 만드는 등의 방법을 시도합니다. 우리의 알고리즘은 더 단순하지만(따라서 더 느리지만) 핵심적인 아이디어를 보여줄 수 있습니다.

18.3   **어떻게 제약 조건을 만족시킬 수 있을까요?**

파싱 같은 번거로움을 피하기 위해, 우리의 프로그램은 문제를 설명하는 JSON 데이터 구조를 읽도록 하겠습니다. 실제 패키지 매니저는 관련된 패키지의 **매니페스트**[manifests]를 읽어 유사한 데이터 구조를 구성할 것입니다. 가독성을 위해 우리는 한 자리 숫자 버전을 사용하고, 이를 첫 번째 테스트 케이스로 사용하겠습니다.

```
{
    "X": {
        "1": {
            "Y": ["1"]
        },
        "2": {
            "Y": ["2"]
        }
    },
    "Y": {
        "1": {},
        "2": {}
    }
}
```

NOTE   **주석**

만약 여러분이 데이터 형식을 디자인한다면, 사람들이 항상 주석을 추가할 수 있도록 표준적인 방법을 포함시키는 것이 좋습니다. YAML은 이 기능을 지원하지만, JSON과 CSV는 그렇지 않습니다.

특정 버전의 패키지 조합이 매니페스트와 호환되는지 확인하기 위해, 우리는 각 패키지를 차례로 활성 목록에 추가하고 위반 사항을 찾습니다. 더 이상 추가할 패키지가 없고 위반 사항을 찾지 못했다면, 그것은 적합한 구성일 것입니다.

```javascript
import configStr from "./config-str.js"

const sweep = (manifest) => {
    const names = Object.keys(manifest)
    const result = []
    recurse(manifest, names, {}, result)
}

const recurse = (manifest, names, config, result) => {
    if (names.length === 0) {
        if (allows(manifest, config)) {
            result.push({ ...config })
        }
    } else {
        const next = names[0]
        const rest = names.slice(1)
        for (const version in manifest[next]) {
            config[next] = version
            recurse(manifest, rest, config, result)
        }
    }
}

export default sweep
```

구성을 찾는 가장 간단한 방법은 모든 가능한 구성을 순회하는 것입니다. 디버깅을 위해 이 함수는 진행하는 동안 모든 가능성을 출력합니다.

```javascript
const allows = (manifest, config) => {
    for (const [leftN, leftV] of Object.entries(config)) {
        const requirements = manifest[leftN][leftV]

        for (const [rightN, rightVAll] of Object.entries(requirements)) {
            if (!rightVAll.includes(config[rightN])) {
                const title = configStr(config)
                const missing = config[rightN]
                console.log(
                    `${title} @ ${leftN}/${leftV} ${rightN}/${missing}`
```

```
                    )
                return false
            }
        }
    }

    console.log(configStr(config))

    return true
}
```

만약 이 프로그램을 앞서 보여준 두 개의 패키지 예제에 대해 실행한다면, 다음과 같은 결과를 얻을 수 있습니다.

```
{X:1 Y :1}
{X:1 Y :2} @ X/1 Y/2
{X:2 Y :1} @ X/2 Y/1
{X:2 Y :2}
```

또한 세 개의 패키지 예제에 대해 실행하면 다음과 같습니다.

```
node driver.js ./sweep.js triple.json
```

```
{X:1 Y:1 Z:1} @ Y/1 Z/1
{X:1 Y:1 Z:2} @ X/1 Z/2
{X:1 Y:1 Z:3} @ X/1 Z/3
{X:1 Y:2 Z:1} @ Y/2 Z/1
{X:1 Y:2 Z:2} @ X/1 Z/2
{X:1 Y:2 Z:3} @ X/1 Z/3
{X:1 Y:3 Z:1} @ X/1 Y/3
{X:1 Y:3 Z:2} @ X/1 Y/3
{X:1 Y:3 Z:3} @ X/1 Y/3
{X:2 Y:1 Z:1} @ X/2 Y/1
{X:2 Y:1 Z:2} @ X/2 Y/1
{X:2 Y:1 Z:3} @ X/2 Y/1
{X:2 Y:2 Z:1} @ Y/2 Z/1
{X:2 Y:2 Z:2}
{X:2 Y:2 Z:3} @ X/2 Z/3
{X:2 Y:3 Z:1} @ Y/3 Z/1
```

```
{X:2 Y:3 Z:2} @ Y/3 Z/2
{X:2 Y:3 Z:3} @ X/2 Z/3
```

이 방법은 잘 동작하지만 불필요한 작업을 많이 수행합니다. 출력을 사례별로 정렬하면 17개 중 9개가 이전에 알려진 문제의 중복 발견임을 알 수 있습니다(표 18.3).

제외됨	X	Y	Z
X/1 – Y/3	1	3	1
...	1	3	2
...	1	3	3
X/1 – Z/2	1	1	2
...	1	2	2
X/1 – Z/3	1	1	3
...	1	2	3
X/2 – Y/1	2	1	1
...	2	1	2
...	2	1	3
X/2 – Z/3	2	2	3
...	2	3	3
Y/1 – Z/1	1	1	1
Y/2 – Z/1	1	2	1
...	2	2	1
Y/3 – Z/1	2	3	1
...	2	3	2
2	2	2	

〈표 18.3〉 패키지 제외 사례

검색 트리를 따라가면서 (그림 18.2) 검색 트리를 가지치기해서 더 효율적으로 만들 수 있습니다. 결국, 만약 우리가 X와 Y가 호환되지 않는다는 것을 안다면, Z까지 확인할 필요가 없기 때문입니다.

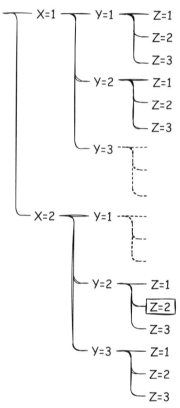

〈그림 18.2〉 작업을 줄이기 위한 검색 트리에서의 가지치기 옵션

이 프로그램의 해당 버전은 가능한 해결책을 수집하고 마지막에 해결책들을 표시합니다. 지금까지 찾은 것이 괜찮아 보이는 경우에만 부분적인 해결책을 계속해서 확인합니다.

```
import configStr from "./config-str.js"

const prune = (manifest) => {
    const names = Object.keys(manifest)
    const result = []
    recurse(manifest, names, {}, result)
    for (const config of result) {
        console.log(configStr(config))
```

```
        }
    }

    const recurse = (manifest, names, config, result) => {
        if (names.length === 0) {
            result.push({ ...config })
        } else {
            const next = names[0]
            const rest = names.slice(1)
            for (const version in manifest[next]) {
                config[next] = version
                if (compatible(manifest, config)) {
                    recurse(manifest, rest, config, result)
                }
                delete config[next]
            }
        }
    }

    const report = (config, leftN, leftV, rightN, rightV) => {
        const title = configStr(config)
        console.log(`${title} @ ${leftN}/${leftV} ${rightN}/${rightV}`)
    }

    export default prune
```

compatible 함수는 무언가를 추가해도 구성이 일관되게 유지되는지를 확인합니다.

```
    const compatible = (manifest, config) => {
        for (const [leftN, leftV] of Object.entries(config)) {
            const leftR = manifest[leftN][leftV]
            for (const [rightN, rightV] of Object.entries(config)) {
                if (rightN in leftR && !leftR[rightN].includes(rightV)) {
                    report(config, leftN, leftV, rightN, rightV)
                    return false
                }

                const rightR = manifest[rightN][rightV]
                if (leftN in rightR && !rightR[leftN].includes(leftV)) {
                    report(config, leftN, leftV, rightN, rightV)
                    return false
```

```
        }
      }
    }
    return true
}
```

계속 진행하면서 확인하다 보면 18가지의 완전한 해결책이 11가지로 줄어듭니다. 하나는 문제 없이 사용할 수 있고, 두 가지는 아직 완전하지 않은 상태입니다. 이들은 완료할 필요가 없었던 6가지의 구성 가능한 해결책을 나타냅니다.

```
{X:1 Y:1 Z:1} @ Y/1 Z/1
{X:1 Y:1 Z:2} @ X/1 Z/2
{X:1 Y:1 Z:3} @ X/1 Z/3
{X:1 Y:2 Z:1} @ Y/2 Z/1
{X:1 Y:2 Z:2} @ X/1 Z/2
{X:1 Y:2 Z:3} @ X/1 Z/3
{X:1 Y:3} @ X/1 Y/3
{X:2 Y:1} @ X/2 Y/1
{X:2 Y:2 Z:1} @ Y/2 Z/1
{X:2 Y:2 Z:3} @ X/2 Z/3
{X:2 Y:3 Z:1} @ Y/3 Z/1
{X:2 Y:3 Z:2} @ Y/3 Z/2
{X:2 Y:3 Z:3} @ X/2 Z/3
{X:2 Y:2 Z:2}
```

작업을 보는 또 다른 방법은 검색의 단계 수입니다. 전체 검색에는 $18 \times 3 = 54$개의 단계가 있습니다. 가지치기를 하면 $(12 \times 3) + (2 \times 2) = 40$단계가 남으므로 작업의 약 1/4을 제거한 것이 됩니다.

만약 역순으로 검색하면 어떻게 될까요?

```
import configStr from "./config-str.js"

// [reverse]
const reverse = (manifest) => {
    const names = Object.keys(manifest)
    names.reverse()
    const result = []
    recurse(manifest, names, {}, result)
    for (const config of result) {
        console.log(configStr(config))
```

```
        }
    }

// [/reverse]
const recurse = (manifest, names, config, result) => {
    if (names.length === 0) {
        result.push({ ...config })
    } else {
        const next = names[0]
        const rest = names.slice(1)
        for (const version in manifest[next]) {
            config[next] = version
            if (compatible(manifest, config)) {
                recurse(manifest, rest, config, result)
            }
            delete config[next]
        }
    }
}

const compatible = (manifest, config) => {
    for (const [leftN, leftV] of Object.entries(config)) {
        const leftR = manifest[leftN][leftV]
        for (const [rightN, rightV] of Object.entries(config)) {
            if (rightN in leftR && !leftR[rightN].includes(rightV)) {
                report(config, leftN, leftV, rightN, rightV)
                return false
            }
            const rightR = manifest[rightN][rightV]
            if (leftN in rightR && !rightR[leftN].includes(leftV)) {
                report(config, leftN, leftV, rightN, rightV)
                return false
            }
        }
    }
    return true
}

const report = (config, leftN, leftV, rightN, rightV) => {
    const title = configStr(config)
    console.log(`${title} @ ${leftN}/${leftV} ${rightN}/${rightV}`)
}

export default reverse
```

```
{Z:1 Y:1} @ Z/1 Y/1
{Z:1 Y:2} @ Z/1 Y/2
{Z:1 Y:3} @ Z/1 Y/3
{Z:2 Y:1 X:1} @ Z/2 X/1
{Z:2 Y:1 X:2} @ Y/1 X/2
{Z:2 Y:2 X:1} @ Z/2 X/1
{Z:2 Y:3} @ Z/2 Y/3
{Z:3 Y:1} @ Z/3 Y/1
{Z:3 Y:2 X:1} @ Z/3 X/1
{Z:3 Y:2 X:2} @ Z/3 X/2
{Z:3 Y:3 X:1} @ Z/3 X/1
{Z:3 Y:3 X:2} @ Z/3 X/2
{Z:2 Y:2 X:2}
```

이제 $(8 \times 3) + (5 \times 2) = 34$단계, 즉 작업의 약 1/3을 제거했습니다. 큰 차이가 아닌 것처럼 보일 수 있지만, 같은 속도로 5단계를 더 깊이 들어가면 작업이 절반으로 줄어듭니다. 트리 검색에는 많은 휴리스틱이 있으며, 모든 경우에 더 나은 성능을 제공한다고 보장할 수는 없지만 대부분의 경우 더 나은 성능을 제공합니다.

NOTE **연구의 목적**

SAT 솔버는 정규식 라이브러리나 난수 생성기와 비슷합니다. 빠르고 정확한 솔버를 만들기 위해 많은 사람들이 노력합니다. 많은 컴퓨터 과학 연구자들이 이와 같은 고도로 전문화된 주제에 전념하고 있습니다. 이런 논쟁은 외부인에게는 난해해 보이고 대부분의 아이디어가 막다른 길로 판명되지만, 기본적인 도구의 작은 개선조차도 큰 영향을 미칠 수 있습니다.

| 시맨틱 버전 비교하기

시맨틱 버전이 지정된 배열을 받아 오름차순으로 정렬하는 함수를 작성합니다. 2.1이 1.99보다 크다는 것을 기억하세요.

| 시맨틱 버전 파서

8장의 기술을 사용해서 시맨틱 버전 지정의 하위 집합에 대한 파서를 작성합니다[6].

| 스코어링 함수 사용

패키지 버전의 여러 다양한 조합은 상호 호환될 수 있습니다. 특정한 조합을 설치할지 결정하는 한 가지 방법은 해당 조합이 얼마나 좋거나 나쁜지를 측정하는 스코어링 함수를 만드는 것입니다. 예를 들어, 두 버전 간의 "거리"를 측정하는 함수는 다음과 같을 수 있습니다.

```
const score = (X, Y) => {
    if (X.major !== Y.major) {
        return 100 * abs(X.major - Y.major)
    } else if (X.minor !== Y.minor) {
        return 10 * abs(X.minor - Y.minor)
    } else {
        return abs(X.patch - Y.patch)
    }
}
```

1. 이 함수의 작동 버전을 구현하고, 파서에서 찾은 패키지 세트와 각 패키지의 최신 버전을 포함하는 세트 간의 총 거리를 측정하는 데 사용하세요.

2. 이것이 원래 문제를 실제로 해결하지 못하는 이유를 설명하세요.

| 전체 시맨틱 버전 사용

단일 숫자 대신 전체 시맨틱 버전을 사용하도록 제약 조건 솔버^{constraint solver}를 수정하세요.

---

6   https://semver.org/

정기 릴리즈

일부 패키지는 정기적인 주기로 새 버전을 릴리즈합니다. 예를 들어, 2021.1 버전은 2021년 3월 1일에 릴리즈되고, 2021.2 버전은 해당 연도의 9월 1일에 릴리즈되며, 2022.1 버전은 다음 해 3월 1일에 릴리즈되는 식입니다.

1. 이렇게 하면 패키지 관리가 어떻게 더 쉬워지나요?

2. 어떻게 더 어려워지나요?

유닛 테스트 작성하기

Mocha를 사용하여 제약 조건 해결자에 대한 유닛 테스트를 작성하세요.

테스트 픽스처 생성

제약 조건 솔버를 테스트하기 위한 픽스처를 생성하는 함수를 작성하세요.

1. 첫 번째 인수는 키가 (가짜) 패키지 이름이고 값이 테스트 집합에 포함할 해당 패키지의 버전 수를 나타내는 정수인 객체입니다(예: {'left': 3, 'middle': 2, 'right': 15}. 두 번째 인수는 난수 생성을 위한 시드입니다.

2. 하나의 유효한 구성을 생성합니다. {'left': 2, 'middle': 2, 'right': 9}와 같이 유효한 패키지 설치 집합이 적어도 하나 있도록 합니다.

3. 그런 다음 패키지 사이에 임의의 제약 조건을 생성합니다(설치 가능한 다른 조합이 생성될 수도 있고 그렇지 않을 수도 있습니다). 이 작업이 완료되면 이전 단계의 유효한 구성이 포함되도록 제약 조건을 추가합니다.

가장 작은 것부터 검색하기

사용 가능한 버전이 가장 적은 패키지부터 검색하도록 제약 조건 해결자를 다시 작성하세요. 이렇게 하면 이 장의 작은 예제에서 수행되는 작업량이 줄어들 수 있을까요? 이렇게 하면 더 큰 예제에서 수행되는 작업량이 줄어들 수 있을까요?

제너레이터 사용

제너레이터를 사용하도록 제약 조건 솔버를 다시 작성하세요.

| 제외 사용하기

1. 패키지 요구 사항 목록 대신 패키지 제외^{exclusions} 목록을 사용하도록 제약 조건 솔버를 수정하세요.
    즉, 패키지 Red의 버전 1.2는 패키지 Green의 버전 3.1 및 3.2와 함께 작동할 수 없음을 입력하
    세요(즉, Red 1.2는 다른 모든 버전의 Green과 함께 작동할 수 있음을 의미함).

2. 패키지 매니저가 이런 식으로 구축되지 않은 이유를 설명하세요.

19 CHAPTER | 가상 머신

사용하는 용어

애플리케이션 바이너리 인터페이스^{Application Binary Interface, ABI}

어셈블러^{assembler}

비트 연산^{bitwise operation}

명령 포인터^{op code}

명령 코드^{op code}

레지스터

명령 집합

어셈블리 코드^{assembly code}

역어셈블러^{disassembler}

레이블^{label}(메모리 내 주소)

워드^{word}(메모리의 단위)

가상 머신

컴퓨터는 자바스크립트를 직접 실행하지 않습니다. 대신 각 프로세서는 자체 **명령 집합**^{instruction set}을 갖고 있으며 컴파일러는 고수준 언어를 해당 명령으로 변환합니다. 컴파일러는 종종 **어셈블리 코드**^{assembly code}라는 중간 표현을 사용하며 이 코드는 숫자 대신 명령에 이름을 부여합니다. 자바스크립트가 실제로 어떻게 실행되는지에 대해 더 자세히 이해하기 위해 매우 간단한 프로세서를 시뮬레이션하고 약간의 메모리를 사용할 것입니다. 더 깊이 파고들고 싶다면 로버트 나이스트롬^{Bob Nystrom}[1]의 "Crafting Interpreters"를 살펴보세요. 또한 우리처럼 간단한 프로세서를 사용해 점점 난이도가 높아지는 퍼즐을 풀도록 하는 휴먼 리소스 머신^{Human Resource Machine}[2]을 즐겨볼 수도 있습니다.

19.1 가상 머신의 아키텍처는 무엇인가요?

우리의 가상 머신은 110개의 명령어로 구성된 프로그램으로, 그림 19.1과 같이 세 부분으로 구성됩니다.

1. 명령 포인터(IP): 다음 실행할 명령어의 메모리 주소를 보유합니다. 자동으로 주소 0을 가리키도록 초기화되며, 모든 프로그램은 여기서 시작해야 합니다. 이 규칙은 우리 가상 머신의 애플리케이션 바이너리 인터페이스(ABI)의 일부입니다.

---

[1] http://journal.stuffwithstuff.com/

[2] https://tomorrowcorporation.com/humanresourcemachine

2. R0부터 R3까지의 4개 레지스터: 명령어가 직접 액세스할 수 있는 레지스터입니다. 우리 VM에서는 메모리 간 연산이 없습니다. 모든 작업은 레지스터 내부 또는 레지스터를 통해 이루어집니다.
3. 256개의 메모리 워드: 각각이 값 하나를 저장할 수 있는 메모리 블록입니다. 프로그램과 데이터는 모두 이 하나의 메모리 블록에 저장되며, 각 주소가 1바이트에 들어갈 수 있도록 크기를 256으로 선택했습니다.

우리 VM(가상 머신)의 명령어는 3바이트입니다. 명령[마] 코드가 1바이트에 들어가고, 각 명령어는 선택적으로 1바이트의 피연산자가 하나 또는 두 개 포함될 수 있습니다. 각 피연산자는 레지스터 식별자, 상수 또는 주소(메모리 내 위치를 식별하는 상수)이며, 상수는 1바이트에 들어가야 하므로 직접 표현할 수 있는 가장 큰 숫자는 256입니다. 표 19.1에서는 명령 형식을 나타내기 위해 r, c 및 a라는 글자를 사용합니다. 여기서 r은 레지스터 식별자, c는 상수, a는 주소를 나타냅니다.

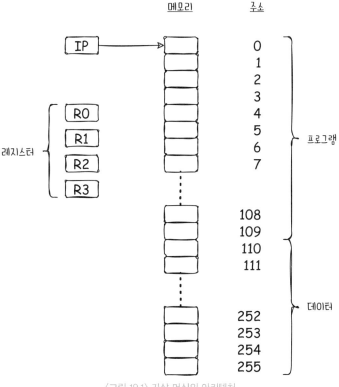

〈그림 19.1〉 가상 머신의 아키텍처

명령어	코드	형식	동작	예	같은 표현
hlt	1	--	프로그램 정지	hlt	process.exit(0)
ldc	2	rc	즉시 값 로드	ldc R0 123	R0 := 123
ldr	3	rr	레지스터 로드	ldr R0 R1	R0 := RAM[R1]
cpy	4	rr	레지스터 복사	cpy R0 R1	R0 := R1
str	5	rr	레지스터 저장	str R0 R1	RAM[R1] := R0
add	6	rr	더하기	add R0 R1	R0 := R0 + R1
sub	7	rr	빼기	sub R0 R1	R0 := R0 − R1
beq	8	ra	같으면 분기	beq R0 123	if (R0 === 0) PC := 123
bne	9	ra	같지 않으면 분기	equal bne R0 123	if (R0 !== 0) PC := 123
prr	10	r-	레지스터 출력	prr R0	console.log(R0)
prm	11	r-	메모리 출력	prm R0	console.log(RAM[R0])

〈표 19.1〉 가상 머신 명령어 코드

가상 머신의 아키텍처 세부 정보를 다른 컴포넌트에서 공유할 수 있는 파일에 넣습니다.

```
const OPS = {
    hlt: { code: 1, fmt: "--" }, // 프로그램 정지
    ldc: { code: 2, fmt: "rv" }, // 즉시 값 로드
    ldr: { code: 3, fmt: "rr" }, // 레지스터 로드
    cpy: { code: 4, fmt: "rr" }, // 레지스터 복사
    str: { code: 5, fmt: "rr" }, // 레지스터 저장
    add: { code: 6, fmt: "rr" }, // 더하기
    sub: { code: 7, fmt: "rr" }, // 빼기
    beq: { code: 8, fmt: "rv" }, // 같으면 분기
    bne: { code: 9, fmt: "rv" }, // 같지 않으면 분기
    prr: { code: 10, fmt: "r-" }, // 레지스터 출력
    prm: { code: 11, fmt: "r-" }, // 메모리 출력
}

const OP_MASK = 0xff // 바이트 하나 선택
const OP_SHIFT = 8 // 1바이트만큼 위로 비트 이동
const OP_WIDTH = 6 // 문자의 연산 너비로 출력
const NUM_REG = 4 // 레지스터 수
const RAM_LEN = 256 // RAM 내 워드의 수

export {
    OPS,
    OP_MASK,
    OP_SHIFT,
    OP_WIDTH,
```

```
        NUM_REG,
        RAM_LEN
    }
```

이 디자인 패턴의 공식적인 이름은 없지만, 시스템을 정의하는 모든 상수를 여러 파일에 흩어져 있는 대신 하나의 파일에 넣으면 찾기 쉽고 일관성을 유지할 수 있습니다.

19.2 이 명령을 어떻게 실행할까요?

이전 장에서와 마찬가지로, 일반적으로 하나로 작성되는 클래스를 설명하기 위해 여러 부분으로 나누겠습니다. 먼저 명령 포인터, 일부 레지스터, 메모리, 출력 프롬프트가 있는 클래스를 정의하는 것으로 시작하겠습니다.

```
import assert from "assert"
import { OP_MASK, OP_SHIFT, NUM_REG, RAM_LEN } from "./architecture.js"

const COLUMNS = 4
const DIGITS = 8

class VirtualMachineBase {
    constructor() {
        this.ip = 0
        this.reg = Array(NUM_REG)
        this.ram = Array(RAM_LEN)
        this.prompt = ">>"
    }
}

export default VirtualMachineBase
```

프로그램은 명령어를 나타내는 숫자의 배열에 불과합니다. 하나의 명령어를 로드하려면 해당 숫자를 메모리에 복사하고 명령어 포인터와 레지스터를 재설정합니다.

```
initialize (program) {
      assert(program.length <= this.ram.length,
          'Program is too long for memory')

      for (let i = 0; i < this.ram.length; i += 1) {
          if (i < program.length) {
              this.ram[i] = program[i]
          } else {
              this.ram[i] = 0
          }
      }

      this.ip = 0
      this.reg.fill(0)
  }
}
```

다음 명령어를 처리하기 위해 VM은 명령어 포인터가 현재 가리키는 값을 메모리에서 가져오고 명령어 포인터를 한 주소씩 이동합니다. 그런 다음 비트 연산을 사용해서 명령어에서 연산 코드와 피연산자를 추출합니다(그림 19.2).

```
fetch() {
      assert(
          0 <= this.ip && this.ip < RAM_LEN,
          `Program counter ${this.ip} out of range 0..${RAM_LEN}`
      )

      let instruction = this.ram[this.ip]
      this.ip += 1
      const op = instruction & OP_MASK
      instruction >>= OP_SHIFT
      const arg0 = instruction & OP_MASK
      instruction >>= OP_SHIFT
      const arg1 = instruction & OP_MASK
      return [op, arg0, arg1]
  }
```

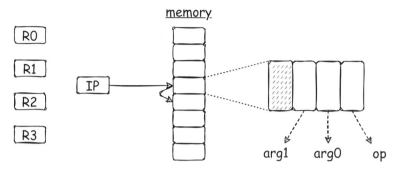

〈그림 19.2〉 비트 연산을 사용해서 명령어 압축 풀기

적절한 현실 반영

명령어에 피연산자가 있는지 여부와 관계없이 항상 두 개의 피연산자를 언패킹하는데, 이는 하드웨어 구현이 그렇기 때문입니다. 또한 실제 하드웨어가 잘못된 명령어와 바운드를 벗어난 메모리 주소를 감지하는 로직을 가지고 있는 방식을 시뮬레이션하기 위해 가상 머신에 어써션을 포함했습니다.

다음 단계는 run 메서드가 있는 클래스로 기본 클래스를 확장하는 것입니다. 이름에서 알 수 있듯이 이 메서드는 프로그램을 실행하는데, 명령을 가져와서 멈추라고 지시 받을 때까지 계속 실행합니다.

```
import assert from "assert"
import { OPS } from "./architecture.js"
import VirtualMachineBase from "./vm-base.js"

class VirtualMachine extends VirtualMachineBase {
    run() {
        let running = true
        while (running) {
            const [op, arg0, arg1] = this.fetch()
            switch (op) {
                case OPS.hlt.code:
                    running = false
                    break
                case OPS.ldc.code:
                    this.assertIsRegister(arg0, op)
                    this.reg[arg0] = arg1
                    break
                default:
                    assert(false, `Unknown op ${op}`)
```

```
                break
            }
        }
    }
    assertIsRegister(reg) {
        assert(0 <= reg && reg < this.reg.length, `Invalid register ${reg}`)
    }
    assertIsAddress(addr) {
        assert(0 <= addr && addr < this.ram.length, `Invalid register ${addr}`)
    }
}

export default VirtualMachine
```

일부 명령은 다른 명령과 매우 유사하므로 여기서는 세 가지 명령만 살펴 보겠습니다. 첫 번째는 한 레지스터의 값을 다른 레지스터가 보유한 주소에 저장합니다.

```
case OPS.str.code:
                this.assertIsRegister(arg0, op);
                this.assertIsRegister(arg1, op);
                this.assertIsAddress(this.reg[arg1], op);
                this.ram[this.reg[arg1]] = this.reg[arg0];
                break;
```

첫 세 줄은 작업이 적합한지 확인합니다. 네 번째 줄은 한 레지스터의 값을 주소로 사용하기 때문에 중첩된 배열 인덱싱을 갖습니다.

한 레지스터의 값을 다른 레지스터의 값에 더하는 것은 더 간단한데,

```
case OPS.add.code:
                this.assertIsRegister(arg0, op)
                this.assertIsRegister(arg1, op)
                this.reg[arg0] += this.reg[arg1]
                break
```

레지스터의 값이 0인 경우 고정 주소로 점프하는 것과 같이 간단합니다.

```
case OPS.beq.code:
                this.assertIsRegister(arg0, op)
                this.assertIsAddress(arg1, op)
                if (this.reg[arg0] === 0) {
                    this.ip = arg1
                }
                break
```

19.3 어셈블리 프로그램은 어떻게 생겼나요?

우리는 숫자 연산 코드를 수작업으로 파악할 수 있었고, 실제로 초기 컴퓨터 프로그래머[3]들이 그렇게 했습니다. 그러나 **어셈블러**를 사용하는 것이 훨씬 더 쉽습니다. 어셈블러는 실제 기계 명령어를 매우 밀접하게 표현하는 언어의 작은 컴파일러입니다.

어셈블리 언어의 각 명령어는 가상 머신의 명령어와 일치합니다. 다음은 R1에 저장된 값을 출력한 다음 중지하는 어셈블리 언어 프로그램입니다.

```
# Print initial contents of R1.
prr R1
hlt
```

이를 숫자로 표현하면 다음과 같습니다.

```
00010a
000001
```

---

3   http://eniacprogrammers.org/

어셈블리 언어에는 명령어 집합에 없는 한 가지 특징이 있는데, 바로 **주소에 대한 레이블**입니다. 레이블 'loop'는 공간을 차지하지 않습니다. 대신 어셈블러에게 다음 명령의 주소에 이름을 부여하도록 지시합니다. 그러면 점프 명령에서 '@loop'라는 주소를 참조할 수 있습니다. 예를 들어, 다음 프로그램은 0부터 2까지의 숫자를 출력합니다(그림 19.3).

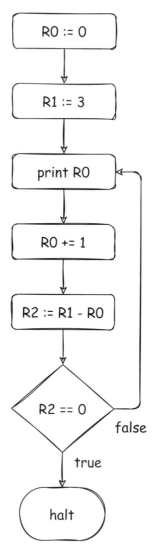

〈그림 19.3〉 0에서 2까지 숫자를 세는 어셈블리 언어 프로그램의 순서도

```
# Count up to 3.
# - R0: loop index.
# - R1: loop limit.
ldc R0 0
ldc R1 3
loop:
prr R0
ldc R2 1
add R0 R2
cpy R2 R1
sub R2 R0
bne R2 @loop
hlt
```

```
000002
030102
00000a
010202
020006
010204
000207
020209
000001
```

이 프로그램의 실행을 추적해 봅시다(그림 19.4).

1. R0은 현재 루프 인덱스를 보유합니다.

2. R1은 루프의 상한값을 보유합니다(이 경우 3).

3. 루프는 R0의 값을 출력합니다(하나의 명령어).

4. 프로그램은 R0에 1을 더합니다. 레지스터 간에만 더할 수 있기 때문에 두 개의 명령어가 필요합니다.

5. 프로그램은 루프를 계속할지 확인합니다. 이 작업은 세 개의 명령어가 필요합니다.

6. 프로그램이 다시 점프하지 않으면 중지됩니다.

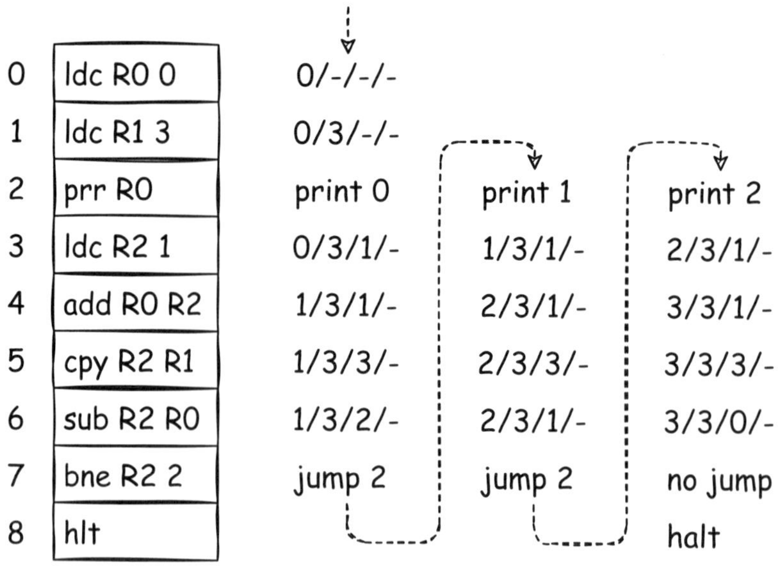

0	ldc R0 0	0/-/-/-		
1	ldc R1 3	0/3/-/-		
2	prr R0	print 0	print 1	print 2
3	ldc R2 1	0/3/1/-	1/3/1/-	2/3/1/-
4	add R0 R2	1/3/1/-	2/3/1/-	3/3/1/-
5	cpy R2 R1	1/3/3/-	2/3/3/-	3/3/3/-
6	sub R2 R0	1/3/2/-	2/3/1/-	3/3/0/-
7	bne R2 2	jump 2	jump 2	no jump
8	hlt			halt

〈그림 19.4〉 간단한 카운팅 프로그램에 대한 레지스터 및 메모리 값 추적

어셈블러의 구현은 어셈블리 언어의 단순성을 반영합니다. 기본 방법은 줄들을 가져와서 레이블의 주소를 찾은 다음 나머지 각 줄을 명령어로 변환하는 것입니다.

```
assemble ( lines ) {
    lines = this.cleanLines ( lines )
    const labels = this.findLabels ( lines )
    const instructions = lines.filter ( line => ! this.isLabel ( line ))
    const compiled = instructions.map ( instr => this.compile (instr , labels ))
    const program = this.instructionsToText ( compiled )
    return program
}

cleanLines ( lines ) {
    return lines
        .map( line => line.trim())
        .filter( line => line.length > 0)
        .filter( line => !this.isComment( line ))
}

isComment( line ) {
    return line.startsWith ( '# ')
}
```

레이블을 찾으려면 한 줄씩 살펴보면서 레이블을 저장하거나 현재 주소를 증가시킵니다(레이블은 공간을 차지하지 않으므로).

```javascript
findLabels ( lines ) {
    const result = {}
    let index = 0
    lines.forEach ( line => {
        if ( this.isLabel( line )) {
            const label = line.slice (0, -1)
            assert (!( label in result ),
                `Duplicate label ${ label }`)
            result [ label ] = index
        } else {
            index += 1
        }
    })
    return result
}

isLabel( line ) {
    return line.endsWith ( ': ')
}
```

단일 명령어를 컴파일하려면 줄을 토큰으로 분리하고 피연산자의 형식을 찾아낸 후 단일 값으로 묶습니다.

```javascript
compile( instruction , labels ) {
    const [op , ... args ] = instruction.split(/\s +/)
    assert(op in OPS ,
        `Unknown operation "${op }" `)
    let result = 0
    switch ( OPS [op ]. fmt ) {
        case '--':
            result = this.combine(
                OPS [op ]. code
            )
            break
        case 'r-':
            result = this.combine(
                this.register( args [0]) ,
                OPS [op ].code
            )
            break
        case 'rr ':
```

```
            result = this.combine (
                this.register( args [1]) ,
                this.register( args [0]) ,
                OPS [op ]. code
            )
            break
        case 'rv ':
            result = this.combine (
                this.value( args [1] , labels ),
                this.register( args [0]) ,
                OPS [op ]. code
            )
            break
        default :
            assert (false ,
                `Unknown instruction format ${ OPS[op ]. fmt }`)
    }
    return result
}
```

명령[IP] 코드와 피연산자를 하나의 값으로 결합하는 것은 가상 머신에서 수행하는 언패킹[unpacking]의 반대 과정입니다.

```
combine (...args) {
    assert(args.length > 0,
        'Cannot combine no arguments')
    let result = 0
    for (const a of args) {
        result <<= OP_SHIFT
        result ¦= a
    }
    return result
}
```

마지막으로 몇 가지 유틸리티 함수가 필요합니다.

```
instructionsToText ( program ) {
    return program .map (op => op. toString (16). padStart ( OP_WIDTH , '0 '))
}

register ( token ) {
    assert ( token [0] === 'R',
        `Register "${ token }" does not start with 'R '`)
    const r = parseInt ( token.slice (1))
    assert ((0 <= r) && (r < NUM_REG ),
        `Illegal register ${ token }`)
    return r
}

value (token , labels ) {
    if ( token [0] !== '@ ') {
        return parseInt ( token )
    }
    const labelName = token.slice (1)
    assert ( labelName in labels ,
        `Unknown label "${ token }" `)
    return labels [ labelName ]
}
```

프로그램을 어셈블하고 그 결과, 레지스터의 상태, 그리고 메모리의 중요한 내용들을 출력해 봅시다. 테스트 삼아 이 프로그램은 3까지 세는 작업을 합니다.

```
# Count up to 3.
# - R0: loop index .
# - R1: loop limit .
ldc R0 0
ldc R1 3
loop :
prr R0
ldc R2 1
add R0 R2
cpy R2 R1
sub R2 R0
bne R2 @loop
hlt
```

```
>> 0
>> 1
>> 2
R0 = 3
R1 = 3
R2 = 0
R3 = 0
0: 00000002 00030102 0000000a 00010202
4: 00020006 00010204 00000207 00020209
8: 00000001 00000000 00000000 00000000
```

19.4   어떻게 데이터를 저장할 수 있을까요?

각 값에 고유한 이름이 필요한 프로그램을 작성하는 것은 지루한 일입니다. 배열과 같은 컬렉션이 있으면 훨씬 더 많은 일을 할 수 있으므로 어셈블러에 배열을 추가해 보겠습니다. 가상 머신은 여러 개의 숫자를 개별적으로 생각하든 배열의 요소로 생각하든 상관하지 않으므로 변경할 필요는 없지만 배열을 생성하고 참조할 방법이 필요합니다.

프로그램의 끝에서 배열을 위한 저장 공간을 할당할 수 있는데, .data를 단독으로 한 줄에 사용해서 데이터 섹션의 시작을 표시한 후 label: number를 사용하여 영역에 이름을 부여하고 일부 저장 공간을 할당합니다(그림 19.5).

이 기능 개선은 어셈블러를 약간만 변경하면 됩니다. 먼저, 줄을 명령어와 데이터 할당으로 나누어야 합니다.

```
assemble (lines) {
    lines = this.cleanLines(lines)
    const [toCompile, toAllocate] = this.splitAllocations(lines)
    const labels = this.findLabels(lines)
    const instructions = toCompile.filter(line => !this.isLabel(line))
    const baseOfData = instructions.length
    this.addAllocations(baseOfData, labels, toAllocate)
    const compiled = instructions.map(instr => this.compile(instr, labels))
    const program = this.instructionsToText(compiled)
    return program
}
```

```
splitAllocations (lines) {
    const split = lines.indexOf(DIVIDER)
    if (split === -1) {
        return [lines, []]
    } else {
        return [lines.slice(0, split), lines.slice(split + 1)]
    }
}
```

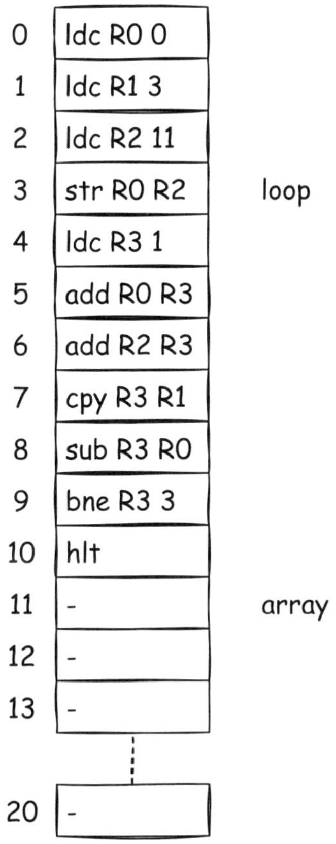

0	ldc R0 0	
1	ldc R1 3	
2	ldc R2 11	
3	str R0 R2	loop
4	ldc R3 1	
5	add R0 R3	
6	add R2 R3	
7	cpy R3 R1	
8	sub R3 R0	
9	bne R3 3	
10	hlt	
11	-	array
12	-	
13	-	
20	-	

〈그림 19.5〉 가상 머신에서 배열에 대한 저장 공간 할당

두 번째로, 각 할당이 어디에 있는지를 찾아 해당하는 레이블을 생성해야 합니다.

```
addAllocations (baseOfData, labels, toAllocate) {
    toAllocate.forEach(alloc => {
        const fields = alloc.split(':').map(a => a.trim())
        assert(fields.length === 2,
            `Invalid allocation directive "${alloc}"`)
        const [label, numWordsText] = fields
        assert(!(label in labels),
            `Duplicate label "${label}" in data allocation`)
        const numWords = parseInt(numWordsText)
        assert((baseOfData + numWords) < RAM_LEN,
            `Allocation "${label}" requires too much memory`)
        labels[label] = baseOfData
        baseOfData += numWords
    })
}
```

이게 다입니다. 컴파일이나 실행에 대한 다른 변경 사항은 필요하지 않습니다. 테스트하기 위해 0부터 3 까지의 숫자로 배열을 채워 보겠습니다.

```
# Count up to 3.
# - R0: loop index.
# - R1: loop limit.
# - R2: array index.
# - R3: temporary.
ldc R0 0
ldc R1 3
ldc R2 @array
loop:
str R0 R2
ldc R3 1
add R0 R3
add R2 R3
cpy R3 R1
sub R3 R0
bne R3 @loop
hlt
.data
array: 10
```

```
R0 = 3
R1 = 3
R2 = 14
R3 = 0
0: 00000002 00030102 000b0202 00020005
4: 00010302 00030006 00030206 00010304
8: 00000307 00030309 00000001 00000000
c: 00000001 00000002 00000000 00000000
```

NOTE **실제로 어떻게 작동하는 걸까요?**

우리의 가상 머신(VM)은 그저 또 다른 프로그램일 뿐입니다. 명령어가 하드웨어와 마주칠 때 어떤 일이 일어나는지, 그리고 전기 회로가 어떻게 산술을 수행하고 결정을 내리며 세계와 소통하는지 알고 싶다면, [Patterson2017]가 여러분이 알고 싶은 모든 것과 그 밖의 것들을 알려줄 것입니다.

| 값 바꾸기

다른 레지스터의 값에 영향을 주지 않고 **R1**과 **R2**의 값을 바꾸는 어셈블리 언어 프로그램을 작성하세요.

| 배열 반전시키기

다음으로 시작하는 어셈블리 언어 프로그램을 작성하세요.

- 첫 번째 워드^{word}에 배열의 시작 주소가 저장되어 있습니다.

- 다음 워드에 배열 **N**의 길이를 입력합니다.

- 그 다음에는 N개의 값이 바로 뒤에 나옵니다. 그리고 이 배열을 제자리에서 반전시키는 작업을 수행합니다.

| 증감 연산

1. 레지스터의 값에 1을 더하고 레지스터의 값에서 1을 빼는 명령어 **inc**와 **dec**를 각각 추가하세요.

2. 이 명령어를 사용하도록 예제를 다시 작성해 보세요. 프로그램이 얼마나 짧아졌나요? 얼마나 더 읽기 쉬워졌나요?

| 긴 주소 사용하기

가상 머신을 수정해서 **ldr** 및 **str** 명령어에 8비트 주소가 아닌 16비트 주소가 포함되도록 하고 가상 머신의 메모리를 64K 워드로 늘려서 일치시키세요.

이렇게 하면 명령어 해석이 어떻게 복잡해지나요?

| 문자열 연산

C 언어는 문자열을 0이 포함된 바이트로 끝나는 0이 아닌 바이트들로 저장합니다.

1. R1에 있는 문자열의 기본 주소로 시작해서 같은 레지스터에 있는 문자열의 길이(터미네이터 제외)로 끝나는 프로그램을 작성하세요.

2. R1 레지스터에 있는 문자열의 시작 위치와 R2 레지스터에 있는 다른 메모리 블록의 시작 위치가 주어졌을 때, 해당 문자열을 새로운 위치로 복사하는 프로그램을 만드세요. 이때 터미네이터도 복사합니다.

3. 터미네이터가 누락되면 각 경우에 어떤 일이 발생하나요?

호출과 반환

1. 가상 머신에 SP("스택 포인터")라는 레지스터를 하나 더 추가하세요. 이 레지스터는 자동으로 메모리의 마지막 주소로 초기화됩니다.

2. psh("push"의 약자)라는 명령을 추가하세요. 이 명령은 레지스터의 값을 SP에 저장된 주소로 복사한 다음 SP에서 1을 뺍니다.

3. SP에 값을 더한 다음 해당 주소의 값을 레지스터로 복사하는 명령어 pop("pop"의 줄임말)을 추가하세요.

4. 이 명령어를 사용하여 배열의 모든 값에 대해 2x+1을 계산하는 서브루틴을 작성하세요.

역어셈블 명령

역어셈블러^{disassembler}는 기계 명령어를 어셈블리 코드로 변환합니다. 가상 머신에서 사용하는 명령어 집합에 대한 역어셈블러를 작성하세요(주소에 대한 레이블은 기계 명령어에 저장되지 않으므로 역어셈블러는 일반적으로 @L001 및 @L002와 같은 레이블을 생성합니다).

여러 파일 연결하기

1. 어셈블러를 수정하여 .include filename 지시문을 처리하도록 하세요.

2. 수정한 어셈블러는 중복된 레이블 이름을 어떻게 처리하나요? 무한 포함 관계를 어떻게 방지하나요? (예: A.as가 B.as를 포함하고 B.as가 다시 A.as를 포함하는 경우)

시스템 콜 제공하기

가상 머신을 수정해서 개발자가 "시스템 콜"을 추가할 수 있도록 하세요.

1. 시작할 때, 가상 머신은 syscalls.js라는 파일에서 정의된 함수들의 배열을 로드합니다.

2. sys 명령어는 1바이트 상수 인수를 사용합니다. 이 명령어는 해당 함수의 값을 찾아서 R0-R3의 값을 인수로 전달하고, 함수의 결과를 R0에 저장합니다.

유닛 테스트

1. 어셈블러에 대한 유닛 테스트를 작성하세요.

2. 유닛 테스트가 작동하면 가상 머신에 대한 유닛 테스트를 작성하세요.

디버거

우리는 마침내 이 책을 시작한 계기가 된 또 다른 주제에 도달했습니다. 디버거는 어떻게 작동하는 걸까요? 디버거는 버전 관리만큼이나 프로그래머의 삶에서 중요한 부분이지만, 디버거에 대해 배우는 횟수는 훨씬 적습니다(디버거와 관련된 학습 활동이 다른 주제들에 비해 어렵기 때문일 것입니다). 이 장에서는 간단한 단계별 디버거를 만들고 대화형 응용 프로그램을 테스트하는 한 가지 방법을 보여줄 것입니다(제 4장).

20.1 어디서부터 시작할까요?

우리는 19장의 어셈블리 코드보다 높은 수준의 언어를 디버깅하고 싶지만, 파서를 만들거나 14장의 AST(추상 구문 트리)와 씨름하고 싶지 않습니다. 절충안으로, 우리는 프로그램을 [command ...args] 형식의 JSON 데이터 구조로 표현할 것입니다. 만약 우리의 자바스크립트 프로그램이 다음과 같다면,

```
const a = [-3, -5, -1, 0, -2, 1, 3, 1];
const b = Array();
let largest = a[0];

let i = 0;
while (i < length(a)) {
    if (a[i] > largest) {
        b.push(a[i]);
    }
    i += 1;
}
```

```
    i = 0;
    while (i < length(b)) {
        console.log(b[i]);
        i += 1;
    }
```

JSON 표현은 다음과 같습니다.

```
    ["defA", "a", ["data", -3, -5, -1, 0, -2, 1, 3, 1]],
    ["defA", "b", ["data"]],
    ["defV", "largest", ["getA", "a", ["num", 0]]],
    ["append", "b", ["getV", "largest"]],
    ["defV", "i", ["num", 0]],
    [
        "loop",
        ["lt", ["getV", "i"], ["len", "a"]],
        [
            "test",
            ["gt", ["getA", "a", ["getV", "i"]], ["getV", "largest"]],
            ["setV", "largest", ["getA", "a", ["getV", "i"]]],
            ["append", "b", ["getV", "largest"]]
        ],
        ["setV", "i", ["add", ["getV", "i"], ["num", 1]]]
    ],
    ["setV", "i", ["num", 0]],
    [
        "loop",
        ["lt", ["getV", "i"], ["len", "b"]],
        ["print", ["getA", "b", ["getV", "i"]]],
        ["setV", "i", ["add", ["getV", "i"], ["num", 1]]]
    ]
]
```

우리의 가상 머신은 19장에서 설명한 것과 유사한 구조를 가지고 있습니다. 실제 시스템에서는 프로그램을 JSON으로 파싱한 다음, JSON을 어셈블리 코드로 변환하고, 그것을 어셈블해서 기계 명령어를 생성할 것입니다. 다시 말해, 간단하게 유지하기 위해 주석과 빈 줄을 제거한 다음, 명령 이름을 조회하고 해당 메서드를 호출해서 명령을 실행하는 방식으로 프로그램을 실행하겠습니다.

```
import assert from "assert"

class VirtualMachineBase {
    constructor(program) {
        this.program = this.compile(program)
        this.prefix = ">>"
    }
    compile(lines) {
        const text = lines
            .map((line) => line.trim())
            .filter((line) => line.length > 0 && !line.startsWith("//"))
            .join("\n")
        return JSON.parse(text)
    }
    run() {
        this.env = {}
        this.runAll(this.program)
    }
    runAll(commands) {
        commands.forEach((command) => this.exec(command))
    }
    exec(command) {
        const [op, ...args] = command
        assert(op in this, `Unknown op "${op}"`)
        return this[op](args)
    }
}

export default VirtualMachineBase
```

함수와 메서드는 또 다른 종류의 데이터일 뿐이므로, 객체에 "meth"라는 메서드가 있을 경우, this["meth"] 표현식은 이것을 조회하고 this["meth"](args)는 이것을 호출합니다. 만약 "meth"가 name이라는 변수에 저장되어 있다면, this[name](args)는 정확히 동일한 작업을 수행합니다.

가상 머신에서 새로운 변수를 초기값과 함께 정의하는 메서드는 다음과 같습니다.

```
defV (args) {
    this.checkOp('defV', 2, args)
    const [name, value] = args
    this.env[name] = this.exec(value)
}
```

두 값을 더하는 메서드는 다음과 같이 생겼습니다.

```
add(args) {
    this.checkOp("add", 2, args)
    const left = this.exec(args[0])
    const right = this.exec(args[1])
    return left + right
}
```

while 루프는 다음과 같고,

```
loop(args) {
    this.checkBody("loop", 1, args)
    const body = args.slice(1)
    while (this.exec(args[0])) {
        this.runAll(body)
    }
}
```

변수 이름이 배열을 참조하는지 확인하는 것은 다음과 같습니다.

```
checkArray(op, name) {
    this.checkName(op, name)
        const array = this.env[name]
        assert(
        Array.isArray(array),
        `Variable "${name}" used in "${op}" is not array`
    )
}
```

나머지 연산들은 이와 비슷합니다.

디버거에서 다음으로 필요한 것은 소스 파일에서 각 명령어가 어디에서 왔는지 추적할 수 있는 소스 맵입니다. JSON은 자바스크립트의 하위 집합이므로 Acorn으로 프로그램을 파싱해서 줄 번호를 얻을 수 있습니다. 그러나 이 경우에는 이 예제에서 원하는 정보를 AST에서 추출해야 합니다. 이 장에서는 파싱이 아닌 디버깅에 대해 다루어야 해서 편법을 사용할 것인데, 각 필요한 문장에 줄 번호를 직접 추가해서 프로그램이 다음과 같이 보이도록 하겠습니다.

```
[
    [1, "defA", "a", ["data", -3, -5, -1, 0, -2, 1, 3, 1]],
    [2, "defA", "b", ["data"]],
    [3, "defV", "largest", ["getA", "a", ["num", 0]]],
    [4, "append", "b", ["getV", "largest"]],
    [5, "defV", "i", ["num", 0]],
    [
        6,
        "loop",
        ["lt", ["getV", "i"], ["len", "a"]],
        [
            7,
            "test",
            ["gt", ["getA", "a", ["getV", "i"]], ["getV", "largest"]],
            [8, "setV", "largest", ["getA", "a", ["getV", "i"]]],
            [9, "append", "b", ["getV", "largest"]]
        ],
        [11, "setV", "i", ["add", ["getV", "i"], ["num", 1]]]
    ],
    [13, "setV", "i", ["num", 0]],
    [
        14,
        "loop",
        ["lt", ["getV", "i"], ["len", "b"]],
        [15, "print", ["getA", "b", ["getV", "i"]]],
        [16, "setV", "i", ["add", ["getV", "i"], ["num", 1]]]
    ]
]
```

그로부터 소스 맵을 작성하는 것은 간단합니다. 일단은 단순히 exec을 수정해서 줄 번호를 무시하도록 만들면 됩니다.

```javascript
import assert from "assert";
import VirtualMachineBase from "./vm-base.js";

class VirtualMachineSourceMap extends VirtualMachineBase {
    compile(lines) {
        const original = super.compile(lines);
        this.sourceMap = {};
        const result = original.map((command) => this.transform(command));
        return result;
    }

    transform(node) {
        if (!Array.isArray(node)) {
            return node;
        }
        if (Array.length === 0) {
            return [];
        }
        const [first, ...rest] = node;
        if (typeof first !== "number") {
            return [first, null, ...rest.map((arg) => this.transform(arg))];
        }
        const [op, ...args] = rest;
        this.sourceMap[first] = [
            op,
            first,
            ...args.map((arg) => this.transform(arg)),
        ];
        return this.sourceMap[first];
    }

    exec(command) {
        const [op, lineNum, ...args] = command;
        assert(op in this, `Unknown op "${op}"`);
        return this[op](args);
    }
}

export default VirtualMachineSourceMap;
```

손으로 줄 번호를 추가하는 행동이 편법처럼 보이겠지만, 편법이 아닙니다. 우리가 실제로 하는 일은 문제를 해결해야 한다고 확신할 때까지 문제를 미루는 일입니다. 만약 우리의 접근 방식이 서투르거나 예상하지 못한 디자인 측면 때문에 완전히 실패한다면 줄 번호를 '올바른' 방식으로 처리한 의미가 없어집니다. 소프트웨어 설계의 좋은 원칙은 가장 확실하지 않은 부분부터 해결하고 최종적으로 필요할 것으로 예상되는 부분에 임시 코드를 사용하는 것입니다.

다음 단계로 VM의 exec 메서드를 수정해서 각 중요한 작업에 대해 콜백 함수를 실행하도록 합니다('중요한'이라는 것은 '우리가 그 줄 번호를 기록하기로 결정한 작업'을 의미합니다). 디버거가 정확히 무엇을 필요로 할지 확신이 없으므로, 우리는 이 콜백에 현재 변수 세트를 보유한 환경, 줄 번호, 수행 중인 작업을 전달합니다.

```
import assert from "assert"
import VirtualMachineSourceMap from "./vm-source-map.js"

class VirtualMachineCallback extends VirtualMachineSourceMap {
    constructor(program, dbg) {
        super(program)
        this.dbg = dbg
        this.dbg.setVM(this)
    }

    exec(command) {
        const [op, lineNum, ...args] = command
        this.dbg.handle(this.env, lineNum, op)
        assert(op in this, `Unknown op "${op}"`)
        return this[op](args, lineNum)
    }

    message(prefix, val) {
        this.dbg.message(`${prefix} ${val}`)
    }
}

export default VirtualMachineCallback
```

또한 디버거를 기록하고 가상 머신에 대한 참조를 제공하도록 VM의 생성자를 수정합니다(그림 20.1). 두 객체는 서로에 대한 참조가 필요하기 때문에 명시적으로 연결해야 하지만, 그 중 하나가 먼저 생성되어야 합니다.

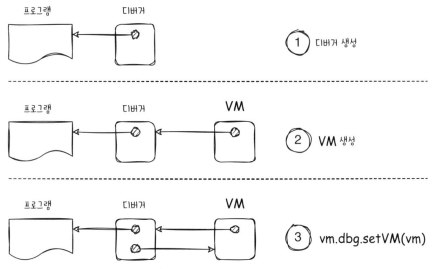

<그림 20.1> 상호 종속적인 오브젝트의 2단계 초기화

"A가 B를 가져온 다음 B가 A에게 자신을 알려주는" 방식은 일반적인 패턴이며, 연습 챕터에서는 이를 관리하는 다른 방법을 살펴보겠습니다.

프로그램을 실행하기 위해 디버거 객체를 생성하고 이를 VM의 생성자에게 전달합니다.

```
import assert from "assert"
import readSource from "./read-source.js"

const main = () => {
    assert(
        process.argv.length === 5,
        "Usage: run-debugger.js ./vm ./debugger input¦-"
    )

    const VM = require(process.argv[2])
    const Debugger = require(process.argv[3])
    const inFile = process.argv[4]
    const lines = readSource(inFile)
    const dbg = new Debugger()
    const vm = new VM(lines, dbg)
    vm.run()
}

main()
```

간단한 디버거는 추적이 필요한 명령문이 실행되는 동안 추적할 수 있습니다.

```
import DebuggerBase from "./debugger-base.js"

class DebuggerTrace extends DebuggerBase {
    handle(env, lineNum, op) {
        if (lineNum !== null) {
            console.log(`${lineNum} / ${op}: ${JSON.stringify(env)}`)
        }
    }
}
export default DebuggerTrace
```

배열의 숫자를 더하는 프로그램에서 이 기능을 사용해 보겠습니다.

```
// const a = [-5, 1, 3]
// const total = 0
// let i = 0
// while (i < length(a)) {
// total += a[i]
// i += 1
// }
// console.log(total)
[
    [1, "defA", "a", ["data", -5, 1, 3]],
    [2, "defV", "total", ["num", 0]],
    [3, "defV", "i", ["num", 0]],
    [4,
        "loop",
        ["lt", ["getV", "i"], ["len", "a"]],
        [5,
            "setV",
            "total",
            ["add", ["getV", "total"], ["getA", "a", ["getV", "i"]]],
        ],
        [8, "setV", "i", ["add", ["getV", "i"], ["num", 1]]],
    ],
    [10, "print", ["getV", "total"]],
]
```

```
/ defA: {}
/ defV: {"a":[-5,1,3]}
/ defV: {"a":[-5,1,3],"total":0}
/ loop: {"a":[-5,1,3],"total":0,"i":0}
/ setV: {"a":[-5,1,3],"total":0,"i":0}
8 / setV: {"a":[-5,1,3],"total":-5,"i":0}
5 / setV: {"a":[-5,1,3],"total":-5,"i":1}
8 / setV: {"a":[-5,1,3],"total":-4,"i":1}
5 / setV: {"a":[-5,1,3],"total":-4,"i":2}
8 / setV: {"a":[-5,1,3],"total":-1,"i":2}
10 / print: {"a":[-5,1,3],"total":-1,"i":3} >> -1
```

20.3 어떻게 디버거를 대화형으로 만들까요?

지금까지 만든 프로그램은 항상 print 문을 사용한 출력만 했습니다. 이를 대화형 디버거로 바꾸기 위해 prompt-sync[1] 모듈을 사용해서 다음 명령 집합으로 사용자의 입력을 관리하겠습니다.

- ? 또는 help: 명령어 목록 표시
- clear #: 특정 줄의 중단점 제거
- list: 줄과 중단점 목록 표시
- next: 다음 줄로 이동
- print name: 중단점에서 변수 표시
- run: 다음 중단점까지 실행
- stop #: 특정 줄에서 중단
- variables: 모든 변수 이름 나열
- exit: 즉시 종료

가상 머신이 디버거를 호출하면 디버거는 먼저 가상 머신이 번호가 매겨진 라인에 있는지 확인합니다. 그렇지 않은 경우 가상 머신에 제어권을 다시 넘깁니다. 그렇지 않고 하나의 단계를 실행 중이거나 이 줄이 중단점인 경우 디버거가 제어권을 가져옵니다. 전체적인 구조는 다음과 같습니다.

---

1   https://www.npmjs.com/package/prompt-sync

```
import prompt from "prompt-sync"
import DebuggerBase from "./debugger-base.js"

const PROMPT_OPTIONS = { sigint: true }
class DebuggerInteractive extends DebuggerBase {
    constructor() {
        super()
        this.singleStep = true
        this.breakpoints = new Set()
        this.lookup = {
            "?": "help",
            c: "clear",
            l: "list",
            n: "next",
            p: "print",
            r: "run",
            s: "stop",
            v: "variables",
            x: "exit",
        }
    }

    handle(env, lineNum, op) {
        if (lineNum === null) {
            return
        }
        if (this.singleStep) {
            this.singleStep = false
            this.interact(env, lineNum, op)
        } else if (this.breakpoints.has(lineNum)) {
            this.interact(env, lineNum, op)
        }
    }
}

export default DebuggerInteractive
```

가상 머신이 하는 것처럼 명령을 조회하고 해당 메서드를 호출해서 사용자와 상호 작용합니다.

```
interact(env, lineNum, op) {
    let interacting = true
    while (interacting) {
        const command = this.getCommand(env, lineNum, op)
        if (command.length === 0) {
            continue
        }
        const [cmd, ...args] = command
        if (cmd in this) {
            interacting = this[cmd](env, lineNum, op, args)
        } else if (cmd in this.lookup) {
            interacting = this[this.lookup[cmd]](env, lineNum, op, args)
        } else {
            this.message(`unknown command ${command} (use '?' for help)`)
        }
    }
}

getCommand(env, lineNum, op) {
    const options = Object.keys(this.lookup).sort().join("")
    const display = `[${lineNum} ${options}] `
    return this.input(display)
        .split(/\s+/)
        .map((s) => s.trim())
        .filter((s) => s.length > 0)
}

input(display) {
    return prompt(PROMPT_OPTIONS)(display)
}
```

NOTE **진행하면서 배우기**

우리는 처음에 입력과 출력을 오버라이드할 수 있는 메서드에 넣지 않았지만, 나중에 디버거를 테스트할 수 있도록 이렇게 해야한다는 것을 깨닫게 되었습니다. 이를 다시 돌아와서 쓰는 대신, 우리는 여기서 이 작업을 수행했습니다.

이 구조를 사용하면 명령 핸들러가 매우 간단해집니다. 예를 들어, 다음 메서드는 다음 줄로 이동합니다.

```
next(env, lineNum, op, args) {
    this.singleStep = true
    return false
}
```

한편 다음 메서드는 변수의 값을 출력합니다.

```
print(env, lineNum, op, args) {
    if (args.length !== 1) {
        this.message("p[rint] requires one variable name")
    } else if (!(args[0] in env)) {
        this.message(`unknown variable name "${args[0]}"`)
    } else {
        this.message(JSON.stringify(env[args[0]]))
    }
    return true
}
```

그러나 이것을 사용한 지 얼마 되지 않아 우리는 loop 메서드의 시그니처를 변경해야 한다는 것을 깨달았습니다. 매번 루프가 실행될 때마다 루프를 중지하고 현재 위치를 파악해야 합니다. 기본 클래스에서 이를 허용하지 않았고, 모든 메서드를 변경하고 싶지 않으므로 자바스크립트가 메서드에 전달된 추가적인 인수를 무시하는 특성을 활용합니다.

```
import VirtualMachineCallback from "./vm-callback.js"

class VirtualMachineInteractive extends VirtualMachineCallback {
    loop(args, lineNum) {
        this.checkBody("loop", 1, args)
        const body = args.slice(1)
        while (this.exec(args[0])) {
            this.dbg.handle(this.env, lineNum, "loop")
            this.runAll(body)
        }
    }
}

export default VirtualMachineInteractive
```

엉성하지만 작동하므로 연습 챕터에서 정리해 보겠습니다.

디버거와 같은 대화형 애플리케이션을 어떻게 테스트할 수 있을까요? 답은 "대화형이 아닌 것으로 만들어서"입니다. 지난 30년 동안 많은 도구들과 마찬가지로, 우리의 접근 방식은 Expect[2]라는 프로그램을 기반으로 합니다. 우리 라이브러리는 테스트되는 애플리케이션의 입력 및 출력 함수를 콜백으로 대체한 후, 요청이 있을 때 입력을 제공하고 출력이 주어지면 확인합니다(그림 20.2).

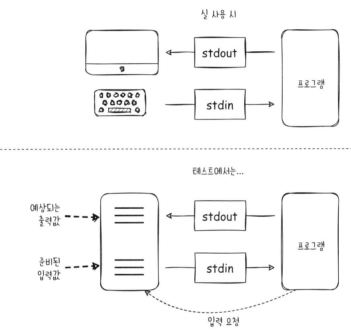

〈그림 20.2〉 입력과 출력을 대체하여 대화형 애플리케이션 테스트하기

결과는 다음과 같습니다.

```
describe("interactive debugger", () => {
    it("runs and prints", (done) => {
        setup("print-0.json").get("[1 ?clnprsvx] ").send("r").get(">> 0").run()
        done()
```

```
        })

        it("breaks and resumes", (done) => {
            setup("print-3.json")
                .get("[1 ?clnprsvx] ")
                .send("s 3")
                .get("[1 ?clnprsvx] ")
                .send("r")
                .get(">> 0")
                .get(">> 1")
                .get("[3 ?clnprsvx] ")
                .send("x")
                .run()
            done()
        })
    })
```

우리의 Expect 클래스는 짧지만 매우 추상적이기 때문에 이해하기 어려울 수 있습니다.

```
import assert from "assert"
class Expect {
    constructor(subject, start) {
        this.start = start
        this.steps = []
        subject.setTester(this)
    }

    send(text) {
        this.steps.push({ op: "toSystem", arg: text })
        return this
    }

    get(text) {
        this.steps.push({ op: "fromSystem", arg: text })
        return this
    }

    run() {
        this.start()
        assert.strictEqual(this.steps.length, 0, "Extra steps at end of test")
    }
```

```
    toSystem() {
        return this.next("toSystem")
    }

    fromSystem(actual) {
        const expected = this.next("fromSystem")
        assert.strictEqual(
            expected,
            actual,
            `Expected "${expected}" got "${actual}"`
        )
    }

    next(kind) {
        assert(this.steps.length > 0, "Unexpected end of steps")
        assert.strictEqual(
            this.steps[0].op,
            kind,
            `Expected ${kind}, got "${this.steps[0].op}"`
        )
        const text = this.steps[0].arg
        this.steps = this.steps.slice(1)
        return text
    }
}

export default Expect
```

하나씩 살펴보겠습니다.

- subject는 테스트 대상입니다.
- start는 시스템 실행을 시작하는 콜백입니다. 이는 제어를 테스트 대상에게 전달하고, 그 다음에는 입력 및 출력을 위해 다시 테스트 프레임워크로 콜백됩니다.
- get과 send는 대상에 제공될 것과 출력과 비교해서 검사할 항목을 저장합니다. 두 메서드 모두 this를 반환하므로 서로 연쇄적으로 호출할 수 있습니다.
- run은 시스템을 시작하고, 테스트가 완료될 때 모든 예상된 상호 작용이 사용되었는지 확인합니다.
- toSystem과 fromSystem은 next를 사용해서 다음 테스트 레코드를 가져와서 그 타입을 확인한 후 문자열을 반환합니다.

디버거를 수정하여 테스터를 사용하도록 하겠습니다. 이때, 프롬프트도 출력의 하나로 계산해야 한다는 점을 염두에 두어야 합니다.

```
import DebuggerInteractive from "./debugger-interactive.js"

class DebuggerTest extends DebuggerInteractive {
    constructor() {
        super()
        this.tester = null
    }
    setTester(tester) {
        this.tester = tester
    }
    input(display) {
        this.tester.fromSystem(display)
        return this.tester.toSystem()
    }
    message(m) {
        this.tester.fromSystem(m)
    }
}
export default DebuggerTest
```

다시 말하지만, 초기화 순서 때문에 테스터를 생성자 매개변수로 전달할 수 없습니다. 따라서 모든 것이
올바른 방식으로 연결되도록 setup 함수를 작성해야 합니다.

```
import Expect from "../expect.js"
import VM from "../vm-interactive.js"
import Debugger from "../debugger-test.js"
import readSource from "../read-source.js"

const setup = (filename) => {
    const lines = readSource(path.join("debugger/test", filename))
    const dbg = new Debugger()
    const vm = new VM(lines, dbg)
    return new Expect(dbg, () => vm.run())
}
```

테스트를 실행해 봅시다.

```
npm run test -- -g 'interactive debugger'
```

```
> stjs@1 .0.0 test /u/ stjs
> mocha */ test /test -*. js "-g" " interactive debugger "




interactive debugger
X runs and prints
```

작동하나요? 왜 하나의 테스트만 표시되고 요약이 표시되지 않을까요? 자세히 살펴본 결과, 디버거의
exit 명령이 시뮬레이션된 프로그램이 종료될 때 process.exit를 호출하기 때문에 테스트가 포함된 프로미
스가 실행되기 직전에 가상 머신, 디버거 및 테스트 프레임워크를 포함한 전체 프로그램이 중지되기 때
문입니다. 우리는 이것을 나중에 알게되었습니다.

우리는 디버거 콜백을 수정해서 실행을 계속할지를 나타내는 플래그를 반환하도록 함으로써, 이 문제를
해결할 수 있습니다. 하지만 루프나 조건문처럼 여러 번 exe에 대한 호출이 겹치는 경우에는 이 방법이
매우 복잡해질 수 있습니다.

더 나은 대안은 제어 흐름에 예외를 사용하는 것입니다. 우리만의 예외를 빈 클래스로 정의할 수 있습니
다. 이 예외에는 데이터가 필요하지 않습니다. 왜냐하면 우리는 단지 해당 타입의 객체를 얻기 위해서만
사용하기 때문입니다.

```
class HaltException {
}

export default HaltException
```

다음으로, 종료 요청이 있을 때 이 예외를 throw하도록 디버거를 수정합니다.

```
import HaltException from "./halt-exception.js"
import DebuggerTest from "./debugger-test.js"

class DebuggerExit extends DebuggerTest {
    exit(env, lineNum, op, args) {
```

```
        throw new HaltException()
    }
  }
}

export default DebuggerExit
```

마지막으로 이 예외가 발생하면 깨끗하게 종료되지만 다른 종류의 예외가 발생하면 다시 throw하도록 가상 머신을 수정합니다.

```
import HaltException from "./halt-exception.js"
import VirtualMachineInteractive from "./vm-interactive.js"

class VirtualMachineExit extends VirtualMachineInteractive {
    run() {
        this.env = {}
        try {
            this.runAll(this.program)
        } catch (exc) {
            if (exc instanceof HaltException) {
                return
            }
            throw exc
        }
    }
}

export default VirtualMachineExit
```

이러한 변경 사항이 적용되면, 우리는 마침내 대화형 디버거를 테스트할 수 있습니다.

```
npm run test -- -g 'exitable debugger'
```

```
> stjs@1.0.0 test /u/stjs
> mocha */test/test-*.js "-g" "exitable debugger"




exitable debugger
X runs and prints
```

```
✗ breaks and resumes


2 passing (7ms)
```

탭 완성 구현하기

prompt-sync의 문서를 읽은 다음 디버거에 탭 자동 완성^{tab completion} 기능을 구현하세요.

실행 중 변수 수정하기

실행 중인 프로그램에서 변수 값을 새로운 값으로 설정하는 set 명령을 추가하세요. 배열 요소 설정은 어떻게 처리하나요?

출력을 더 읽기 쉽게 만들기

추적 디버거를 수정해서 루프 및 조건문 내부의 문이 들여쓰기되어 더 쉽게 읽을 수 있도록 하세요.

더 나은 루프

루프를 처리하는 우리의 솔루션은 조잡합니다. 이를 수정하세요.

실행을 계속하기 위한 플래그 사용하기

실행이 종료되어야 할 때 예외를 발생시키는 대신 "계속 실행"하라는 플래그를 사용하도록 디버거와 가상 머신을 수정하세요. 어떤 접근 방식이 더 이해하기 쉬울까요? 향후 확장하기가 더 쉬운 방법은 무엇인가요?

줄 번호 매기기

명령문 번호가 없는 JSON으로 만들어진 프로그램 표현을 가져와서 디버깅 목적으로 모든 "흥미로운" 명령문에 번호를 매기는 도구를 작성하세요. '흥미로운' 문장의 정의는 여러분이 가장 유용하다고 생각되는 것을 사용하면 됩니다.

다시 반복하기

현재 루프의 다음 반복에 도달할 때까지 프로그램을 실행하는 "다음 루프 반복" 명령을 구현합니다.

객체 조회하기

다른 객체에서 setXYZ 메서드를 호출하는 대신 상호 의존성을 위해 조회 테이블을 사용하는 것이 일반적인 방법입니다.

1. 모든 객체는 생성자에서 table.set(name, this)를 호출해서 초기화합니다.

2. 객체 A가 객체 B의 인스턴스가 필요할 때마다 table.lookup('B')을 호출합니다. 결과를 멤버 변수에 저장하지 않습니다.

이 패턴을 사용하도록 가상 머신과 디버거를 수정합니다.

| 변수 변경 감시

디버거와 가상 머신을 수정해서 변수 값이 변경될 때마다 프로그램을 중지하는 watchpoint을 구현합니다.

| JSON을 어셈블러로 번역하기

JSON으로 이루어진 프로그램 표현을 19장의 어셈블리 코드로 변환하는 도구를 작성하세요. 작업을 단순화하려면 연산을 수행할 때 항상 중간 결과를 저장할 수 있도록 레지스터 수를 늘리면 됩니다.

21 CHAPTER

결론

우리는 2장에서 디렉터리의 내용을 나열한 이래로 먼 길을 걸어왔습니다. 버전 관리에 파일을 저장하고, 코드가 스타일 규칙을 충족하는지 확인하고, 디버깅하고, 번들링하는 것은 프로그래머가 매일 하는 일로, 그 작동 방식을 이해함으로써 이러한 작업을 더 잘 수행할 수 있기를 바랍니다.

또한 여러분의 여정이 여기서 멈추지 않기를 바랍니다. 이 책에 챕터를 추가하거나 다른 프로그래밍 언어, 인간 언어 또는 두 가지 모두로 번역하고 싶다면 여러분의 도움을 환영합니다.

우리는 도구를 만들고, 도구는 우리를 만든다.

마샬 맥루한 Marshall McLuhan

용어집

ASCII

유럽 언어에서 일반적으로 사용되는 문자를 7비트 또는 8비트 정수로 표현하는 표준 방법으로, 현재는 대부분 유니코드로 대체되었습니다.

catch

예외로 표시되는 에러 또는 다른 예기치 않은 이벤트를 처리하는 것입니다.

CLIcommand-line interface

명령어와 출력에 대해 텍스트만을 사용하는 사용자 인터페이스로, 일반적으로 셸에서 실행됩니다.

CSScascading Style Sheets

HTML의 외관을 제어하는 방법입니다. CSS는 일반적으로 글꼴, 색상 및 레이아웃을 지정하는 데 사용됩니다.

CSVcomma-separated values

각 레코드가 한 행이고 필드가 쉼표로 구분되는 텍스트 형식의 그리드 형식 데이터. 문자열의 인용에 대한 여러 가지 미세한 변형이 존재합니다.

DAGdirected acyclic graph

루프를 포함하지 않는 방향 그래프(즉, 에지를 따라 자기 자신에게 도달할 수 없음)입니다.

DOMDocument Object Model

HTML 및 XML의 표준, 메모리에 저장된 표현입니다. 각 요소는 이름이 지정된 속성 집합을 가진 트리의 노드로 저장되며, 포함된 요소는 자식 노드입니다.

environment

변수 이름과 해당 값들을 저장하는 구조입니다.

HTMLHyperText Markup Language

웹 페이지에 사용되는 표준 마크업 언어입니다. HTML은 DOM(Digital Object Model)을 사용하여 메모리에 표시됩니다.

HTTPHyperText Transfer Protocol

월드 와이드 웹에서 데이터 전송의 표준 프로토콜입니다. HTTP는 요청 및 응답의 형식, 표준 에러 코드의 의미 및 기타 기능을 정의합니다.

HTTP 요청

HTTP 프로토콜을 사용하여 클라이언트에서 서버로 전송되는 데이터를 요청하는 메시지입니다. 요청은 일반적으로 웹 페이지, 이미지 또는 기타 데이터를 요청합니다.

HTTP 응답

HTTP 프로토콜을 사용하여 서버에서 클라이언트로 전송되는 응답입니다. 응답은 일반적으로 웹 페이지, 이미지 또는 데이터를 포함합니다.

IIFEimmediately-invoked function expression

정의된 지점에서 한 번 호출되는 함수입니다. IIFE(즉시 실행 함수 표현)는 일반적으로 특정 함수나 변수 정의를 숨기기 위해 스코프를 만드는 데 사용됩니다.

ISO 날짜 형식ISO date format

날짜를 서식화하기 위한 국제 표준입니다. 전체 표준은 복잡하지만, 가장 일반적인 형식은 YYYY–MM–DD 로, 네 자리 연도, 두 자리 월, 두 자리 일로 이루어져 있으며, 하이픈으로 구분됩니다.

JSONJavaScript Object Notation

기본값들을 리스트와 키/값 구조로 결합하여 데이터를 표현하는 방법입니다. 이 약어는 "자바스크립트 객체 표기법"을 나타냅니다. XML과 같이 더 잘 정의된 표준과는 달리, JSON은 주석의 구문이나 스키마를 정의하는 방법이 없습니다.

LRU 캐시Least Recently Used cache

최근에 사용되지 않은 항목을 버려서 메모리 요구 사항을 제한하는 캐시입니다.

Makefile

초기 빌드 매니저의 구성 파일입니다.

raise

예외를 생성하여 에러 처리 시스템에 전달함으로써 프로그램에서 예기치 않거나 비정상적인 일이 발생했음을 알리고, 에러 처리 시스템은 이를 포착할 수 있는 지점을 찾으려고 시도합니다.

REPLRead–eval–print loop

사용자가 입력한 명령을 읽고, 실행하고, 결과를 인쇄한 다음 다음 명령을 기다리는 대화형 프로그램입니다. REPL은 새로운 아이디어를 탐색하거나 디버깅할 때 자주 사용됩니다.

SAT 솔버SAT solver

표현식을 참으로 만드는(즉, 표현식을 만족시키는) 부울 변수 집합에 참과 거짓이 할당되어 있는지 여부를 결정하는 라이브러리 또는 애플리케이션입니다.

SHA–1 해시hash

160비트 출력을 생성하는 암호화 해시 함수입니다.

SQL

관계형 데이터베이스에 대한 쿼리를 작성하는 데 사용되는 언어입니다. 이 용어는 원래 구조화된 쿼리 언어의 약자였습니다.

throw(예외)

예외를 발생시키는 또 다른 용어입니다.

ToCToUTime of check/time of use

한 프로세스가 어떤 상태를 확인한 다음 작업을 수행하지만 다른 프로세스가 확인과 작업 사이에 해당 상태를 변경할 수 있는 경쟁 조건입니다.

URLUniform Resource Locator

월드 와이드 웹의 고유 주소입니다. URL은 원래 웹 페이지를 식별하지만, 특히 쿼리 문자열이 포함된 경우 데이터 세트나 데이터베이스 쿼리를 나타낼 수도 있습니다.

UTCCoordinated Universal Time

모든 시간이 정의되는 표준 시간으로, 0° 경도의 시간입니다. UTC는 일광 절약 시간제에 맞춰 조정되지 않습니다. 타임 스탬프는 종종 컴퓨터가 어떤 시간대에 있든 동일하게 유지되도록 UTC로 보고됩니다. UTF–8 유니코드 문자를 나타내는 숫자 코드를 메모리에 저장하는 방법으로, 이전 ASCII 표준과 역호환됩니다. 벡터: 일반적으로 균일한 유형의 값 시퀀스입니다.

watchpoint

변수(또는 더 일반적으로 표현식)의 값이 변경될 때마다 실행을 의심하도록 디버거에 지시하는 명령어입니다.

XML

HTML과 유사한 태그를 정의하고 이를 사용하여 문서(일반적으로 데이터)의 형식을 지정하기 위한 일련의 규칙입니다. XML은 2000년대 초반에 인기가 있었지만, 그 복잡성 때문에 많은 프로그래머들이 대신 JSON 을 채택하게 되었습니다.

YAML

YAML Ain't Markup Language의 줄임말로, JSON의 괄호와 쉼표 대신 들여쓰기를 사용하여 중첩된 데이터 를 표현하는 방법입니다. YAML은 구성 파일에 자주 사용되며 다양한 스타일의 마크다운 문서에 대한 매개 변수를 정의하는 데 사용됩니다.

z-버퍼링 z-buffering

각 픽셀의 '아래'에 있는 것의 깊이를 추적하여 관찰자에 가장 가까운 것을 표시하는 그리기 방법입니다.

가비지 콜렉션 garbage collection

할당되었지만 더 이상 사용되지 않는 메모리를 식별하고 회수하여 재사용하는 프로세스입니다.

가상 머신 virtual machine

컴퓨터인 척하는 프로그램. 다소 중복된 개념처럼 보일 수 있지만, 가상 머신은 빠르게 생성하고 시작할 수 있으며, 가상 머신 내부의 변경 사항은 해당 가상 머신에 포함되어 있으므로 기본 컴퓨터에 영향을 주지 않고도 새 패키지를 설치하거나 완전히 다른 운영 체제를 실행할 수 있습니다.

가져오기 import

모듈에서 프로그램으로 항목을 가져오는 것입니다. 대부분의 언어에서 프로그램은 모듈이 명시적으로 내보낸 항목만 가져올 수 있습니다.

가지치기 prune

트리에서 가지와 노드를 제거하거나 전체 솔루션을 검색할 때 작업을 줄이기 위해 부분적으로 완전한 솔루션을 제외하는 작업입니다.

개방 폐쇄 원칙 Open-Closed Principl

소프트웨어가 확장 가능하게 열려 있지만 수정은 닫혀 있는 것을 나타내는 디자인 원칙입니다. 즉, 기존 코드를 다시 작성하지 않고도 기능을 확장할 수 있어야 합니다.

객체 object

객체 지향 프로그래밍에서 특정 클래스의 인스턴스에 대한 데이터를 포함하는 구조입니다. 객체가 수행할 수 있는 작업은 클래스의 메서드에 의해 정의됩니다.

객체 지향 프로그래밍 (OOP)

함수와 데이터를 객체에 묶어서 상호 작용을 잘 정의된 인터페이스를 통해만 가능하게 하는 프로그래밍 스타일입니다.

검색 경로 search path

프로그램이 무언가를 찾기 위해 검색하는 디렉터리 목록입니다. 예를 들어, 유닉스 셸은 이름이 지정된 프로그램을 찾으려고 할 때 PATH 변수에 저장된 검색 경로를 사용합니다.

게으른 매치 lazy matching

유효한 매치를 찾는 동안 가능한 한 적은 양을 매치시키는 것입니다.

경로 path

파일 시스템 내 위치를 지정하는 문자열입니다. Unix에서 경로의 디렉터리는 /를 사용하여 결합됩니다.

경쟁 상태 race condition

두 개 이상의 동시 작업이 수행되는 순서에 따라 결과가 달라지는 상황.

계약에 의한 설계design by contract

함수가 실행되려면 충족되어야 하는 전제 조건과 반환될 때 보장되는 사후 조건을 지정하는 소프트웨어 설계 스타일입니다. 함수는 더 약한 전제 조건(즉, 더 넓은 입력 집합을 수용) 및/또는 더 강력한 사후 조건(즉, 더 작은 출력 범위를 생성)으로 대체될 수 있습니다.

고정 폭fixed-width

동일한 길이를 갖는 문자열의 집합입니다. 데이터베이스는 저장 및 액세스를 더 효율적으로 만들기 위해 고정 폭 문자열을 자주 사용합니다. 짧은 문자열은 필요한 길이까지 패딩되고 긴 문자열은 자르게 됩니다.

관계형 데이터베이스relational database

정보를 테이블로 구성하는 데이터베이스로, 각 테이블에는 고정된 이름의 필드 세트(열로 표시)와 가변적인 수의 레코드(행으로 표시)가 있습니다.

구조 분해 할당destructuring assignment

데이터 구조에서 값을 언패킹하고 한 문장에서 여러 변수에 할당하는 것입니다.

그래프graph

데이터를 표시하는 플롯이나 차트 또는 노드가 서로 에지로 연결된 데이터 구조입니다.

글로빙globbing

정규 표현식의 단순화된 형식을 사용하여 파일 이름 집합을 지정하는 것으로, 예를 들어 *.dat는 "확장자가 .dat로 끝나는 모든 파일"을 의미합니다. 이름은 "global"에서 유래했습니다.

기능feature

의도적으로 설계 또는 구축된 소프트웨어의 어떤 측면입니다. 버그는 원하지 않는 기능입니다.

기대(예상) 결과expected result

특정한 방식으로 테스트될 때 소프트웨어가 생성해야 하는 값을 나타내거나 시스템을 떠날 때의 상태를 의미합니다.

기본 클래스base class

객체 지향 프로그래밍에서 다른 클래스가 유도되는 클래스입니다.

깊이 우선depth-first

다음으로 이동하기 전에 한 가지 가능성을 끝까지 탐색하는 검색 알고리즘입니다.

내보내기export

모듈 외부에서 보이도록 하는 것으로, 프로그램의 다른 부분이 가져올 수 있도록 합니다. 대부분의 언어에서 모듈은 이름 충돌을 피하기 위해 명시적으로 내보내야 합니다.

내부 함수inner function

다른 (외부)함수 내에서 정의된 함수입니다. 내부 함수를 생성하고 반환하는 것은 클로저를 생성하는 방법 중 하나입니다.

너비 우선breadth first

트리와 같은 중첩된 데이터 구조를 탐색할 때 모든 수준을 탐색한 후 다음 수준으로 이동하는 것이나 각 가능한 해결책의 첫 번째 단계를 검토한 후 각각의 다음 단계를 시도하여 문제를 탐색하는 것입니다.

네임스페이스namespace

프로그램에서 다른 네임스페이스와 격리된 이름의 모음입니다. 프로그램의 각 함수, 객체, 클래스 또는 모듈은 일반적으로 자체 네임스페이스를 갖기 때문에 프로그램의 한 부분에서 "X"에 대한 참조가 다른 부분에서 "X"로 실수로 참조되지 않습니다. 유효 범위는 독립적이지만 관련된 개념입니다.

노드^{node}

그래프의 요소로, 다른 노드와 에지로 연결되어 있는 요소입니다. 노드에는 일반적으로 이름이나 가중치와 같은 데이터가 연결됩니다.

논블로킹 실행^{non-blocking execution}

프로그램이 작업이 진행 중일 때도 계속 실행될 수 있도록 하는 것입니다. 예를 들어, 많은 시스템이 파일 I/O에 대한 비차단 실행을 지원하여 프로그램이 파일 시스템에서 데이터를 읽거나 쓸 때 대기하는 동안 작업을 계속할 수 있습니다(이는 일반적으로 CPU보다 훨씬 느립니다).

누산기^{accumulator}

많은 값을 수집하고/또는 결합하는 변수입니다. 예를 들어, 프로그램이 배열의 값을 모두 더해 result라는 변수에 추가한다면 result는 누적기입니다.

느슨한 결합^{loosely coupled}

소프트웨어 시스템의 구성 요소가 서로 비교적 독립적이며, 한 요소를 변경하거나 대체해도 다른 요소를 변경할 필요가 없는 경우에 해당합니다.

다형성^{polymorphism}

동일한 인터페이스에 대한 다양한 구현이 있는 것을 말합니다. 함수나 객체 집합이 다형성이면 서로 바꿔서 호출할 수 있습니다.

데이터 마이그레이션^{data migration}

데이터를 한 위치나 형식에서 다른 위치나 형식으로 이동하는 것을 말합니다. 이 용어는 데이터를 이전 형식에서 새로운 형식으로 번역하는 것을 의미합니다.

데이터 프레임^{data frame}

메모리에 탭 형식의 데이터를 저장하는 데 사용되는 2차원 데이터 구조입니다. 행은 레코드를 나타내고 열은 필드를 나타냅니다.

데코레이터 패턴^{Decorator pattern}

초기 정의 이후에 함수나 클래스에 추가 기능을 추가하는 디자인 패턴입니다. 데코레이터는 Python의 기능이며 대부분의 다른 언어에서도 구현할 수 있습니다.

동기식^{synchronous}

프로그래밍에서 동기식 작업은 동시에 실행되거나 동시에 완료되어야 하는 작업을 말합니다.

동적 로딩^{dynamic loading}

프로그램이 이미 실행되는 동안 모듈을 프로그램의 메모리로 가져오는 것입니다. 대부분의 해석형 언어는 동적 로딩을 사용하며, 프로그램이 자체를 구성하기 위해 모듈을 동적으로 찾고 로드할 수 있는 도구를 제공합니다.

동적 범위 지정^{dynamic scoping}

조회가 수행될 때 호출 스택에 있는 내용을 살펴본 변수의 값을 찾는 것입니다. 거의 모든 프로그래밍 언어는 보다 예측 가능하기 때문에 대부분 정적 스코핑을 사용합니다.

동적 조회^{dynamic lookup}

프로그램이 실행되는 동안 이름으로 함수나 객체의 속성을 찾는 것입니다. 예를 들어, obj.name을 사용하여 객체의 특정 속성을 가져오는 대신, 프로그램은 obj[someVariable]을 사용할 수 있으며, someVariable은 "name" 또는 다른 속성 이름을 보유할 수 있습니다.

동질적인^{homogeneous}

단일 데이터 유형을 포함하는 것입니다. 예를 들어, 벡터는 동질적이어야 합니다:

드라이버^{driver}

다른 프로그램을 실행하는 프로그램 또는 프로그램의 모든 다른 함수를 제어하는 함수입니다.

디렉터리^{directory}

파일 시스템의 구조로, 파일 및 다른 디렉터리와 같은 다른 구조에 대한 참조를 포함합니다.

디자인 패턴^{design pattern}

소프트웨어 설계에서 반복적으로 나타나는 패턴으로, 이름을 붙일 만큼 구체적이지만, 하나의 최상의 구현을 라이브러리가 제공할 만큼 구체적이지 않습니다.

딕셔너리^{dictionary}

값에 의해 항목을 찾을 수 있도록 하는 데이터 구조로, 때로는 연관 배열이라고도 합니다. 사전은 종종 해시 테이블을 사용하여 구현됩니다.

라이브러리^{library}

설치 가능한 소프트웨어 모음으로, 종종 모듈 또는 패키지라고도 합니다.

라인 주석^{line comment}

프로그램에서 한 줄의 일부를 설명하는 주석으로, 여러 줄에 걸친 블록 주석과 대조됩니다.

레이블^{label}

어셈블리 코드로 프로그램을 작성할 때 특정 메모리 위치에 부여된 사람이 읽을 수 있는 이름입니다.

레이아웃 엔진^{layout engine}

페이지에 텍스트, 이미지 및 기타 요소를 배치하는 소프트웨어입니다.

레지스터^{register}

연산이 직접 참조할 수 있는 프로세서에 내장된 작은 메모리 조각(일반적으로 한 단어 길이)입니다.

레코드^{record}

함께 저장된 관련 값의 그룹입니다. 레코드는 튜플로 표시되거나 테이블의 행으로 표시될 수 있으며, 후자의 경우 테이블의 모든 레코드에는 동일한 필드가 있습니다.

렉시컬 스코핑^{lexical scoping}

프로그램의 텍스트 구조에 따라 이름과 연결된 값을 찾는 것입니다. 대부분의 프로그래밍 언어는 동적 스코핑 대신 렉시컬 스코핑을 사용합니다. 후자는 예측하기 어렵기 때문에 대부분의 경우 렉시컬 스코핑이 선호됩니다.

로그 메시지^{log message}

프로그램이 실행되는 동안 파일에 작성된 상태 보고서 또는 에러 메시지입니다.

로더^{loader}

실행 가능한 코드가 있는 파일을 읽어 메모리에 로드하고 해당 코드를 호출 프로그램에서 사용할 수 있게 하는 함수입니다.

로컬 변수^{local variable}

함수 내에서 정의된 변수로, 해당 함수 내에서만 볼 수 있습니다.

루트^{root}

트리에서 다른 모든 노드가 직접 또는 간접 자식인 노드 또는 이에 상응하는 트리에서 부모가 없는 유일한 노드입니다.

루프 본문^{loop body}

루프에 의해 실행되는 문장입니다.

리스코프 치환 원칙^{Liskov Substitution Principle}

프로그램의 객체를 파생된 클래스의 객체로 대체할 수 있어야 한다는 설계 규칙입니다. 계약에 의한 설계가 이 규칙을 강제하기 위해 사용됩니다.

리스트^{list}

여러 가지 다른 (이질적인) 유형의 값을 포함할 수 있는 벡터입니다.

리터럴^{literal}

프로그램에서 고정된 값을 나타내는 표현입니다. 예를 들어, 숫자 123의 경우 숫자 1230이고 문자 "abc"는 그 세 글자를 포함하는 문자열입니다.

린터^{linter}

소프트웨어에서 일반적인 문제를 확인하는 프로그램으로, 들여쓰기 규칙이나 변수 명명 규칙 위반 등을 확인합니다. 이 이름은 첫 번째 린터 도구인 lint에서 따왔습니다.

링크^{link}

별도로 컴파일된 모듈을 하나의 실행 가능한 프로그램으로 결합하는 것입니다.

마크다운^{Markdown}

HTML의 대체로서 간단한 구문을 가진 마크업 언어입니다.

마크업 언어^{markup language}

텍스트에 주석을 달아 의미를 정의하거나 표시 방법을 지정하는 규칙 세트입니다. 마크업은 일반적으로 표시되지 않으며 대신 기본 텍스트가 어떻게 해석되거나 표시되는지 제어합니다. 마크다운과 HTML은 웹 페이지에 널리 사용되는 마크업 언어입니다.

매개변수^{parameter}

함수 정의에서 지정된 변수로, 함수를 호출할 때 값이 할당됩니다.

매니페스트^{manifest}

완전한 라이브러리 또는 다른 소프트웨어 구성 요소의 정확한 버전을 지정하는 목록입니다.

매크로^{macro}

원래 "매크로 명령어"의 약어로. 프로그램의 일부 텍스트를 사용하기 전에 다른 텍스트로 변환하는 명령입니다.

멀티 스레드^{multi-threaded}

여러 작업을 동시에 수행할 수 있는 기능입니다. 멀티 스레드 프로그램은 보통 단일 스레드 프로그램보다 효율적이지만 이해하고 디버그하기 어렵습니다.

메서드 체이닝^{method chaining}

객체의 메서드가 해당 객체를 반환하여 다른 메서드를 즉시 호출할 수 있는 객체 지향 프로그래밍 스타일입니다. 예를 들어 obj.a().b().c()와 같이 사용됩니다.

메서드^{method}

특정 클래스의 객체를 처리하는 일반 함수의 구현입니다.

명령 집합

특정 프로세서가 직접 실행할 수 있는 기본 작업들입니다.

명령 코드^{op code}

프로세서가 실행할 특정 명령의 숫자 코드입니다.

명령 포인터^{instruction pointer}

프로세서의 특수 레지스터로, 다음에 실행할 명령의 주소를 저장합니다.

명령줄 인수command-line argument

명령줄 프로그램이 실행될 때 전달되는 파일 이름 또는 제어 플래그.

모듈 번들러module bundler

소스 파일의 모든 종속성을 찾아 하나의 로드 가능한 파일로 결합하는 프로그램입니다.

모듈module

재사용 가능한 소프트웨어 패키지로, 종종 라이브러리라고도 합니다.

모의 객체mock object

동작을 쉽게 제어하고 예측할 수 있는 프로그램 일부의 간소화된 대체물입니다. 모의 객체는 유닛 테스트에서 데이터베이스, 웹 서비스 및 기타 복잡한 시스템을 시뮬레이션하는 데 사용됩니다.

문서 주석doc comment

코드 자체에 포함된 코드에 대한 문서화된 설명을 포함하는 특별하게 서식이 있는 주석입니다.

문자 인코딩 Character encoding

문자가 바이트로 저장되는 방식의 명세입니다. 오늘날 가장 일반적으로 사용되는 인코딩은 UTF-8입니다.

문자열 보간string interpolation

일반적으로 출력을 사람이 읽을 수 있도록 하기 위해 지정된 값에 해당하는 텍스트를 문자열에 삽입하는 프로세스입니다.

문학적 프로그래밍literate programming

설명과 코드가 나란히 있는 프로그래밍 패러다임입니다.

밀결합tightly coupled

소프트웨어 시스템의 구성 요소가 서로의 내부에 의존하여 하나가 변경되면 다른 구성 요소도 변경되어야 하는 경우 긴밀하게 결합되어 있다고 합니다.

바이트 코드

해석기에 의해 효율적으로 실행될 수 있도록 설계된 일련의 명령입니다.

방문자 패턴 Visitor pattern

수행해야 할 작업이 데이터 구조의 각 요소로 차례로 이동하는 디자인 패턴입니다. 일반적으로 구조의 요소에 도달하는 방법을 알고 있는 제너레이터 '방문자'가 각 요소에 대해 차례로 호출할 함수나 메서드가 주어지고 특정 작업을 수행하는 방식으로 구현됩니다.

방어적 프로그래밍defensive programming

실수가 발생할 것으로 가정하고 그에 대비하는 프로그래밍 관행의 집합으로, 예를 들어 발생해서는 안 될 상황을 보고하는 assert를 삽입합니다.

버그bug

소프트웨어의 누락되거나 원치 않는 기능입니다.

버전 관리 시스템version control system

소프트웨어가 개발되는 동안 변경된 사항을 관리하는 시스템입니다.

범위scope

프로그램에서 정의를 보고 사용할 수 있는 부분.

베어 객체bare object

특정 클래스의 인스턴스가 아닌 객체입니다.

별칭^{alias}

동일한 객체에 대한 두 번째 또는 그 이후의 참조입니다. 별칭은 유용하지만, 이러한 모든 이름이 동일한 대상을 가리킨다는 것을 기억해야 하는 독자의 인지 부하를 증가시킵니다.

본질적 복잡성^{intrinsic complexity}

모든 해결책이 다뤄야 하는 문제에서 피할 수 없는 복잡성입니다. 이 용어는 우연한 복잡성과 대비하여 사용됩니다.

부모^{parent}

트리에서 다른 노드(자식이라고 함) 위에 있는 노드입니다. 루트 노드를 제외한 트리의 모든 노드에는 하나의 부모가 있습니다.

부울^{Boolean}

논리적인 값으로 참 또는 거짓 중 하나를 가질 수 있는 변수 또는 데이터 유형과 관련이 있습니다. 19세기 수학자인 George Boole의 이름에서 따왔습니다.

부작용^{side effect}

함수가 실행되는 동안 전역 변수를 수정하거나 파일에 쓰는 등 함수가 완료된 후에 볼 수 있는 변경 사항입니다. 부작용은 함수가 호출되는 프로그램 지점에서 그 효과가 반드시 명확하지 않기 때문에 사람들이 프로그램을 이해하기 어렵게 만듭니다.

불변^{immutable}

생성된 후에 변경할 수 없는 데이터입니다. 불변 데이터는 공유 데이터 구조를 고려할 때 생각하기 쉽지만, 더 높은 메모리 요구 사항을 야기할 수 있습니다.

블록 주석^{block comment}

여러 줄에 걸쳐 있는 주석입니다. 블록 주석은 특수한 시작 및 끝 기호로 표시될 수 있습니다. 예를 들어 C 및 이를 계승한 언어에서는 /* 및 */로 표시될 수 있으며, 각 줄은 #와 같은 마커로 접두사를 붙일 수도 있습니다.

비동기식^{asynchronous}

동시에 발생하지 않는 것입니다. 프로그래밍에서 비동기식 작업은 다른 작업과 독립적으로 실행되거나 특정 시점에 시작되고 다른 시점에 종료되는 작업입니다.

비트 연산^{bitwise operation}

메모리의 개별 비트를 조작하는 작업입니다. 일반적인 비트 연산에는 and, or, not, xor 등이 포함됩니다.

비트 하나 또는 이진 숫자(0 또는 1)입니다.

빌드 규칙^{build rule}

파일이 다른 파일에 어떻게 의존하고 있는지 및 해당 파일이 오래되었을 때 어떻게 해야 하는지를 설명하는 빌드 매니저의 사양입니다.

빌드 대상^{build target}

빌드 규칙이 의존성과 비교하여 오래된 경우 업데이트할 파일입니다.

빌드 레시피^{build recipe}

빌드 규칙의 일부로서 오래된 항목을 업데이트하는 방법을 설명합니다.

빌드 매니저^{build manager}

파일이 어떻게 서로 의존하는지 추적하고 파일이 오래되었을 때 명령을 실행하여 업데이트하는 프로그램입니다. 빌드 매니저는 프로그램의 변경된 부분만 컴파일하기 위해 고안되었지만, 이제는 플롯이 결과 파일에, 결과 파일이 원시 데이터 파일이나 구성 파일에 의존하는 워크플로우를 구현하는 데 자주 사용됩니다.

사전 조건pre-condition

함수가 올바르게 작동하기 위해 함수가 실행되기 전에 참이어야 하는 조건입니다. 사전 조건은 함수가 성공적으로 실행되기 위해 함수의 입력에 대해 참이어야 하는 어써션으로 표현되는 경우가 많습니다.

사후 조건post-condition

함수가 성공적으로 실행된 후에 참이 되도록 보장되는 조건. 사후 조건은 종종 함수의 결과가 참이 되도록 보장하는 어써션으로 표현됩니다.

상대 경로relative path

현재 작업 디렉터리와 같이 다른 위치를 기준으로 해석되는 경로입니다. 상대 경로는 "직진", "왼쪽"과 같은 용어를 사용하여 방향을 알려주는 것과 같습니다.

상대적 에러relative error

실제 값과 올바른 값의 차이를 올바른 값으로 나눈 절대값입니다. 예를 들어 실제 값이 9이고 올바른 값이 10인 경우 상대 오차는 0.1입니다. 상대 오차는 일반적으로 절대 오차보다 더 유용합니다.

색인index

데이터베이스의 보조 데이터 구조로, 일부 항목의 검색을 가속화하는 데 사용됩니다. 색인은 메모리 및 디스크 요구 사항을 증가시키지만 검색 시간을 줄입니다.

샌드박스sandbox

프로덕션 시스템과 분리된 테스트 환경 또는 보안상의 이유로 제한된 일련의 작업만 수행하도록 허용된 환경입니다.

생성자constructor

특정 클래스의 객체를 생성하는 함수입니다.

서명signature

함수 또는 함수 집합의 호출 인터페이스를 특징짓는 매개변수 집합(유형 또는 의미 포함)입니다. 동일한 서명을 가진 두 함수는 서로 바꿔서 호출할 수 있습니다.

서버server

일반적으로 요청 시 클라이언트에 데이터를 제공하는 데이터베이스 관리자 또는 웹 서버와 같은 프로그램입니다.

셸 변수

Unix 셸에서 설정되고 사용되는 변수입니다. 일반적으로 사용되는 셸 변수에는 HOME(사용자의 홈 디렉터리) 및 PATH(검색 경로)가 포함됩니다.

셸shell

사용자가 운영 체제와 상호 작용할 수 있는 명령줄 인터페이스.

소스 맵

코드 조각을 원래 소스의 줄로 다시 번역하는 데 사용되는 테이블입니다.

속성attribute

객체와 연결된 이름–값 쌍으로, 객체에 대한 메타데이터.

수명주기lifecycle

어떤 것이 지나야 하는 또는 지나야만 하는 단계입니다. 객체의 수명주기는 생성부터 파괴까지의 동작이 포함됩니다.

순환 의존성circular dependency

X가 Y에 의존하고 Y가 X에 의존하는 상황입니다. 직접적이거나 간접적이든 상관없이 해당하는 경우, 종속

성 그래프가 비순환적이지 않습니다.

순환^{cycle}

그래프에서 노드에서 자기 자신으로 돌아오는 링크의 집합입니다.

순회^{walk}

트리의 각 노드를 일정한 순서로 방문하는 것. 일반적으로 깊이 우선 또는 너비 우선으로 수행됩니다.

스코어링 함수^{scoring function}

문제에 대한 해결책이 얼마나 좋은지 측정하거나 추정하는 함수.

스코프 크리프^{scope creep}

프로젝트 시작 후 프로젝트의 목표가 느리지만 꾸준히 증가하는 현상.

스키마^{schema}

각 테이블의 이름, 형식 및 내용을 포함한 데이터 세트의 형식에 대한 사양입니다.

스택 프레임^{stack frame}

특정 함수에 대한 단일 호출의 세부 정보를 기록하는 호출 스택의 섹션입니다.

스트리밍 API^{streaming API}

데이터를 한 번에 모두 메모리에 로드하지 않고, 조각 단위로 처리하는 API입니다. 스트리밍 API에는 일반적으로 '데이터 시작', '다음 블록', '데이터 종료'와 같은 이벤트에 대한 핸들러가 필요합니다.

스트림^{stream}

네트워크 연결을 통해 도착하는 비트 또는 파일에서 읽은 바이트와 같은 데이터의 순차적 흐름입니다.

슬러그^{slug}

페이지의 URL을 고유하게 식별하는 축약된 부분입니다. https://www.mysite.com/category/post-name 예제에서 슬러그는 포스트 네임입니다.

시드^{seed}

의사 난수 생성기를 초기화하는 데 사용되는 값입니다.

시맨틱 버전 관리^{semantic versioning}

소프트웨어 릴리스를 식별하기 위한 표준입니다. 버전 식별자 major.minor.patch에서 새 버전의 소프트웨어가 이전 버전과 호환되지 않는 경우 메이저 변경, 기존 버전에 새로운 기능이 추가되는 경우 마이너 변경, 작은 버그가 수정되는 경우 패치가 변경됩니다.

실제 결과^{actual result}

테스트에서 코드를 실행하여 생성된 값입니다. 이 값이 기대한 결과와 일치하면 테스트가 통과되고, 두 값이 다르면 테스트가 실패합니다.

실패^{fail}

실제 결과가 예상 결과와 일치하지 않는 경우 테스트가 실패합니다.

실행 가능한 문서^{runnable documentation}

어설션이나 유형 선언과 같이 정확성을 확인하기 위해 실행할 수 있는 코드에 대한 설명문입니다.

싱글 스레드^{single-threaded}

한 번에 한 가지 작업만 수행할 수 있는 프로그램 실행 모델입니다. 싱글 스레드 실행은 사람들이 이해하기 쉽지만 멀티 스레드 실행에 비해 효율성이 떨어집니다.

싱글톤 패턴^{Singleton pattern}

데이터베이스나 캐시와 같은 리소스나 서비스를 관리하기 위해 싱글톤 객체를 만드는 디자인 패턴입니다.

객체 지향 프로그래밍에서 이 패턴은 일반적으로 클래스의 생성자를 어떤 식으로든 숨겨서 한 번만 호출할 수 있도록 구현됩니다.

싱글톤

요소가 하나만 있는 집합 또는 인스턴스가 하나만 있는 클래스.

암호화 해시 함수cryptographic hash function

임의의 입력에 대해 외부적으로 무작위로 보이는 값을 생성하는 해시 함수.

어댑터 패턴 Adapter pattern

매개변수를 재배치하거나 추가 값이 제공되거나 다른 작업을 수행하여 한 함수가 다른 함수에 의해 호출될 수 있도록 하는 설계 패턴입니다.

어써션assertion

프로그램의 특정 지점에서 반드시 참이어야 하는 부울 표현식입니다. 어설션은 언어에 내장될 수 있습니다.

어셈블러assembler

어셈블리 코드로 작성된 소프트웨어를 기계 명령어로 변환하는 컴파일러입니다.

어셈블리 코드assembly code

특정 종류의 프로세서의 실제 명령어 집합과 밀접하게 대응되는 저수준 프로그래밍 언어입니다.

에러 처리error handling

프로그램이 에러를 감지하고 수정하는 데 사용하는 방법을 의미합니다. 예를 들어, 메시지를 출력하고 사용자 지정 구성을 찾을 수 없는 경우 기본 구성을 사용하는 등이 있습니다.

에러error

시스템이 테스트되는 동안 테스트 자체에서 문제가 발생할 때 나타납니다. 이 경우에는 시스템의 정확성에 대해 알 수 없습니다.

에지 케이스edge case

시스템이 극한으로 밀려나거나 특이한 상황에서만 발생하는 문제를 의미합니다. 때로는 코너 케이스라고도 합니다. 보편적으로 사용되는 프로그램은 엣지 케이스를 처리해야 하지만, 이를 처리하는 것은 프로그램을 훨씬 복잡하게 만들 수 있습니다.

에지edge

그래프에서 두 노드를 연결하는 선. 에지에는 이름이나 거리와 같은 데이터가 연결될 수 있습니다.

엘리먼트element

HTML 또는 XML 문서의 명명된 구성 요소입니다. 요소는 일반적으로 〈name〉...〈/name〉과 같이 작성되며, "..."은 요소의 내용을 나타냅니다. 요소에는 종종 속성이 있습니다.

역어셈블러disassembler

기계 명령을 어셈블리 코드 또는 다른 고수준 언어로 번역하는 프로그램입니다.

연관 배열associative array

딕셔너리dictionary 항목을 참조하세요.

연산 우선 순위precedence

연산의 우선 처리 순서를 나타냅니다. 예를 들어, 곱셈은 덧셈보다 우선 순위가 높기 때문에, a+bc는 "a와 bc의 곱을 더한 값"으로 해석됩니다.

열 우선 저장column-major storage

2차원 배열의 각 열을 하나의 메모리 블록으로 저장하여 동일한 행의 요소가 멀리 떨어져 있도록 하는 것입니다.

예외 처리^{exception handler}

예외가 잡힌 후 처리되는 코드 조각입니다. 예를 들어, 메시지를 기록하거나 실패한 작업을 다시 시도하거나 대체 작업을 수행할 수 있습니다.

예외^{exception}

프로그램에서 에러나 다른 예외적인 이벤트에 대한 정보를 저장하는 객체입니다. 프로그램의 한 부분에서는 예기치 않은 일이 발생했음을 신호하기 위해 예외를 생성하고 발생시키고, 다른 부분에서는 이를 처리합니다.

오래된^{stale}

전제 조건에 비해 오래된 상태. 빌드 매니저의 임무는 오래된 것을 찾아서 업데이트하는 것입니다.

오프 바이 원 에러^{off-by-one error}

프로그래밍에서 흔히 발생하는 에러로, 프로그램이 구조의 i번째 요소를 참조해야 할 때 i-1 또는 i+1 요소를 참조하거나, N개의 요소를 처리해야 할 때 N-1 또는 N+1개의 요소를 처리합니다.

우발적 복잡성^{accidental complexity}

부적절한 설계 선택으로 인해 도입된 추가 (피할 수 있는) 복잡성입니다. 이 용어는 본질적 복잡성과 대조적으로 사용됩니다.

운영 체제^{operating system}

특정 하드웨어에 대한 표준 인터페이스를 제공하는 프로그램입니다. 이론적으로, 운영 체제와만 상호 작용하는 프로그램은 해당 운영 체제가 실행되는 모든 컴퓨터에서 실행될 수 있어야 합니다.

워드^{word}

특정 프로세서가 가장 자연스럽게 작동하는 메모리 단위. 바이트는 고정된 크기(8비트)이지만, 단어는 프로세서에 따라 16비트, 32비트 또는 64비트의 길이가 될 수 있습니다.

위상 정렬^{topological order}

그래프에서 가장자리의 방향을 존중하는 노드의 모든 순서. 즉 노드 A에서 노드 B로 가는 가장자리가 있는 경우 순서에서 A가 B보다 앞에 오는 것을 말합니다. 특정 그래프의 위상적 순서는 여러 가지가 있을 수 있습니다.

유니코드^{Unicode}

수천 개의 문자와 기호에 대한 숫자 코드를 정의하는 표준입니다. 유니코드는 이러한 숫자가 저장되는 방식을 정의하지 않으며, 이는 UTF-8과 같은 표준에 의해 수행됩니다.

유닛 테스트^{unit test}

소프트웨어의 한 가지 기능이나 특징을 실행하여 합격, 불합격 또는 에러를 생성하는 테스트입니다.

유한 상태 기계^{finite state machine (FSM)}

계산의 상태를 나타내는 노드와 이러한 상태 사이의 이동 방법을 보여주는 화살표로 구성된 방향 그래프로 구성된 계산의 이론적 모델입니다. 모든 정규 표현식은 유한 상태 기계에 해당합니다.

유향 그래프^{directed graph}

에지에 방향이 있는 그래프입니다.

응용 프로그래밍 인터페이스^{Application Programming Interface(API)}

특정 종류의 기계에서 작동하기 위해 소프트웨어가 가져야 하는 하위 수준의 레이아웃입니다.

응용 프로그램 이진 인터페이스^{Application Binary Interface(ABI)}

소프트웨어 라이브러리 또는 웹 서비스에서 제공하는 다른 소프트웨어가 호출할 수 있는 일련의 함수들입니다.

의사 난수 생성기^{pseudo-random number Generator(PRNG)}

의사 난수를 생성할 수 있는 함수입니다.

의사 난수^{pseudo-random number}

관찰자를 속일 수 있을 만큼 우주의 실제 무작위성과 매우 유사한 반복 가능한 방식으로 생성된 값입니다.

의존(종속)성 그래프^{dependency graph}

다양한 것들이 서로 어떻게 의존하는지를 보여주는 방향 그래프로, 빌드 매니저에 의해 업데이트되는 파일 등을 포함합니다. 의존성 그래프가 비순환적이지 않으면 의존성을 해결할 수 없습니다.

의존(종속)성^{dependency}

전제 조건이 책 초입부에 나온 것을 의미하는지 참조하세요.

이름 충돌^{name collision}

프로그램에서 같은 이름을 가진 두 개 이상의 요소가 동시에 활성화될 때 발생하는 모호성입니다. 대부분의 언어는 이러한 충돌을 방지하기 위해 네임스페이스를 사용합니다.

이벤트 루프^{event loop}

프로그램에서 동시 작업을 관리하기 위한 메커니즘입니다. 작업은 큐의 항목으로 나타내어지며, 이벤트 루프는 반복적으로 큐의 맨 앞에서 항목을 가져와 실행하고, 생성된 다른 작업을 나중에 실행하기 위해 큐의 뒤에 추가합니다.

이지 모드^{easy mode}

게임 용어를 차용한 용어로, 장애물이나 어려움이 간소화되거나 제거된 상태로 무언가를 수행하는 것을 의미하며, 종종 연습 목적으로 사용됩니다.

이진^{binary}

두 가지 가능한 상태를 가질 수 있는 시스템으로, 보통 0과 1 또는 참과 거짓으로 표현됩니다.

이질적인^{heterogeneous}

혼합 데이터 유형을 포함하는 것입니다. 예를 들어, 자바스크립트의 배열에는 숫자, 문자열 및 다른 유형의 값이 혼합될 수 있습니다.

이터레이터 패턴^{iterator pattern}

임시 객체나 제너레이터 함수가 각 값을 순서대로 생성하여 처리하는 설계 패턴입니다. 이 패턴은 모든 종류의 데이터 구조 사이의 차이점을 숨겨서 모든 것이 루프를 사용하여 처리될 수 있도록 합니다.

익명 함수^{anonymous function}

이름이 지정되지 않은 함수입니다. 익명 함수는 일반적으로 매우 짧으며, 일반적으로 사용되는 곳에서 정의됩니다. 예를 들어, 파이썬에서는 람다 함수라고하며 lambda 예약어를 사용하여 생성됩니다.

인스턴스^{instance}

특정 클래스의 객체입니다.

인자^{argument}

함수를 호출할 때 전달되는 값입니다.

인지적 부하^{cognitive load}

동시에 수행되는 일련의 작업을 수행하는 데 필요한 작업 메모리 양입니다.

인터프리터 언어^{interpreted language}

컴퓨터에 직접적으로 실행되지 않고, 대신 프로그램 명령을 즉석에서 기계 명령으로 번역하는 해석기에 의해 실행되는 고수준 언어입니다.

인터프리터^{interpreter}

고수준 해석형 언어로 작성된 프로그램을 실행하는 것이 그 역할입니다. 해석기는 상호적으로 실행될 수 있지만 파일에 저장된 명령도 실행할 수 있습니다.

일반 함수^{generic function}

비슷한 목적을 가진 함수 모음으로, 각 함수가 다른 데이터 클래스를 처리합니다.

자기검사^{introspection}

프로그램이 실행되는 동안 자체를 검사하는 것입니다. 일반적인 예로는 제네릭 객체의 특정 클래스를 결정하거나, 사전에 알려지지 않은 객체의 필드를 가져오는 것이 있습니다.

자동 변수^{automatic variable}

빌드 규칙에서 자동으로 값을 할당받는 변수입니다. 예를 들어, Make는 규칙의 대상 이름을 자동 변수 $@에 자동으로 할당합니다. 자동 변수는 패턴 규칙을 작성할 때 자주 사용됩니다.

자식 클래스^{child class}

객체 지향 프로그래밍에서 다른 클래스(부모 클래스라고 함)에서 파생된 클래스입니다.

자식^{child}

다른 노드(부모라고 함) 아래에 있는 트리의 노드입니다.

전역 변수^{global variable}

특정 함수나 패키지 네임스페이스 외부에서 정의된 변수로, 모든 함수에서 볼 수 있습니다.

전이적 폐쇄^{transitive closure}

그래프에서 시작 노드에서 직접 또는 간접적으로 도달할 수 있는 모든 노드의 집합입니다.

전제 조건^{prerequisite}

빌드 타깃이 의존하는 요소를 의미합니다.

절대 경로^{absolute path}

파일 시스템에서 위치와 관계없이 동일한 위치를 가리키는 경로입니다. 절대 경로는 지리학에서 위도와 경도와 같은 것입니다.

절대 오차^{absolute error}

관찰된 값과 올바른 값 사이의 차이의 절대값입니다. 절대 오차는 일반적으로 상대 오차보다는 적용성이 낮습니다.

정규식^{regular expression}

텍스트를 일치시키기 위한 패턴으로, 텍스트 자체로 작성됩니다. 정규식은 'regexp', 'regex' 또는 'RE'라고도 불리며 텍스트 작업을 위한 강력한 도구입니다.

정적 사이트 생성기^{static site generator}

템플릿과 콘텐츠로 HTML 페이지를 만드는 소프트웨어 도구입니다.

정형^{well formed}

형식 문법의 규칙을 따르는 텍스트를 잘 형성된 텍스트라고 합니다.

제너레이터 함수^{generator function}

값 반환 시 상태가 자동으로 저장되어 다음 호출 때 해당 지점에서 실행을 다시 시작할 수 있는 함수입니다. 제너레이터 함수의 사용 예로는 for 루프에 의해 처리될 수 있는 값 스트림을 생성하는 것이 있습니다.

조인^{join}

일반적으로 한 테이블의 키와 다른 테이블의 키를 매핑하여 두 테이블을 결합하는 작업입니다.

조합 폭발^{combinatorial explosion}

일련의 항목들의 모든 가능한 조합을 탐색해야 할 때 발생하는 문제나 그 문제를 해결하는 데 필요한 시간의 기하급수적 증가.

주석^{comment}

코드로 실행되지 않고 코드가 무엇을 하는지 설명하는 텍스트입니다. 이들은 주로 #로 시작하는 짧은 메모입니다.

중단점^{breakpoint}

디버거에게 특정 지점(**데**: 특정 라인)에 도달할 때 실행을 일시 중지하도록 지시하는 명령입니다.

중첩 함수^{nested function}

다른 함수 내에서 정의된 함수입니다.

진입점^{entry point}

프로그램이 실행을 시작하는 곳입니다.

책임 사슬 패턴^{Chain of Responsibility pattern}

각 객체가 요청을 처리하거나 다른 객체로 전달하는 디자인 패턴입니다.

추상 구문 트리^{(AST)abstract syntax tree}

프로그램의 구조를 나타내는 깊게 중첩된 데이터 구조 또는 트리입니다. 예를 들어, AST에는 while 루프를 나타내는 노드가 있고 루프 조건을 나타내는 하위 노드와 루프 본문을 나타내는 다른 하위 노드가 있을 수 있습니다.

추상 메서드^{abstract method}

객체 지향 프로그래밍에서 정의되었지만 구현되지 않은 메서드입니다. 프로그래머는 추상 메서드를 부모 클래스에서 정의하여 자식 클래스가 제공해야 하는 작업을 지정합니다.

충돌^{collision}

프로그램이 메모리의 동일한 위치에 두 항목을 저장하려고 시도하는 상황입니다. 예를 들어, 해시 함수가 두 가지 다른 항목에 대해 동일한 해시 코드를 생성할 때 충돌이 발생합니다.

캐시^{cache}

데이터의 사본을 저장하여 미래에 대한 요청을 더 빠르게 처리할 수 있도록 하는 것입니다. 컴퓨터의 CPU는 최근에 액세스한 값을 보유하기 위해 하드웨어 캐시를 사용하며, 많은 프로그램은 네트워크 트래픽과 지연 시간을 줄이기 위해 소프트웨어 캐시를 사용합니다. 캐시에서 언제 무언가가 오래되었고 교체해야 하는지를 알아내는 것은 컴퓨터 과학의 두 가지 난제 중 하나입니다.

캐싱^{caching}

로컬 캐시에 데이터의 사본을 저장하여 미래에 대한 액세스를 더 빠르게 만드는 것입니다.

캡슐화^{encapsulate}

데이터를 어떤 종류의 구조 안에 저장하여 해당 구조를 통해서만 액세스할 수 있도록 하는 것을 의미합니다.

커플링^{coupling}

두 클래스, 모듈 또는 다른 소프트웨어 구성 요소 사이의 상호 작용의 정도입니다. 시스템 구성 요소가 느슨하게 결합되어 있다면 한 요소의 변경이 다른 요소에 영향을 미치지 않을 것입니다. 결합이 강하면 변경 사항이 다른 곳에서 변경을 요구하게 되어 유지 관리와 진화를 복잡하게 만듭니다.

컴파일 언어^{compiled language}

기계 명령어로 번역되어 실행되는 C 또는 포트란과 같은 언어입니다. 자바와 같은 언어는 실행 전에 컴파일되지만 기계 명령어 대신 바이트 코드로 번역됩니다. 반면 자바스크립트와 같은 해석되는 언어는 실행 중에 바이트 코드로 컴파일됩니다.

컴파일^{compile}

텍스트 소스를 다른 형식으로 번역하는 것입니다. 컴파일된 언어의 프로그램은 컴퓨터에서 실행될 기계 명령어로 번역되고, Markdown은 일반적으로 표시를 위해 HTML로 번역됩니다.

컴파일러^{compiler}

일부 언어로 작성된 프로그램을 기계 명령어나 바이트 코드로 번역하는 응용 프로그램입니다.

컴퓨터 과학의 두 가지 난제

컴퓨터 과학에는 캐시 무효화와 사물의 이름 지정이라는 두 가지 어려운 문제만 있다"는 필 칼튼의 말을 인용한 말입니다. 많은 변형에서는 오프 바이 원 에러와 같은 세 번째 문제를 농담처럼 추가합니다.

코너 케이스^{corner case}

엣지 케이스의 다른 이름입니다.

코드 커버리지^{code coverage}

테스트가 실행될 때 라이브러리 또는 프로그램의 얼마나 많은 부분이 실행되는지입니다. 일반적으로 코드 줄의 백분율로 보고됩니다.

콘솔^{console}

사용자가 명령을 입력할 수 있는 컴퓨터 터미널 또는 그런 장치를 시뮬레이션하는 셸과 같은 프로그램입니다.

콜백 함수^{callback function}

다른 함수 B에 전달되어 B가 나중에 그것을 호출할 수 있도록 하는 함수 A입니다. 콜백은 동기적으로 사용될 수도 있습니다. 예를 들어, 요소 콜렉션에서 각 요소에 대해 한 번씩 콜백 함수를 호출하는 map과 같은 일반 함수에서와 같이, 비동기적으로 사용될 수도 있습니다. 예를 들어, 요청에 대한 응답으로 받은 응답에 대해 클라이언트가 콜백을 실행하는 경우입니다.

쿼리 셀렉터^{query selector}

DOM 노드 집합을 지정하는 패턴입니다. 쿼리 선택기는 CSS에서 규칙이 적용되는 요소를 지정하거나 자바 스크립트 프로그램에서 웹 페이지를 조작하는 데 사용됩니다.

쿼리 스트링^{query string}

URL에서 물음표(?) 뒤에 오는 부분으로, HTTP 요청에 대한 추가 매개변수를 이름—값 쌍으로 지정합니다.

클라이언트^{client}

서버에서 데이터를 가져와 사용자에게 표시하거나 상호 작용하는 웹 브라우저와 같은 프로그램입니다. 이 용어는 일반적으로 다른 프로그램 B에 대한 요청을 만드는 프로그램 A를 지칭하는 데 더 널리 사용됩니다. 단일 프로그램은 클라이언트 및 서버가 될 수 있습니다.

클래스^{class}

객체 지향 프로그래밍에서 데이터와 작업(메서드)을 결합하는 구조입니다. 프로그램은 생성자를 사용하여 해당 속성과 메서드를 가진 개체를 생성합니다. 프로그래머는 일반적 또는 재사용 가능한 동작을 부모 클래스에 넣고, 자식 클래스에는 더 구체적인 동작을 넣습니다.

클로저^{closure}

동일한 스코프에 정의된 변수 세트로, 해당 스코프가 종료된 후에도 그 존재가 유지되는 것입니다.

키^{key}

레코드를 테이블이나 데이터 집합 내에서 고유하게 식별하는 필드 또는 필드의 조합입니다. 키는 특정 레코드를 선택하거나 결합에 사용됩니다.

타임스탬프^{timestamp}

무언가를 만들거나 액세스한 시간을 보여주는 디지털 식별자입니다. 타임스탬프는 이식성을 위해 ISO 날짜 형식을 사용해야 합니다.

타입 선언^{type declaration}

변수나 값이 특정 데이터 유형을 가지고 있음을 나타내는 프로그램 내 선언문입니다. 자바와 같은 언어에서는 모든 변수에 대해 유형 선언이 필요하지만, 타입스크립트와 파이썬에서는 선택 사항이며 순수 자바스크립트에서는 허용되지 않습니다.

탐색적 프로그래밍^{exploratory programming}

소프트웨어가 작성되는 동안 요구 사항이 나타나거나 변경되는 소프트웨어 개발 방법론입니다. 이는 종종 초기 실행 결과에 대한 응답으로 발생합니다.

탐욕 알고리즘^{greedy algorithm}

가능한 한 많은 입력을 가능한 한 빨리 사용하는 알고리즘입니다.

탐욕적 매치^{eager matching}

가능한 한 빨리 가능한 한 많이 일치시키는 것입니다.

태그가 지정된 데이터^{tagged data}

한 부분은 유형을 식별하고 다른 부분은 값을 구성하는 비트를 저장하는 두 부분으로 구성된 구조로 데이터를 저장하는 기법입니다.

탭 완성^{tab completion}

대부분의 REPL, 셸 및 프로그래밍 편집기에서 구현되는 기술로, 탭 키를 누를 때 명령, 변수 이름, 파일 이름 또는 기타 텍스트를 완성하는 기술입니다.

테스트 대상^{test subject}

테스트 대상 시스템(SUT)이라고도 하는 테스트 대상.

테스트 러너^{test runner}

소프트웨어 테스트를 찾아서 실행하고 그 결과를 보고하는 프로그램.

테스트 주도 개발^{test-driven development(TDD)}

목표를 명확히 하기 위해 새로운 기능을 추가하거나 버그를 수정하기 전에 테스트를 작성하는 프로그래밍 관행입니다.

테스트 하네스^{test harness}

다른 프로그램이나 함수 집합을 테스트하기 위해 작성된 프로그램으로, 일반적으로 성능을 측정하기 위해 작성됩니다.

테이블^{table}

관계형 데이터베이스 또는 데이터 프레임의 레코드 집합입니다.

템플릿 메서드 패턴^{Template Method pattern}

부모 클래스가 자식 클래스가 구현해야 하는 추상 메서드를 호출하여 전체적인 작업 순서를 정의하는 디자인 패턴입니다. 그런 다음 각 자식 클래스는 동일한 일반적인 방식으로 동작하지만 각 단계를 다르게 구현합니다.

토큰^{token}

변수 이름이나 숫자와 같이 파서를 위한 분할할 수 없는 텍스트 단위입니다. 토큰을 구성하는 정확한 내용은 언어에 따라 다릅니다.

통과(테스트)

실제 결과가 예상 결과와 일치하면 테스트가 통과됩니다.

튜링 머신^{Turing Machine}

정해진 규칙표에 따라 무한대의 테이프에 있는 기호를 조작하는 이론적 계산 모델입니다. 알고리즘으로 표현할 수 있는 모든 계산은 튜링 머신으로 수행할 수 있습니다.

튜플^{tuple}

빨강–초록–파랑 색상 사양의 세 가지 색상 구성 요소와 같이 고정된 개수의 부분을 가진 값입니다.

트리

루트를 제외한 모든 노드가 정확히 하나의 부모를 갖는 그래프.

파생 클래스^{derived class}

객체 지향 프로그래밍에서 기본 클래스의 직접 또는 간접적인 확장입니다.

파서^{parser}

무언가의 텍스트 표현을 데이터 구조로 변환하는 소프트웨어입니다. 예를 들어, YAML 구문 분석기는 들여쓰기된 텍스트를 읽고 중첩된 목록과 개체를 생성합니다.

파이프^{pipe}

한 계산의 출력을 다음 계산의 입력으로 사용하거나 데이터 전송을 담당하는 두 계산 간의 연결을 사용합니다. 파이프는 유닉스 셸에 의해 대중화되었으며, 현재 다양한 프로그래밍 언어와 시스템에서 사용되고 있습니다.

파이프(유닉스 셸에서)^{pipe}

한 명령의 출력을 다음 명령의 입력으로 만드는 데 사용되는 |입니다. '|'는 하나의 명령어의 출력을 다음 명령어의 입력으로 만드는 데 사용됩니다.

파일 시스템^{filesystem}

파일이 어떻게 저장되고 검색되는지를 관리하는 운영 체제의 일부입니다. 또한 모든 파일과 디렉터리 또는 그들이 저장되는 구체적인 방식을 나타내는 데 사용됩니다(**예**: Unix 파일 시스템).

파일 이름 확장자^{filename extension}

파일 이름의 마지막 부분으로, 일반적으로 '.' 기호 뒤에 옵니다. 파일 이름 확장자는 파일의 내용 유형을 나타내는 데 자주 사용되지만, 이것이 정확한지는 보장되지 않습니다.

패드^{pad}

문자열의 길이를 필요한 길이로 만들기 위해 추가 문자를 추가하는 것입니다.

패치^{patch}

파일 집합에 대한 일련의 변경 사항이 포함된 단일 파일로, 각 개별 변경 사항이 적용되어야 하는 위치를 나타내는 마커로 구분되어 있습니다.

패키지^{package}

코드, 데이터, 문서의 모음으로, 배포하고 재사용할 수 있습니다. 어떤 언어에서는 라이브러리 또는 모듈로도 참조됩니다.

패턴 규칙^{pattern rule}

이름이 패턴과 일치하는 모든 파일을 업데이트하는 방법을 설명하는 일반 빌드 규칙입니다. 패턴 규칙은 종종 자동 변수를 사용하여 실제 파일 이름을 나타냅니다.

폐기^{deprecation}

함수, 메서드 또는 클래스가 존재하지만 더 이상 권장되지 않는 것을 나타냅니다.

폴더

디렉터리에 대한 다른 용어입니다.

표준 에러standard error

일반적으로 에러를 보고하는 데 사용되는 프로세스에 대해 미리 정의된 커뮤니케이션 채널입니다.

표준 입력standard input

프로세스에 대해 미리 정의된 통신 채널로, 일반적으로 키보드 또는 파이프의 이전 프로세스에서 입력을 읽는 데 사용됩니다.

표준 출력standard output

일반적으로 화면이나 파이프의 다음 프로세스로 출력을 보내는 데 사용되는 프로세스에 대한 미리 정의된 통신 채널입니다.

프로미스promise

지연 또는 비동기 계산의 결과를 나타내는 방법입니다. 프로미스는 최종적으로 계산될 값의 자리 표시자로, 값을 사용할 수 있게 되기 전에 값을 읽으려는 시도는 차단되고 계산이 완료된 후 이러한 시도는 일반 읽기처럼 작동합니다.

프로미스화promisification

자바스크립트에서 콜백 함수를 균일한 비동기 실행을 위해 약속으로 감싸는 행위.

프로세스process

실행 중인 프로그램에 대한 운영 체제의 표현. 프로세스에는 일반적으로 약간의 메모리, 프로세스를 실행하는 사용자의 신원, 파일을 열기 위한 일련의 연결이 있습니다.

프로토콜protocol

두 소프트웨어의 상호 작용 방식을 지정하는 모든 표준. HTTP와 같은 네트워크 프로토콜은 월드와이드웹에서 클라이언트와 서버가 주고받는 메시지를 정의하며, 객체 지향 프로그램은 서로 다른 클래스의 객체 간 상호 작용을 위한 프로토콜을 정의하는 경우가 많습니다.

플러그인 아키텍처plugin architecture

메인 프로그램이 대부분의 작업을 수행하는 작은 독립 모듈을 로드하고 실행하는 애플리케이션 디자인 스타일입니다.

플루언트 인터페이스fluent interface

메서드가 다른 메서드를 즉시 호출할 수 있도록 객체 지향 프로그래밍의 스타일입니다.

픽스처Fixture

테스트가 실행되는 대상입니다. 예를 들어, 테스트되는 함수의 매개변수 또는 처리되는 파일입니다.

필드field

단일 값을 포함하는 레코드의 구성 요소입니다. 데이터베이스 테이블의 모든 레코드는 동일한 필드를 갖습니다.

필터filter

동사로, 레코드 집합(즉, 테이블의 행)을 해당 값에 따라 선택하는 것입니다. 명사로, 파일이나 표준 입력에서 텍스트 줄을 읽어들이고 (필터링과 같은) 일부 작업을 수행 한 다음 파일이나 표준 출력에 작성하는 명령줄 프로그램입니다.

하위 호환성backward-compatible

시스템의 속성으로, 이전 레거시 시스템과의 상호 운용성 또는 해당 시스템을 위해 설계된 입력과의 상호 운용성을 활성화합니다.

해시 코드^{hash code}

해시 함수에서 생성된 값입니다. 좋은 해시 코드는 충돌 빈도를 줄이기 위해 랜덤 숫자와 같은 속성을 갖습니다.

해시 테이블^{hash table}

각 값에 대해 유사한 무작위 키(위치)를 계산하고 해당 위치에 값을 저장하는 데이터 구조입니다. 해시 테이블을 사용하면 임의의 데이터에 대한 빠른 조회가 가능합니다. 이는 해시 함수가 두 개의 다른 값에 대해 동일한 키를 반환할 수 있는 데이터 충돌 가능성을 피하기 위해 항상 저장할 정보 양보다 큰 해시 테이블이어야 하기 때문에 추가 메모리 비용이 발생합니다.

해시 함수^{hash function}

임의의 데이터를 고정 크기의 비트 배열 또는 키로 변환하는 함수입니다. 해시 함수는 데이터를 해시 테이블에 저장할 위치를 결정하는 데 사용됩니다.

핸들러^{handler}

특정 이벤트를 처리하는 콜백 함수로, 사용자가 버튼을 클릭하거나 파일에서 새 데이터를 받는 경우 등이 있습니다.

행 우선 저장소^{row-major storage}

2차원 배열의 각 행을 하나의 메모리 블록으로 저장하여 같은 열에 있는 요소들이 멀리 떨어져 있도록 합니다.

헤더 파일^{header file}

C 및 C++에서 실행 가능한 코드를 포함하지 않고 상수와 함수 시그니처를 정의하는 파일입니다. 헤더 파일은 컴파일러가 올바른 코드를 생성할 수 있도록 다른 파일에 정의된 내용을 알려줍니다.

현재 작업 디렉터리^{current working directory}

프로그램이 작동하는 폴더 또는 디렉터리 위치입니다. 프로그램에서 수행되는 모든 작업은 이 디렉터리를 기준으로 합니다.

호출 스택^{call stack}

실행 중인 활성 서브루틴에 대한 정보를 저장하는 데이터 구조입니다.

확증 편향^{confirmation bias}

자신이 옳다는 증거를 찾는 경향이 있는 것으로, 왜 틀렸을 수도 있는지를 찾는 대신에 그렇게 합니다.

휴리스틱^{heuristic}

보통 원하는 결과를 얻을 수는 없지만, 일반적으로 그렇게 됩니다.

희소 행렬^{sparse matrix}

대부분의 값이 0(또는 다른 값)인 행렬입니다. 프로그램에서는 동일한 값의 복사본을 많이 저장하는 대신 '흥미로운' 값만 저장하는 특수 데이터 구조를 사용하는 경우가 많습니다.

참고 문헌

[Binkley2012] 데이브 빙클리, 마르시아 데이비스, 던 로리, 조나단 I. 말레틱, 크리스토퍼 모렐, 보니타 샤리프. "The Impact of Identifier Style on Effort and Comprehension". ESE 18.2 (2012). doi: 10.1007/s10664-012-9201-4.

[Brand1995] 스튜어트 브랜드. "How Buildings Learn: What Happens After They're Built". Penguin USA, 1995. ISBN : 978-0140139969.

[Brown2016] 에이미 브라운과 마이클 디버나도. "500 Lines or Less: Experienced Programmers Solve Interesting Problems". Lulu, 2016. ISBN: 978-1329871274.

[Brown2011] 에이미 브라운과 그렉 윌슨. 편집. "The Architecture of Open Source Applications: Elegance, Evolution, and a Few Fearless Hacks". Lulu, 2011. ISBN: 978-1257638017.

[Brown2012] 에이미 브라운과 그렉 윌슨. 편집. "The Architecture of Open Source Applications: Structure, Scale, and a Few More Fearless Hacks". Lulu, 2012. ISBN: 9780201103427.

[Casciaro2020] 마리오 카시아로와 루치아노 맘미노. "Node.js 디자인 패턴 바이블". 영진닷컴. 2021. ISBN: 978-8931464283.

[Conery2021] 롭 코네리. "The Imposter's Handbook: A CS Primer for Self-Taught Developers". 독립 출판, 2021. ISBN: 978-8708185266.

[Davis2018] 애슐리 데이비스. "Data Wrangling with JavaScript". Manning. 2018. ISBN: 9781617294846.

[Feathers2004] 마이클 C. 페더스. "Working Effectively with Legacy Code". Pearson. 2004. ISBN: 978-0131177055.

[Fucci2017] 다비드 푸치, 하칸 에르도그무스, 부락 투르한, 마르쿠 오이보, 나탈리아 쥬리스토. "A Dissection of the Test-Driven Development Process: Does It Really Matter to Test-First or to Test-Last?" In: TSE 43.7 (July 2017). doi: 10.1109/tse.2016. 2616877.

[Fucci2016] 다비드 푸치, 주세페 스카니엘로, 시몬 로마노, 마틴 셰퍼드, 보이스 시그웨니, 페르난도 우아구아리, 부락 투르한, 나탈리아 쥬리스토, 마르쿠 오이보. "An External Replication on the Effects of Test-driven Development Using a Multi-site Blind Analysis Approach". Proc. ESEM'16. ACM Press, 2016. doi: 10.1145/2961111.2962592.

[Gregg2020] 브렌든 그렉. "Systems Performance: Enterprise and the Cloud" Pearson. 2020. ISBN: 978-0136820154.

[Johnson2019] 존 존슨, 세르지오 루보, 니시타 예들라, 자이로 아폰테, 보니타 샤리프. "An Empirical Study Assessing Source Code Readability in Comprehension". Proc. ICSME'19. 2019. doi: 10.1109/ICSME.2019.00085.

[Kernighan1983]   브라이언 W. 커니건과 롭 파이크. "The Unix Programming Environment". Prentice-Hall. 1983. ISBN: 978-0139376818.

[Kernighan1979]   브라이언 W. 커니건 과 P. J. 플러그. "The Elements of Programming Style". McGraw Hill. 1979. ISBN: 978-0070342071.

[Kernighan1981]   브라이언 W. 커니건과 P. J. 플러그. "Software Tools in Pascal". Eddison-Wesley Professional. 1981. ISBN: 978-0201103427.

[Kernighan1988]   브라이언 W. 커니건 과 데니스 M. 리치. "The C Programming Language". Prentice-Hall. 1988. ISBN: 978-0131103627.

[Kohavi2020]   론 코하비, 다이앤 탕, 야 쉬. "Trustworthy Online Controlled Experiments:A Practical Guide to A/B Testing". 캠브리지 대학 출판부, 2020. ISBN: 978-1108724265.

[Meszaros2007]   제라드 메사로스. "xUnit Test Patterns: Refactoring Test Code". Eddison-Wesley. 2007. ISBN: 978-0131495050.

[Oram2007]   앤디 오람과 그렉 윌슨, 편집. "Beautiful Code: Leading Programmers Explain How They Think". ORelly. 2007. ISBN: 978-0596510046.

[Osmani2017]   애디 오스마니. "Learning JavaScript Design Patterns". 2017. URL: https://addyosmani.com/resources/essentialjsdesignpatterns/book/.

[Patterson2017]   데이비드 A. 패터슨과 존 L. 헤네시. "Computer Organization and Design: The Hardware/Software Interface". 모건 카우프만, 2017. ISBN: 9780128122754.

[Petre2016]   마리안 페트르와 안드레 반 데르 호크. "Software Design Decoded: 66 Ways Experts Think". MIT Press, 2016. ISBN: 978-0262035187.

[Petzold2008]   찰스 페졸드. "The Annotated Turing". Wiley. 2008. ISBN: 978-0470229057.

[Schon1984]   도널드 A. 숀. "The Reflective Practitioner: How Professionals Think in Action". Basic Books 1984. ISBN : 978-0465068784.

[Smith2011]   피터 스미스. "Software Build Systems: Principles and Experience". Eddison-Wesley. Professional. 2011. ISBN: 978-0134185965.

[Taschuk2017]   모건 타슈크와 그렉 윌슨. "Ten Simple Rules for Making Research Software More Robust". doi: 10.1371/journal.pcbi.1005412.

[Tudose2020]   Cătălin Tudose. JUnit in Action. Manning. 2020. ISBN: 978-1617297045.

예제로 배우는
소프트웨어 디자인

1판 1쇄   2024년 10월 31일

저   자 | 그렉 윌슨
역   자 | 김성원
발 행 인 | 김길수
발 행 처 | (주)영진닷컴
주   소 | (우)08512 서울특별시 금천구 디지털로9길 32
            갑을그레이트밸리 B동 10층 (주)영진닷컴
등   록 | 2007. 4. 27. 제16-4189호

ISBN | 978-89-314-7769-6

YoungJin.com **Y.**
영진닷컴